"十四五"中国天然气行业发展前瞻

Prospects for the Development of China's Natural Gas Industry During the 14th Five-year Plan

徐 博 张 颢 唐红君 金 浩◎编著

中国金融出版社

责任编辑：亓 霞
责任校对：孙 蕊
责任印制：程 颖

图书在版编目（CIP）数据

“十四五”中国天然气行业发展前瞻/徐博等编著.—北京：中国金融出版社，2021. 4

ISBN 978 – 7 – 5220 – 1067 – 0

Ⅰ. ①十… Ⅱ. ①徐… Ⅲ. ①天然气工业—工业发展—研究—中国 Ⅳ. ①F426.22

中国版本图书馆CIP数据核字（2021）第037873号

“十四五”中国天然气行业发展前瞻
“SHISIWU” ZHONGGUO TIANRANQI HANGYE FAZHAN QIANZHAN
出版
发行 中国金融出版社
社址 北京市丰台区益泽路2号
市场开发部 （010）66024766，63805472，63439533（传真）
网 上 书 店 www.cfph.cn
（010）66024766，63372837（传真）
读者服务部 （010）66070833，62568380
邮编 100071
经销 新华书店
印刷 保利达印务有限公司
尺寸 169毫米×239毫米
印张 18.75
字数 289千
版次 2021年4月第1版
印次 2021年4月第1次印刷
定价 60.00元
ISBN 978 – 7 – 5220 – 1067 – 0

本书编委会

主编：徐　博　张　颙　唐红君　金　浩

编委：陈　蕊　段天宇　张　愉　张永峰

张刚雄　吕　淼

前　言

在本书定稿之际，由国家能源局石油天然气司、国务院发展研究中心资源与环境政策研究所、自然资源部油气资源战略研究中心共同编写的《中国天然气发展报告（2020）》发布，统计显示，我国2019年天然气表观消费量达3064亿立方米，同比增长8.6%，在一次能源消费结构中占比达8.1%。总体来看，我国“十四五”的前4年天然气消费属于快速发展态势，由此业界普遍对天然气未来发展持乐观态度。多家机构预测，我国天然气还将快速增长5~10年，到2035年，消费量将超过7000亿立方米，在一次能源消费中占17%左右，成为主体能源之一。然而，近几年能源行业形势发生较大变化，天然气行业自身也凸显出许多问题，业界人士开始担忧天然气未来利用所面临的挑战。出于供应安全考虑，国家鼓励煤炭的清洁化利用，并在技术上取得了实质性进展；可再生能源持续发展，发电成本进一步大幅降低，这些使寄希望于天然气发电带动新一轮消费增长的天然气供应企业备受打击。与此同时，天然气在其他领域的应用不确定性也同样增加。农村居民的“煤改气”由于经济性和安全性而逐步“降温”，京津冀、汾渭平原工业燃料领域35蒸吨/小时以下燃煤工业小锅炉和小窑炉已经基本淘汰完毕，天然气汽车发展空间被电动汽车挤压，船舶“油改气”的技术尚不成熟，液化天然气（LNG）价格的大幅波动也使天然气动力船的大力推广蒙上阴影。

在本书的成稿过程中，引发我们对“十四五”期间及长期天然气供需前景担忧的最直接原因当属新冠肺炎疫情，它直接导致我国2020年上半年天然气消费量同比仅增长1.5%。由于国家对新冠肺炎疫情控制有力，加之国际市场对中国出口需求激增，工业用气旺盛，2020年全年我国天然气消费仍然保持了7.1%的增速。目前，影响我国天然气消费长期增长的主要问题是逆全球化浪潮的蔓延，中美贸易摩擦持续扩大，部分西方国家追随美国对我国进行制裁。业界普遍担忧我国进口天然气通道的安全性，也即进口天然气难以得到保障，消费量难以达到预测值。

当然，事物都可一分为二，不利因素和有利因素随着环境变化和时代发展也会相互转化。正所谓道路虽然曲折，但前途一片光明，这也是我们看待天然气市场未来发展趋势的哲学基础。站在全球和我国能源转型的宏观背景下，丝毫不用怀疑我国天然气发展长期向好的前景，清洁、低碳的天然气是实现能源转型的重要支撑。未来较长一段时间内，我国经济增长在常态化下增幅不会低于5%，能源消费量也必然随之增加。我国天然气进口来源多元化局面已经形成，天然气储备体系也正在加快建设，局部、短期的供应中断不会对我国天然气的长期发展造成阻碍。本书正是基于这一判断来分析“十四五”及2035年前我国天然气产供储销体系的发展，主要结论有以下几点。

——天然气消费。预测2025年我国天然气消费量在4200亿立方米左右，2035年可达6000亿立方米以上。这些数字相对于过去预测略有下降，主要是因为我们对可再生能源的快速发展保持乐观，以及基于能源安全，对大规模“气代煤”保持谨慎。

——天然气生产。预测2025年我国天然气产量可达2200亿立方米，2035年为2700亿立方米。参考近几年公开的文献资料，业界普遍预测在包括非常规天然气的情形下，国内最高天然气年产量在3000亿立方米左右。虽然过去部分年份因执行“照付不议”的长期进口合同，有意压减国产气的开采，但国产气增量未来肯定不能满足需求增量，因此天然气进口十分必要。

——天然气进口。“十四五”末，预计我国天然气进口量在1780亿~2000亿立方米，对外依存度最高可达48%。因为当前国际天然气供应充足，相信只要不发生战争这种可能引起供应大规模中断的极端事件，预期进口量可以实现，且气价低于“十三五”时期平均水平。

——天然气管道。国家基干管网基本形成，预计未来长输管道的建设仍将继续，除完成目前在建的青宁管道、新粤浙管道（或者西四线）、川气东送增输管道、北京LNG接收站外输管道、中俄东线（中段、南段）外，“十四五”期间有可能开建中俄远东管道、中俄中线管道。未来天然气管道建设的重点将逐渐转移到省级管道，并通过互联互通形成全国联络网。

国家管网公司的成立对我国天然气行业的未来发展具有里程碑意义：一方面，打破了三大石油公司上中下游一体化的运营模式，构建了天然气市场化发展的基本框架；另一方面，在实现天然气主干管网独立运营的同时，已着手构建“全国一张网”、公平准入、统一调度的运营格局。

——天然气储备。我国地下储气库建设滞后饱受业界诟病。首先，应该承认地下储气库对保障我国季节性调峰的关键作用；其次，要充分认识到随着全球LNG贸易量日益扩大，大型岸基LNG接收站的调峰作用将更为突出，同时还有其他调峰设施、需求侧管理手段可以辅助。因此，仅就调峰手段来说，不应局限于地下储气库这一方式。欧盟、北美地下储气库工作气量占到天然气消费量的10%以上，是因为它们在大规模建设地下储气库时，全球LNG贸易量不大。随着时代发展和技术革新，规划目标也应与时俱进。基于这种观点，我们建议借鉴欧盟“N–1”标准来构建我国的调峰储备供应安全体系。在这一标准下，地下储气库与其他调峰设施在功能上是一致的。这与我国政策要求的建立“四级储备体系”的目标吻合。需要指出的是，从战略储备角度考虑，地下储气库的主体地位仍是不可替代的。

——天然气价格。管网运营机制改革后继续实行门站价格管制，已无法适应“X+1+X”油气市场体系的要求。实行门站价格管制，天然气供应的各种价格信号，包括国产气生产的价格信号、天然气进口的价格信号、天然气运输和储存的价格信号，都无法在终端用户市场上得到灵敏反映。门站价格管制就像一堵墙，隔断了天然气供应与需求之间的价格信号交流。为此，本书建议重建我国的天然气产供储销价格形成机制，由捆绑定价改为非捆绑定价，生产（进口）企业、运输企业和储存企业提供什么产品或服务，就收取什么产品或服务的价格，下游用气方接受什么产品或服务，就支付什么产品或服务的价格，各种产品或服务的价格，都依据自身的价格形成机制来形成。政府价格主管部门不再直接规定气源销售价格和门站销售价格，也不强制上游供应方与下游买方必须在气源地或城市（工厂）门站实现交易。天然气是在气源地、城市（工厂）门站还是位于两者之间的某个交易枢纽实现交易，由作为市场参与主体的上游供应方与下游买方来决定，具体的交易价格由买卖双方通过合同约定或通过天然气市场中心形成。对于中石油、中石化和中海油等拥有市场支配地位的上游供气企业，政府对它们的总体价格水平进行必要的控制，其国产气生产和销售所实现的利润扣除进口气亏损后，不能使国产气勘探开发投资所获得的投资回报率超过政府的准许收益率，三大石油公司应按照这一原则对它们的天然气销售价格总体水平进行控制。

本书共分六章，其中第一、第二章由唐红君编著，第三、第四、第五章由徐博、金浩、张愉编著，第六章由张颙编著。全书由徐博统稿。

本书在编写过程中，利用了大量北京世创能源咨询有限公司《中国天然气市场年度报告（2019）》的数据资料。中国石油规划总院王亮、高鹏、郭海涛等的公开论文也是重要支撑。中石油勘探开发研究院地下储气库研究中心张刚雄对天然气储备建设提出了有益的建议。北京燃气集团吕淼对天然气消费趋势提出了很好的建议。中国石油集团经济技术研究院天然气市场研究所所长陈蕊给予了重要指导。在此，向他们表示衷心感谢！

由于作者水平有限，本书难免有疏漏之处，敬请各位专家、同行和广大读者批评指正。

编著者

2020年10月14日

目　录

第一章　多重因素影响下的国内天然气生产

天然气产供储销体系建设排在第一位的是“产”，也就是国产天然气增长问题。自“西气东输”一线建成以来，我国天然气消费持续快速增长，而国产天然气产量增长乏力导致对外进口依存度一度达到45%。充分利用国际资源，保持开放姿态是我国的长期国策，但天然气对外依存度过高也使我国作为一个天然气消费大国面临安全供应的压力，尤其是当前国际环境并不太平。这也是近年来我国政府要求加快国内油气勘探开发、实施能源供给侧革命的重要原因。

国产气产量增长具有雄厚的资源基础。常规气储采比保持在40左右，非常规气勘探总体处于初期。多方面预测显示，2035年前我国天然气产量仍将持续增长，2025年天然气产量可达2200亿立方米，保持对外依存度在50%以下；2035年产量在2015年1350亿立方米基础上升至2700亿立方米，实现产量倍增和非常规天然气对常规气的有效接替。

需要说明的是，国际天然气市场环境变化大，要充分利用时机适度进口，保持国产气经济开采；要不断加强国产气产能建设，以应对国际环境的可能恶化。

第一节　我国“十三五”期间国内天然气增长特点

“十三五”以来，我国天然气消费快速增长，对外依存度一度超过45%，尤其是2017年的所谓“气荒”，促使国家进一步重视国内天然气生产的“压舱石”作用，一系列要求加强产供储销体系协调建设的文件相继出台。总体来看，“十三五”期间我国天然气勘探开发投资持续增长，取得了一批重大发现，探明储量快速增长，为天然气行业持续发展奠定了坚实的基础。但是，产量增长难以完成国家规定的目标，常规气、页岩气和煤层气均没有踏上产量增长步伐。产量未完成的原因，常规气在于海域增量缓慢，而页岩气、煤层气在于勘探领域没有新的突破，同时受限于技术进展。

一、“十三五”期间天然气勘探开发投资向好

受2014年低油价影响，石油公司普遍采取了削减投资措施，以应对上游投资风险，维持必要的投资回报水平。到2016年，我国三大石油公司勘探开发投资降至最低点，削减幅度超过30%，新增探明储量为7266亿立方米，略有下降，天然气产量增速放缓。2017年油价缓慢回升，上游投资开始增加，油气勘探开发走势趋稳，石油公司转变勘探策略，取得良好效果，油气发现数量增多，新增天然气探明地质储量为5554亿立方米；天然气产量大幅上升，产量增长超过10%。2018 年下半年，在国家加强勘探开发力度、保障国家能源安全战略推动下，勘探开发活动升温，并提振国内油服行业，天然气新增探明地质储量达8312亿立方米，储量止跌回升；天然气产量达到1605亿立方米，增幅约为7%。2019年是实施国内油气勘探开发七年行动计划的第一年，勘探开发投资回到2012—2014年的高峰平台期水平（见图1-1），各油气企业围绕重点盆地、重点区块和重点领域，加大了风险勘探开发力度，加强了非常规天然气勘探，天然气发现规模和数量明显增多，勘探增储形势明显好转，天然气年新增探明地质储量达到1.6万亿立方米的高峰水平，页岩气和致密气产量再创新高，天然气产量达到1738亿立方米[①]。

① 刘朝全，姜学峰.2019 年国内外油气行业发展报告［M］. 北京：石油工业出版社，2019.

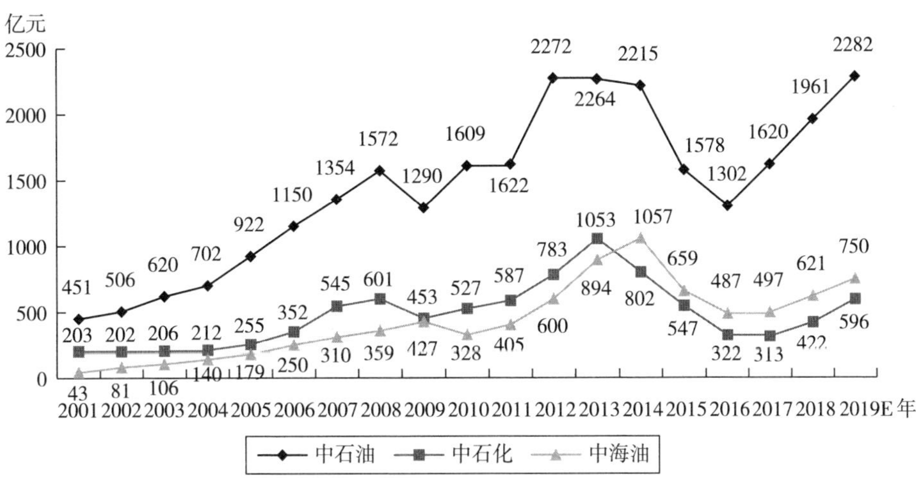

注：2019 年投资总额为计划数，其中中海油 700 亿 ~800 亿元。

图 1–1 2001—2019 年三大石油公司勘探开发投资统计

（资料来源：中石油、中石化、中海油半年报和年报）

二、“十三五”期间天然气勘探取得一批重大发现

“十三五”期间，天然气勘探立足大盆地、富气凹陷区/带，致力从重地质储量向重经济可采储量、从靠投资拉动向靠创新驱动方向转变，勘探效果显著。特别是2018年，政策驱动提振了国内油气勘探开发。主要表现在五个方面：

第一，加强风险勘探，获得了10余项重大突破和新发现①。立足重点盆地，对认识程度和勘探程度较低、勘探风险较大的新领域、新区带、新层系、新类型加大了勘探投入，通过加大风险勘探和甩开预探力度，新区新领域取得了一批成果。其中，塔里木盆地中秋1井在秋里塔格构造带打开突破口，博孜12、大北9井在博孜—大北开辟万亿立方米规模储量区。四川盆地永探1井在二叠系火山岩突破，开辟了盆地全新战略接替领域；川南深层页岩气取得突破；龙女寺磨溪129H井在震旦系突破，落实了震旦系规模储量，打开台内规模储量升级动用新局面；川中合川潼探1井，开辟了川中茅口组勘探新

① 中国石油集团、中国石化集团和中国海油集团 2016—2019 年度报告［R］.2016—2019.

局面；元坝地区元坝7 井实现高能滩新领域的突破；沙探1 井在准噶尔沙湾凹陷取得历史性突破。

第二，强化高效勘探理念，聚焦对苗头区块的投入，保证储量替代，实现年新增天然气可采储量的良性接替。松辽盆地北部双城断陷勘探取得新进展，分水构造分3 井发现拓展了普光气田外围勘探。

第三，突出集中勘探，形成了12个千亿立方米级的天然气规模储量区。瞄准重点增储区带，突出集中勘探、深化精细勘探，油气勘探持续拓展，形成12个千亿立方米级的天然气规模储量区。天然气规模储量区主要集中在鄂尔多斯盆地上古生界致密气和靖边下古生界、四川盆地川中震旦—寒武系和川南页岩气、塔里木盆地库车凹陷克拉苏构造带。其中，在鄂尔多斯盆地形成了苏里格千亿立方米储量规模区、神木千亿立方米储量规模区、米脂千亿立方米储量规模区、盆地西南部千亿立方米储量规模区、青石峁千亿立方米储量规模区和靖边下古6个规模储量区。在四川盆地形成了安岳特大型气田（累计储量超万亿立方米）、川南万亿立方米页岩气大气区、川西南二叠系火山岩规模储量区和川西北地区下二叠统火山岩4个规模储量区。在塔里木盆地在库车坳陷克拉苏构造带、博孜—大北新的万亿立方米规模潜力区。

第四，海上勘探成效显著。渤海湾海域天然气取得一批重大发现，渤中19—6 气田天然气和凝析油储量均达亿吨级（油当量），是京津冀周边最大的海上凝析气田。渤海湾海域证实为东部最大气田。南海琼东南、莺歌海盆地等多处获得商业新发现。

第五，非常规天然气勘探进入加快发展期。随着地质理论认识的发展和工程技术进步，非常规气逐步成为勘探增储的重大现实领域。"十三五"期间，通过重点地区和层系的示范区建设，页岩气非常规气勘探开发取得重大进展，四川海相页岩气新增探明地质储量超过1万亿立方米，年产量超过150亿立方米，成为我国石油天然气勘探开发的重要组成部分。

三、天然气储量持续高位增长

截至2019 年底，我国天然气累计探明地质储量约18.66万亿立方米①，

---

① 自然资源部．全国矿产资源公报［R］.2016—2019.

“十三五”前4年累计新增探明地质储量4.17万亿立方米；预计2020年新增探明地质储量1.28万亿立方米，2020年底累计探明天然气地质储量19.94万亿立方米；“十三五”期间共新增探明地质储量5.45万亿立方米，完成规划期阶段任务目标4.42万亿立方米的123.3%（见表1-1），其中：

常规气超额实现规划目标任务。初期虽受低油价影响，但三大石油公司勘探投入没有明显减少，新增探明地质储量仍保持了较高水平。常规天然气“十三五”规划阶段新增探明天然气地质储量3万亿立方米[①]；“十三五”前4年实际完成探明天然气地质储量分别为7225亿立方米、4821亿立方米、8452亿立方米、7595亿立方米；2016—2019年阶段探明常规天然气地质储量2.81万亿立方米。预计2020年可新探明地质储量1.03万亿立方米，“十三五”末常规天然气累计探明储量将达17.16万亿立方米（见表1-1），超规划期期末16.32万亿立方米储量目标，完成“十三五”阶段规划目标的127.8%。自2007年储量增长高峰期工程实施以来，阶段累计探明常规天然气地质储量10.45万亿立方米，年均约7000亿立方米，是历史上持续时间最长的储量增长高峰期。

页岩气超额实现规划目标任务。页岩气“十三五”规划阶段新增探明地质储量1万亿立方米；“十三五”前4年实际完成探明天然气地质储量分别为0亿立方米、3767亿立方米、1247亿立方米、7644亿立方米（见表1-1），2016—2019年阶段探明页岩气地质储量1.27万亿立方米。预计2020年可新探明地质储量1918亿立方米，“十三五”末页岩气累计探明储量将达2.00万亿立方米，超“十三五”规划期期末1.54万亿立方米储量目标，完成“十三五”阶段规划目标的145.8%。

煤层气与“十三五”规划目标任务差距较大。“十三五”规划阶段新增探明天然气地质储量4200亿立方米；“十三五”前4年有新探明天然气地质储量，也有复算核减储量，2016—2019年阶段新增探明煤层气地质储量910亿立方米（见表1-1）。预计2020年可新探明地质储量673亿立方米，“十三五”末煤层气累计探明储量为0.79万亿立方米，无法实现规划期期末1.05万亿立方

① 国家发展改革委，国家能源局．天然气发展“十三五”规划（发改能源〔2016〕2743号）［R］.2016.

米储量目标，仅完成“十三五”阶段规划目标的37.7%。

表 1–1　“十三五”期间天然气累计探明储量规划指标完成情况表

单位：万亿立方米

单位	对比	2015年末	2016年	2017年	2018年	2019年	2020年预计	“十三五”新增	完成计划
常规气	规划	13.32	—	—	—	—	16.32	3.00	127.8%
	实际		14.04	14.52	15.37	16.13	17.16	3.83	
页岩气	规划	0.54	—	—	—	—	1.54	1.00	145.8%
	实际		0.54	0.92	1.05	1.81	2.00	1.46	
煤层气	规划	0.63	—	—	—	—	1.05	0.42	37.7%
	实际		0.69	0.70	0.71	0.72	0.79	0.16	
小计	规划	14.49	—	—	—	—	18.91	4.42	123.3%
	实际		15.27	16.14	17.13	18.66	19.94	5.45	

资料来源：全国油气储量公报、国家“十三五”天然气发展规划。

四、天然气产量总体处于增长态势

受“煤改气”加快推进、天然气需求大幅增长影响，自2017 年3 月开始，国内天然气产量增速开始回升，基本回到正常增长轨道。天然气产量增长的地区主要来自四川盆地、塔里木盆地、鄂尔多斯盆地以及南海东部海域，致密气和页岩气也成为重要的增长领域。全国天然气产量“十三五”前4年分别为1369亿立方米、1480亿立方米、1573亿立方米和1736亿立方米（见表1–2），每年以100亿立方米以上的速度增长，预计2020年产量在1888亿立方米，在全球排名第6，仍不能达到“十三五”规划期末2070亿立方米产量目标，产量缺口约182亿立方米。未完成的主要原因是常规气、页岩气和煤层气产量均没有踏上产量增长步伐。常规气产量未完成的原因在于海域产量增长缓慢。

表 1-2 "十三五"期间天然气产量规划指标完成情况表 单位：亿立方米

单位	对比	2015年末	2016年	2017年	2018年	2019年	2020年预计	"十三五"新增预计	完成计划
常规气	规划	1243	—	—	—	—	1670	427	89.9%
	实际		1245	1342	1415	1527	1627	384	
页岩气	规划	46	—	—	—	—	300	300	51.7%
	实际		79	90	109	154	201	155	
煤层气	规划	44	—	—	—	—	100	100	16.0%
	实际		45	48	49	55	60	16	
小计	规划	1350	—	—	—	—	2070	720	74.7%
	实际		1369	1480	1573	1736	1888	538	

资料来源：国家"十三五"天然气发展规划、中国天然气发展报告。

常规天然气产量保持稳定增长趋势。"十三五"前4年全国常规天然气产量分别为1245亿立方米、1342亿立方米、1415亿立方米和1527亿立方米（见表1-2），预计2020年达1627亿立方米，与2015年相比增加384亿立方米，年均增速5.53%。产量增长主要来自四川盆地、塔里木盆地、鄂尔多斯盆地和海域。

页岩气产量增长快速。"十三五"前4年全国页岩气产量分别为79亿立方米、90亿立方米、109亿立方米和154亿立方米（见表1-2），预计2020年约201亿立方米，与2015年相比增加155亿立方米，年均增速34.30%。产量增长主要来自四川盆地，以中石油页岩气增长量最多。

煤层气产量增长缓慢。"十三五"前4年全国煤层气产量分别为45亿立方米、48亿立方米、49亿立方米和55亿立方米（见表1-2），预计2020年达到60亿立方米，与2015年相比增加16亿立方米，增量较少，年均增速6.4%。产量增长主要来自沁水盆地。

煤制气产量增长缓慢。我国目前投入开发的煤制气项目有大唐克旗煤制气、伊犁庆华煤制气、内蒙古汇能煤制气和伊犁新天煤制气。"十三五"前4年全国煤制气产量分别为21.6亿立方米、26.3亿立方米、30亿立方米和36亿立方米①，预计2020年达到50亿立方米，与2015年相比增加30亿立方米，增速为24.1%。

① 国家能源局石油天然气司，国务院发展研究中心资源与环境政策研究所，自然资源部油气资源战略研究中心 . 中国天然气发展报告（2019）[M] . 北京：石油工业出版社，2019.

第二节 2035年前我国天然气产量增长预测

国内天然气产量作为“压舱石”具有雄厚的资源基础。常规天然气地质资源量为67.4万亿立方米，资源探明率为12%；全国非常规天然气地质资源量约为174.7万亿立方米、可采资源量为45.6万亿立方米。近10年，我国天然气探明剩余可采储量保持高峰增长，年均新增2500亿立方米，常规气储采比保持在40左右，非常规气储采比在45以上，即使扣除难动用储量，储采比也在35以上。通过强化常规气稳产上产，加快非常规气快速建产步伐，2035年产量在2015年1350亿立方米基础上升至2700亿立方米，实现产量倍增和非常规天然气对常规气的有效接替。采用生命旋回预测法、储采比预测法和产量构成分析法预测分析认为，2025年我国天然气产量可达2200亿立方米，保持对外依存度在50%以下（本书第五章预测2025年我国天然气消费量为4200亿立方米）；2035年产量达到2700亿立方米，实现产量倍增和非常规天然气对常规气的有效接替。

一、我国天然气增储潜力大

（一）我国常规天然气待探明资源丰富，具备持续增储的资源基础

据自然资源部2015年全国油气资源动态评价结果，全国常规天然气地质资源量为67.4万亿立方米[①]（见图1-2）。截至2018年底，累计探明地质储量7.96万亿立方米，资源探明率为12%，处于勘探早期阶段。待探明天然气资源主要分布在塔里木、鄂尔多斯、四川、南海北部、东海等五大盆地，其中鄂尔多斯、四川和塔里木均处于勘探早中期，是未来我国天然气增储上产的重点地区。

① 自然资源部油气资源战略研究中心.2015年全国油气资源动态评价［R］. 2016.

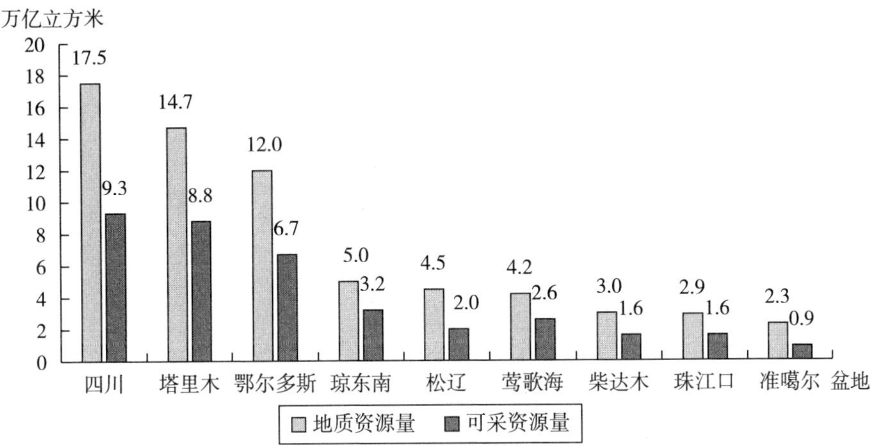

图 1-2　全国天然气地质与可采资源盆地分布图

（资料来源：全国油气资源动态评价，2015）

（二）非常规天然气资源潜力可观

据自然资源部2015年全国油气资源动态评价结果，全国非常规天然气地质资源量约为174.7万亿立方米、可采资源量为45.6万亿立方米，是常规天然气资源量的2.6倍（表1-3）。其中致密气地质资源量为22.9万亿立方米、可采资源量为11.3万亿立方米，主要分布于鄂尔多斯、四川、松辽等盆地；页岩气地质资源量为121.8万亿立方米、可采资源量为21.8万亿立方米，主要分布于四川盆地及周缘；煤层气地质资源量为30.0万亿立方米、可采资源量为12.5万亿立方米，主要分布在沁水盆地南部、鄂尔多斯盆地东缘、滇东黔西盆地北部和准噶尔盆地南部。截至2018年底，累计探明致密气地质储量4.98万亿立方米、页岩气地质储量1.05万亿立方米、煤层气6522亿立方米，致密气地质资源探明率总体不到22%，页岩气探明率仅0.86%，煤层气探明率仅2.17%。因此，非常规天然气资源勘探开发前景广阔，具备持续上产的资源潜力。

表 1-3　　　我国不同类型非常规天然气资源分布情况

类型	地质资源量/万亿立方米	可采资源量/万亿立方米	探明地质储量/万亿立方米	探明率/%
致密气	22.9	11.3	4.98	21.75
页岩气	121.8	21.8	1.05	0.86
煤层气	30.0	12.5	0.65	2.17
合计	174.7	45.6	6.68	3.82

资料来源：《全国矿产资源公报》和《2015 年全国油气资源动态评价》。

（三）深层、非常规及海域是我国天然气储量增长重点领域

近10年来，我国天然气勘探不断取得大突破、大发现，自2000年以来，在致密砂岩、古老碳酸盐岩、前陆、火山岩、页岩气与煤层气和海域六大领域获得一系列发现，天然气新增探明地质储量为12万亿立方米，占总探明地质储量的86%，2003—2017年连续15年新增探明地质储量超4000亿立方米（见图1–3），已形成鄂尔多斯、四川和塔里木盆地三个探明地质储量规模超万亿立方米的大气区。

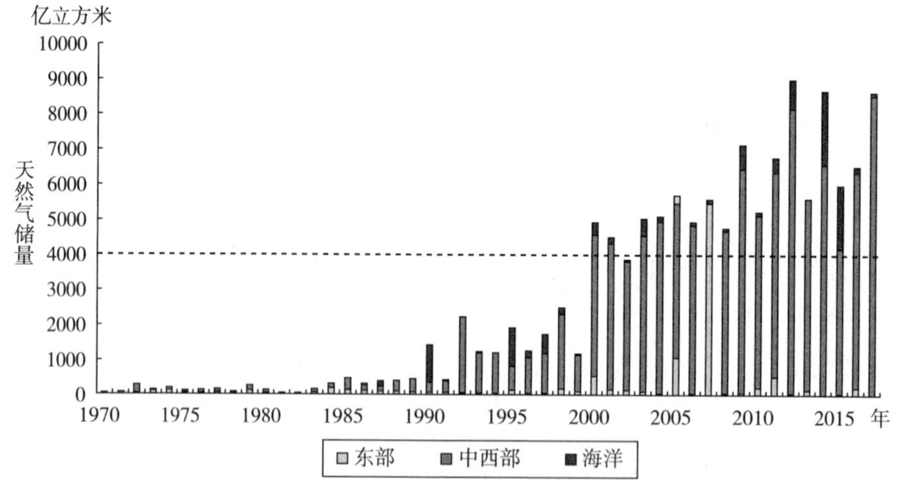

图 1–3　全国 1970—2017 年新增探明天然气储量增长趋势

随着油气勘探地域由陆地向深水、目的层由中浅层向深层和超深层、资源类型由常规向非常规快速延伸，水深大于3000米海洋超深水等新区、埋深大于6000米的陆上超深层等新层系、储集层孔喉直径小于1000纳米的非常规天然气等新类型，已成为石油工业发展具有战略性的"三新"领域，是我国天然气增储上产的重点领域。按2015年全国油气资源动态评价成果，深层天然气地质资源量为49.7万亿立方米，占总资源量的55%，目前已探明地质储量4.9万亿立方米，资源探明率为10%，处于早期勘探阶段，未来仍具有较大勘探潜力。

我国26个海域盆地的资源量为37万亿立方米，其中近海地质资源量为20.9万亿立方米，探明天然气1.5万亿立方米，总体处于勘探早期阶段。未来

随着深层断陷盆地结构、沉积储层等评价技术及深水勘探开发技术的进步，海域将会不断取得新的发现。

（四）天然气年增探明储量仍处于快速增长阶段

根据资源探明率、储量增长趋势与数学模型分析，我国天然气年增探明储量仍处于快速增长阶段，未来仍有大发现的可能。通过加大塔里木、鄂尔多斯、四川等盆地和南海北部、东海天然气勘探，以及四川盆地及周缘海相页岩气、沁水和鄂东煤层气规模增储，常非（常规与非常规）并重、陆海并举，预测到2035年前，我国将形成鄂尔多斯盆地、四川盆地、塔里木盆地、南海北部、东海海域5个万亿立方米增储区，准噶尔盆地、渤海湾、柴达木盆地3个千亿立方米增储区，我国天然气年增探明地质储量可保持在6000亿~9000亿立方米（见图1-4）。

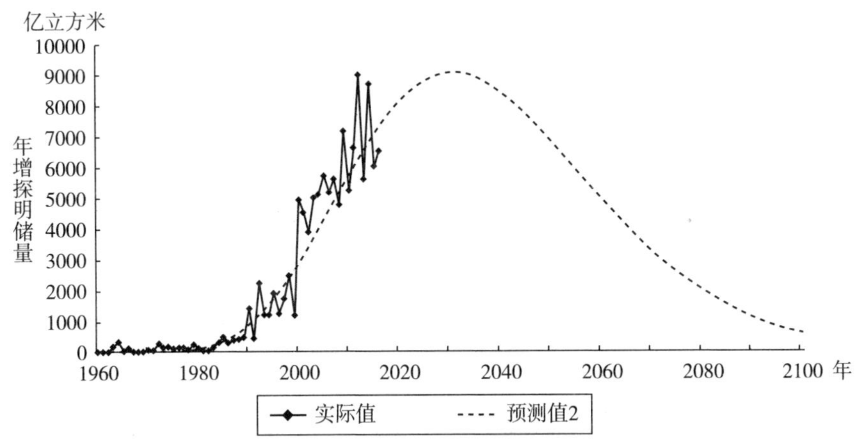

图 1-4　我国天然气探明储量增长趋势预测（翁氏模型）

二、我国天然气具备进一步加快上产的资源潜力

我国天然气资源类型多，资源丰富，增储上产潜力大。近10年，我国天然气探明剩余可采储量保持高峰增长，年均新增2500亿立方米，常规气储采比保持在40左右、非常规气储采比在45以上，即使扣除难动用储量，储采比也在35以上。类比挪威等世界天然气发展成熟国家不同阶段储采比变化特点，储采比在30以上可以快速上产、在15~20可以保持长期稳产。我国天然气

储采比总体较高，储采接替有序，具有加快上产的资源潜力；非常规气将是未来上产的主要增长极。

（一）常规气产量具备稳定增长的开发潜力

截至2018年底，全国常规气（含致密气）探明气田482个，累计探明地质储量12.83万亿立方米，已开发地质储量8.13万亿立方米，未开发地质储量4.7万亿立方米，储量动用率为63%。已开发储量主要分布在鄂尔多斯、四川、塔里木、柴达木、莺—琼、松辽和渤海湾盆地，为7.66万亿立方米，占全国已开发储量的94%。已开发气田大多处于稳产和递减阶段，目前鄂尔多斯、四川、准噶尔和吐哈盆地采收率总体较低，通过对鄂尔多斯盆地靖边气田、四川盆地老区与普光气田、准噶尔盆地火山岩气藏等实施精细描述，寻找剩余气分布、补孔转层、打调整井、增压开采等系列措施，可以达到延缓老区递减的目的，预计2030年前采收率可再提高10个百分点，预计增加可采储量8220亿立方米（见表1–4）。

表 1–4　2018 年底全国常规气（含致密气）探明地质储量开发潜力

储量类型	探明地质储量/亿立方米	动用率/%	新增动用地质（可采）储量/万亿立方米	采气速度/%	开发潜力/亿立方米
已开发储量	8.13	/	0.82（可采）	3	246
未开发储量	4.70	46	2.16	2	429
新增探明储量	10.71	65	6.93	2.7	1878

探明未开发地质储量有4.7万亿立方米，评价未开发储量的可靠程度和经济性认为，实际可动用地质储量仅有1.34万亿立方米，其他储量为不经济储量、地面受限储量和待核销储量；预计2019—2030年动用地质储量2.16万亿立方米，采气速度按2%计，至2030年前可建429亿立方米生产能力（见表1–4）。

未来新增探明储量主要来自深层碳酸盐岩、碎屑岩和火山岩三大领域，重点分布在四川、塔里木、东海和鄂尔多斯等盆地，预计2018—2035年预计全国新增探明地质储量10.71万亿立方米，陆上气田当年探明第二年动用，海上气田探明后需7—8年后建成投产，考虑气价和技术进步，储量动用率按70%测算，采气速度按2.5%测算，预计2019—2035年累计动用地质储量6.93万亿立方米，累计可建成产能规模为1878亿立方米（见表1–4）。

综合上述常规天然气开发潜力分析结果，全国天然气开发潜力由已开发储量、未开发储量、未来新增储量三种资源结构构成，预计天然气生产能力达到2553亿立方米。

（二）非常规气具有较快上产的开发潜力

我国非常规气类型多，勘探开发起步晚，技术准备不足，但资源丰富，未来具有较大的发展潜力。近年来，我国非常规气勘探开发取得了重大突破，本节非常规气指页岩气、煤层气、煤制气和生物天然气。

1. 页岩气。

截至2019年底，四川盆地累计提交页岩气探明地质储量18865亿立方米，可采储量4177亿立方米，已在涪陵、长宁、威远和昭通国家级页岩气产业示范区实现商业开发，2019年产气量为154亿立方米，已建成产能200亿立方米。

据国土部2015年全国动态资源评价结果，我国页岩气可采资源量为21.8万亿立方米，是我国最丰富的陆上非常规气资源，广泛分布于海相、陆相盆地。其中四川盆地五峰—龙马溪组页岩气可工作资源量为12.75万亿立方米，未来勘探重点以蜀南及其邻区海相页岩气为主体进行评价，参照页岩气不同埋深条件下的采收率取值，预计共有可采资源量2.47万亿立方米（见表1–5）。参照不同埋深页岩气资源动用经济界限，2020年前动用龙马溪组3500米以浅资源有利区、2035年前再新动用龙马溪组3500米低效和3500米以深资源，在补贴0.3~0.4元/立方米的情况下，页岩气整体具备500亿~750亿立方米的上产潜力。若盆地周边筇竹寺组海相及非海相取得突破，成本进一步降低，可新增产量规模250亿立方米，页岩气高峰产量规模整体可上产到1000亿立方米（见表1–5）。

表 1–5　　四川盆地页岩气资源分类及开发潜力预测表

层位	五峰—龙马溪组				筇竹寺组	非海相
埋深	3500m以浅	3500~4000m	4000~4500m	小计	4500m以浅	4500m以浅
可工作面积/km^2	6465	7128	10322	23915	4400	14000
可工作地质资源量/万亿立方米	3.84	3.48	5.43	12.75	1.6	5
采收率/%	25	20	15		20	10
可采资源量/万亿立方米	0.96	0.70	0.81	2.47	0.32	0.5
稳产年限/年	20	20	20	20	20	20
可建产量规模/亿立方米	300	200	250	750	100	150

2. 煤层气。

截至2019年底，煤层气探明地质储量为6522亿立方米，2019年产气量为54亿立方米，目前在鄂尔多斯盆地和沁水盆地实现效益开发，2019年底已建成65亿立方米产能。

据2015年全国煤层气动态资源评价结果，全国1200米以浅煤层气可采资源量为12.5万亿立方米，占总量的54%，是下一步上产的重要领域。参照国内外不同煤层探明率和采收率取值，预计可新增可采储量1.31万亿立方米；结合技术发展以及现有气价水平，2020年前立足沁水及鄂尔多斯盆地已探明储量老区，依靠1200米以浅资源和低煤阶取得突破，2035年前全国总体具有上产150亿~200亿立方米的产量潜力；若其他地区盆地1200米以浅资源部分有效动用，至2050年可建成300亿~400亿立方米的产量规模（见表1–6）。

表 1–6　　全国煤层气新增可采储量预测及可建产量规模预测表

资源分布	地质资源量/万亿立方米	探明率/%	采收率/%	新增可采储量/亿立方米	可建产量规模/亿立方米
沁水及鄂尔多斯盆地1200米以浅	2.53	40	40	0.41	120
其他地区800米以浅	7.27	30	30	0.65	200
其他地区800~1200米	6.21	20	20	0.25	80
小计	16.01			1.31	400

3. 煤制气。

我国煤制天然气项目规划多、投产少。截至2019年底，我国煤制气项目累计共投产4个，分别是内蒙古大唐克旗煤制气、新疆伊犁庆华煤制气、内蒙古汇能煤制气和新疆伊犁新天煤制气，已建成煤制天然气产能分别为13亿立方米、13亿立方米、4亿立方米、20亿立方米[①]，全国形成煤制天然气产能为51.05亿立方米/年，2019年煤制气产量为34亿立方米，产能利用率仅为66%。目前煤制气项目经营困难，除内蒙古汇能16亿立方米/年煤制气项目所产气以LNG形式直接销售，无需通过管网运输而实现盈利外，其余已投产的3个煤制气项目长期深陷上游煤炭成本高企、中游运输管网垄断、下游气价低迷等困境，出现长期亏损，无力实现良性发展。

2018年，我国共有不同阶段煤制气项目接近70个，包含已投产、在建、前期准备、已签约和计划项目，涉及产能超过2000亿立方米/年。“十三五”能源规划预计2020年煤制气产能达到170亿立方米/年[②]，按目前进展来看，与“十三五”规划目标相差甚远。随着煤炭地下气化技术的成熟与推广应用，预测2035年煤制气产量可达到200亿立方米/年。

4. 生物气。

生物天然气（生物气）是以农作物秸秆、畜禽粪污、餐厨垃圾、农副产品加工废水等各类城乡有机废弃物为原料，经厌氧发酵和净化提纯产生的绿色低碳清洁可再生的天然气，同时厌氧发酵过程中产生的沼渣沼液可生产有机肥。生物天然气是沼气通过净化提纯后得到的绿色、低碳、清洁环保的可再生天然气，与常规天然气成分、热值等基本一致。

生物天然气在我国发展已有10余年，但因重视程度不够以及商业模式不清晰、盈利水平低等因素影响，我国生物天然气发展十分缓慢。2015年以来，随着我国环保趋严，以及“煤改气”、城市化进程加快，天然气消费增长较快，国家加快了生物天然气开发利用政策支持。2015—2017年，国家每年投资20亿元，在全国范围内共支持了近1400处大型沼气工程和64个生物天

① 姚金楠等. 煤制天然气行业怎样走出寒冬［R］. 中国能源报，2018.

② 国家发展改革委，国家能源局. 能源发展“十三五”规划（发改能源〔2016〕2744号）. 2016.

然气试点项目[①]。农业农村部在2018年底及2019年初对中央财政资金支持的64个生物天然气项目进行了追踪调研，其中在运项目只有22个；此外，在建30个、完工未运行7个、未建项目5个。从运行状态来看，满负荷、稳定运行的项目依旧占少数，多数项目还处于试运行状态。

尽管2018年以来，我国加快了生物天然气发展速度，但从实际商业化运行项目来看，我国生物天然气产业仍然处于发展初期，产业增速缓慢，对国内天然气生产总量的贡献率偏低。截至2018年底，生物天然气总产能大概达到5760万立方米。2019年年产量仅为8亿~9亿立方米，预计2020年产量为20亿立方米。这与国家能源局《生物质能发展“十三五”规划》中提到2020年产量达到80亿立方米差距较大。

我国是农林大国，发展生物质天然气基础良好，可利用的农作物秸秆、林木废弃物等原料非常丰富，具备规模化、产业化开发利用的资源优势条件。据统计，我国农村每年产生秸秆等农业废弃物约9亿吨，畜禽粪便等垃圾约30亿吨[②]，理论上可以生产生物天然气3000多亿立方米，即使按照只开发利用1/5也就是20%计算（专家认为可以开发利用一半以上），每年至少可生产600亿立方米生物天然气，生物气未来发展前景广阔。国家能源局2019年发布的《关于促进生物天然气产业化发展的指导意见》提出，到2025年，生物天然气具备一定规模，形成绿色低碳清洁可再生燃气新兴产业，生物天然气年产量超过100亿立方米；2030年，生物天然气实现稳步发展，规模位居世界前列，生物天然气年产量超过200亿立方米[③]，占国内天然气产量一定比重。

三、“常非并重”实现我国天然气产量“倍增发展”

（一）常规天然气产量2035年保持在1900亿~2200亿立方米

基于上述资源潜力分析，本书采用多种方法对2050年前中国常规天然气产量（包含致密气，下同）发展趋势进行了分析，主要采用了生命旋回预测

① 海日．中国生物天然气行业的现状、问题与政策建议［J］．燃气Guy天然气咨询，2018.

② 前瞻产业研究院．2019年中国生物天然气发展：政策利好距发展目标尚远［R］．2019.

③ 国家发展改革委，国家能源局．关于促进生物天然气产业化发展的指导意见（发改能源规〔2019〕1895号）.http：//www.gov.cn/，2019.

法、储采比预测法和产量构成分析法三种方法。

1. 生命旋回预测法。

结合全国天然气资源量和近年来天然气产量增长趋势，利用龚珀兹、翁氏、哈伯特和灰色—哈伯特方法来预测2035年前全国天然气产量，预测期间全国控制可采储量9.75万亿立方米，根据产量历史数据及其影响因素的权重值研究产量变化走势。

翁氏模型预测到2050年全国产量高峰期在2021—2048年出现，达到2500亿~3300亿立方米；灰色—哈伯特模型预测全国产量高峰期在2022—2047年出现，达到2500亿~2900亿立方米。对比几种方法的预测结果，在产量上升期，龚珀兹和哈伯特[①]两种方法预测结果较为接近；在产量高峰期，三种方法预测趋势基本一致，但翁氏模型预测高峰期产量高[②]；在产量递减期，翁氏、哈伯特模型产量下降较快，龚珀兹模型产量下降较缓慢。

综合四种方法的分析结果，全国气层气产量高峰期最可能在2021—2048年出现，达到2000亿~2300亿立方米（见图1–5）。

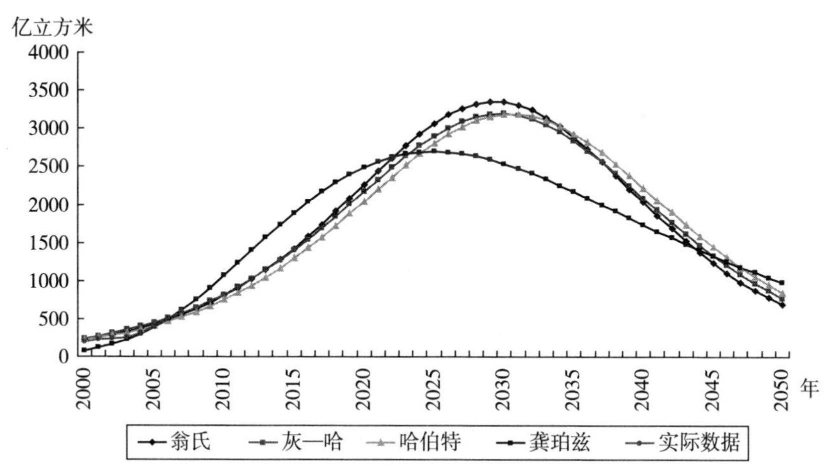

图 1–5　全国天然气产量增长趋势

考虑今后溶解气产量变化趋势，全国溶解气年产量在80亿~90亿立方米，

① Hubbert M K. Energy from fossil fuels［J］. Science，1949，109（2823）：103–109.

② 陈元千 . 广义翁氏预测模型的推导与应用［J］. 天然气工业，1996，16（2）：22–26.

预计全国到2020年天然气产量可达到1790亿~1990亿立方米，2035年达到2180亿~2380亿立方米（见表1–7）。

表 1–7　　全国气层气产量不同预测方法结果对比　　单位：亿立方米

类别	时间	2019年	2020年	2030年	2035年
气层气	翁氏	1416	2350	3300	2500
	龚珀兹	1416	2450	2550	2100
	哈伯特	1416	2550	2900	2550
	灰色—哈伯特	1416	2250	3000	2450
	推荐值	1416	1700~1900	2000~2200	2100~2300
溶解气		93	90	80	80
天然气		1509	1790~1990	2080~2280	2180~2380

2. 产量构成法。

产量构成法的内涵是以气田/项目/区块为基本单位，依据开发指标，测算各基本单位的天然气产量潜力，进而叠加得出产量总目标。该方法预测结果相对可靠，但需要的参数较多。

产量构成分析法预测未来天然气产量是以已探明储量的开发潜力和待探明储量的开发潜力进行测算而得。在2019年天然气产量1527亿立方米的基础上，依据天然气开发潜力预测结果值，按照天然气开发纲要要求，天然气产能负荷因子取0.9。根据已开发气田生产动态、新增储量规模与品质和技术政策等因素，设置低、中、高三种情景分析未来天然气发展前景。

低情景：在现有技术经济水平条件下，老区通过加密调整，控制递减，综合递减率控制在8%~12%，未来新增探明储量动用率在65%。2025年产量达到1610亿立方米，2030年达到峰值产量1700亿立方米后稳产到2043年，之后进入递减，2050年递减到1600 亿立方米（见图1–6）。

中情景：在低情景基础上，通过技术发展进一步降低深层单井成本，同时致密气获得补贴0.2元/立方米，致密气和深层难动用储量得以有效开发，未来新增探明储量动用率提高到70%。2025年产量可达到1750亿立方米，2029年达到1900亿立方米峰值产量后稳产到2043年，之后进入递减，2050年递减到1700 亿立方米（见图1–7）。

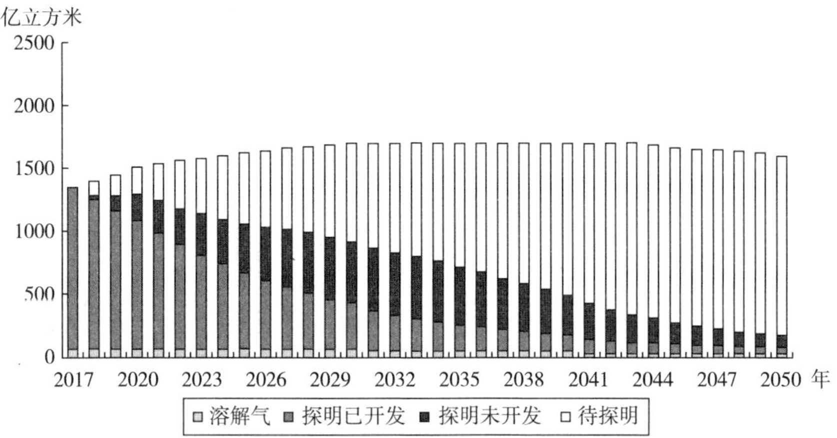

图 1-6　中国常规气 2050 年前产量变化趋势预测（低情景）

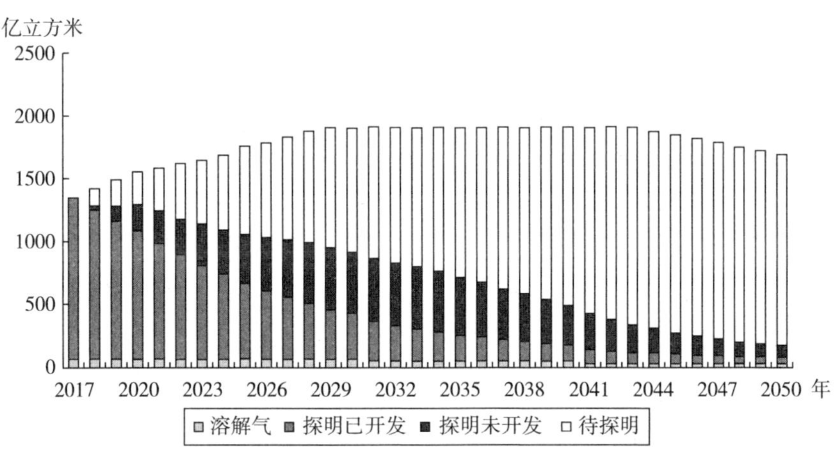

图 1-7　中国常规气 2050 年前产量变化趋势预测（中情景）

高情景：在中情景基础上，陆上深层、海上深水气田开发成本进一步降低，进一步加快海上气田开发节奏，未来新增探明储量动用率提高到75%。2025年产量达到1850亿立方米，2029年最高达到2000亿立方米峰值产量后稳产到2043年，之后进入递减，2050年递减到1800 亿立方米（见图1-8）。

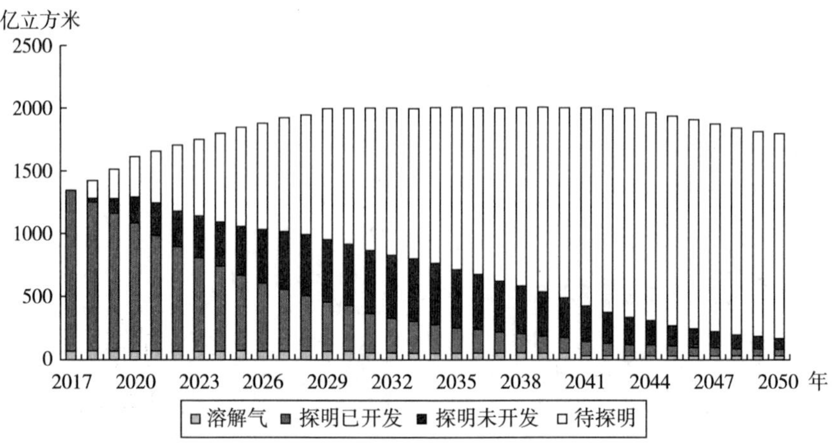

图 1-8　中国常规气 2050 年前产量变化趋势预测（高情景）

3. 储采比控制法。

该方法的预测原理是以储采比作为控制条件来进行产量预测，通过合理控制产量和储量的匹配关系，保持较长时期的产量稳定，实现天然气业务可持续发展。其核心是储采比的合理取值。

参照国外处于上产阶段的挪威、稳产阶段的美国和加拿大，以及阿根廷、巴西、智利建设长距离的大口径天然气管线的经验（合同要求稳定供气20~30年，即储采比在20左右），综合我国天然气可采储量与国际上的差异、资源条件、勘探开发水平、经济技术实力、市场发展规模等，不能将我国天然气储采比定得太低，快速上产阶段储采比应在25~30范围内，稳产阶段合理储采比应在20左右，最小不低于15，不仅能满足建产需要，同时为发现新储量争取了足够的时间。

根据多个国家不同阶段的储采比变化规律，结合中国天然气资源特点，我们设置稳产期储采比为20和25两种情景。采用储采比法预测全国产量变化趋势，设置了三种情景方案参数：方案一为低方案，考虑资源、开发技术和经济风险，储采比保持较高水平，快速上产期储采比低限不低于30，稳产期不低于25；方案二为中方案，考虑资源、开发技术和经济风险，储采比保持适中水平，快速上产期储采比低限不低于25，稳产期不低于20；方案三为高方案，考虑因素比较乐观，随着勘探开发技术的不断进步，储量动用程度、气田采收率将得以提高，气价也将不断上涨等，因此，储采比可以保持较低水平，快速上产期储采比低限不低于20，稳产期不低于15（见表1–8）。

表 1–8　　　　全国气层气储采比预测情景参数设置

时间	探明地质储量/万亿立方米	储量动用率/%	采收率/%	储采比/%		
				方案1	方案2	方案2
2017年底累计	10.4	80	55	33.5	33.5	33.5
2018—2020年	1.86		55	31.5	30.2	27.2
2021—2025年	3.1		50	31.2	29.2	25.8
2026—2030年	3.1			31.5	27.7	23.2
2031—2035年	2.65		45	31.8	27.4	22.6
小计	10.71					

预测期间，全国可新增探明地质储量10.71万亿立方米，以此为储量基础，预测全国气层气产量，同时考虑溶解气产量，到2020年和2035年，全国常规气产量分别达到1500亿~1620亿立方米、1800亿~2200亿立方米（见表1–9）。

表 1–9　　　　全国气层气储采比法预测结果

时间	方案1			方案2			方案3		
	年产量/亿立方米	采收率/%	储采比/%	年产量/亿立方米	采收率/%	储采比/%	年产量/亿立方米	采收率/%	储采比/%
2018年	1337	55	33.5	1337	55	33.5	1337	55	33.5
2020年	1500	55	31.5	1560	55	30.2	1620	55	27.2
2025年	1700	50	31.2	1800	50	29.2	1900	50	25.8
2030年	1800	50	31.5	2000	50	27.7	2200	50	23.2
2035年	1800	45	31.8	2000	45	27.4	2200	45	22.6

综合上述三类方法分析结果，生命旋回法预测比较宏观，产量预测是基于历史数据，特别是近10年产量年均增长明显比2000年加快，年增长率高达13%以上，因此预测结果值偏高；而储采比预测法利用储量数据和不同时期储采比的范围控制，结合了剩余可采储量和年产量，体现了储量和产量的双向平衡，预测结果比较可靠，但每年增长率都一样；产量构成法预测基于单

个气田产量叠加，进一步考虑了重点领域、重点气田的勘探开发潜力及建产节奏，预测结果更微观，指导性更强。总体认为三种方法互为补充，推荐采用产量构成法预测结果值，预测常规天然气产量2025年达到1610亿~1850亿立方米，2035年达到1700亿~2000亿立方米（见表1–10）。

表 1–10　不同方法预测的我国常规天然气产量结果　单位：亿立方米

采用方法	2025年	2030年	2035年
生命模型法	1790~1990	2080~2280	2180~2380
产量构成法	1610~1850	1700~2000	1700~2000
储采比控制法	1700~1900	1800~2200	1800~2200
综合分析结果	1610~1850	1700~2000	1700~2000

（二）页岩气产量预计 2035 年达到 400 亿 ~700 亿立方米

根据全国目前页岩气生产动态、资源动用难度，2035年前主要以动用川渝海相页岩气资源为主，结合页岩气示范区单井生产动态特征、技术水平以及气价，根据四川盆地川渝地区页岩气井产量剖面，借鉴美国能源信息署（EIA）预测美国页岩气产量的常用方法——钻井分析法[①]，我们设置三种情景方案预测未来页岩气产量变化趋势（见表1–11）。

表 1–11　2018—2050 年页岩气不同情景下预计年均新钻井数　单位：口

年均新钻井数	2018—2020年	2021—2030年	2031—2040年	2041—2050年
低情景	218	313	489	668
中情景	246	434	665	836
高情景	268	541	818	929
单井指标：井初期日产量11万立方米，单井最终可采储量（EUR）为1亿立方米，单井生产时间20年。				

低情景：2020年前动用四川盆地3500米以浅富集区资源；2020年后突破3500米以深资源开发技术，2021—2035年规模动用3500~4000米以浅资源，2035年产量达到400亿立方米（见图1–9）。

① EIA.AEO2019 美国能源展望［R］. 美国：EIA，2019.

中情景：2020年后动用3500米以深资源，2025年产量达到350亿立方米；2030年逐渐动用4000米以深资源，2035年产量达到600亿立方米（见图1-9）。

高情景：2020年后动用3500米以深资源，2025年产量达到400亿立方米；2025年逐渐动用4000米以深资源，2035年再增加150亿立方米，达到750亿立方米（见图1-9）。

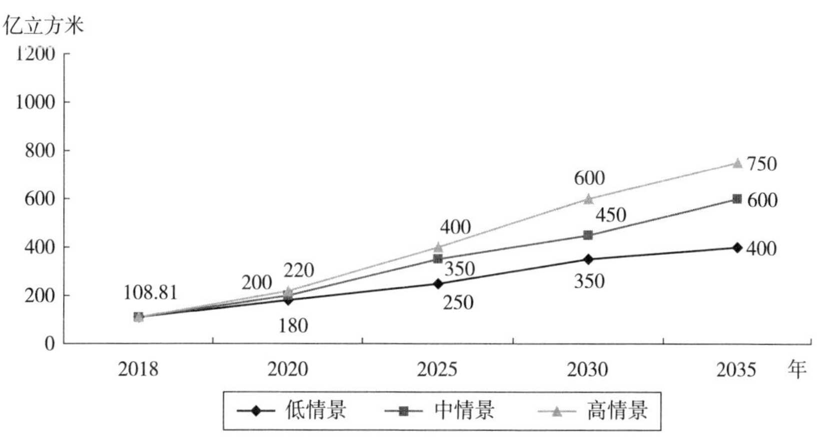

图 1-9 我国页岩气 2020—2035 年天然气产量趋势分析

（三）煤层气产量预测 200 亿 ~250 亿立方米

根据目前页岩气生产动态、资源动用难度，结合煤层气已开发区块生产动态特征、技术发展以及气价，利用煤层气单井产量剖面和钻井分析法，按成熟区、800米以浅和1200米以浅储量动用顺序，我们设置三种情景方案预测未来煤层气产量变化趋势（见表1-12）。

表 1-12 2018—2050 年煤层气不同情景下预计年均新钻井数 单位：口

年均新钻井数	2018—2020年	2021—2030年	2031—2040年	2041—2050年
低情景	2139	2727	2709	2959
中情景	2139	2727	4029	4492
高情景	3387	3601	6007	5633
单井指标：单井日产量0.17万立方米，单井EUR：660万立方米。排采3年后达产。				

低情景：2020年前，开发动用已探明储量区及蜀南地区；2020年后，开发

沁水+鄂尔多斯盆地1200米以浅资源；2025年之后，动用沁水+鄂尔多斯盆地之外其他地区800米以浅煤层气资源。预计2020年煤层气产量达到60亿立方米、2025年达到80亿立方米、2035年达到200亿立方米后保持稳产（见图1–10）。

中情景：2025年后，加快开发动用鄂尔多斯盆地之外其他地区800米以浅资源，2025年达到100亿立方米，2035年达到200亿立方米（见图1–10）。

高情景：在中情景基础上，2020—2030年除新动用其他地区800米以浅资源外，还动用其他地区1200米以浅资源。预测2035年产量可提高到250亿立方米（见图1–10）。

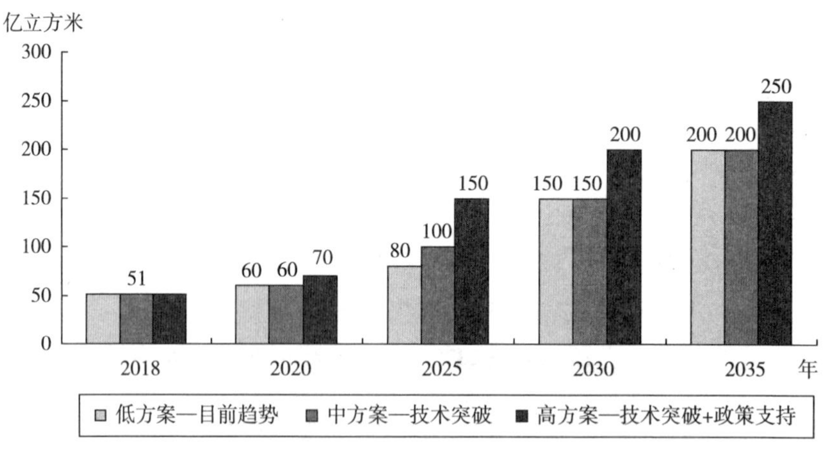

图 1–10　我国煤层气 2020—2035 年天然气产量趋势分析

（四）全国天然气产量 2035 年可达到 2300 亿 ~3000 亿立方米

随着全国天然气储量的快速增长，天然气需求量的不断增加，开发技术的不断进步，非常规天然气将陆续投入开发，我国天然气产量将不断增长，未来20年产量将处于快速增长期。综合上述常规气、页岩气和煤层气三种资源产量趋势分析结果，预计全国天然气产量2025年为1950亿~2400亿立方米、2030年为2200亿~2800亿立方米、2035年为2300亿~3000亿立方米（见图1–11），提出全国天然气低、中、高三种情景方案。

低方案：在现有经济、技术条件下，提高常规气老气田采收率，动用探明未开发储量中能够效益开发的储量，新区新增探明储量其动用率取65%，则全国天然气2030年、2035年可分别达到2200亿立方米、2300亿立方米。此方案相对保守。

中方案：通过技术进步，提高未来致密气及常规深层气储量的动用率，达到70%；实现四川周边海相筇竹寺组页岩气储量效益开发；全国天然气2030年、2035年可分别达到2500亿立方米、2700亿立方米。该方案比较客观实现产量目标的可能性较大。

高方案：加大四川周边非海相页岩试采评价，通过进一步提高单井产量，实现非海相页岩效益开发，大力提高页岩气产量规模，2030年、2035年产量可分别达到2800亿立方米、3000亿立方米。该方案较为乐观，通过油气企业积极努力，产量目标有望实现。

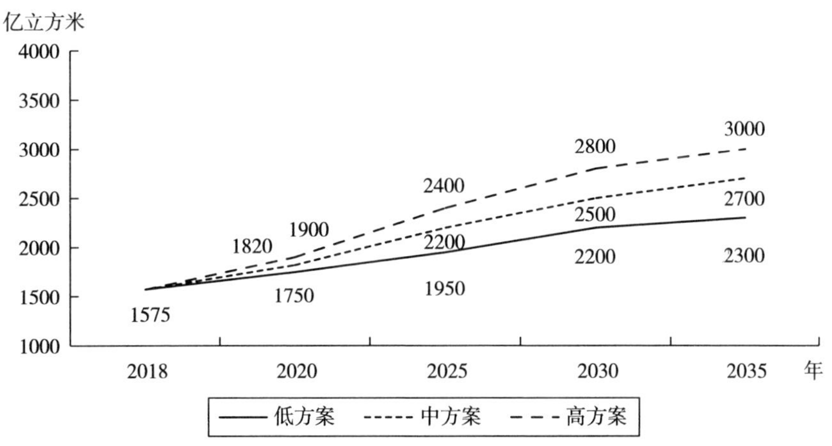

图 1-11　2020—2035 年我国天然气产量趋势预测

三个方案中，推荐中方案。保持常规气产量稳定增长、非常规气产量快速上升，2035年产量将在2015年1350亿立方米的基础上增长至2700亿立方米，实现产量倍增和非常规天然气对常规气的有效接替。

第三节　两种情景下的“十四五”期间国产气产量

“十四五”期间，全球天然气资源供应总体宽松，天然气价格呈下行趋势。这一形势使我国天然气供应面临“两难”：一是如果加快国内天然气勘探开发，提升产量，在国内需求量一定的情景下，必然要压缩进口气，长期协议（长协）必须按照最低合同量执行，同时尽量减少现货LNG进口；二是放开天然气进口，长协按照合同量执行，现货LNG不加以限制，这必将压缩国内天然气产量。如何权衡利弊是决策者们必须考虑的现实问题。

本章分析的两种情景下我国"十四五"天然气产量包含两层意思：一是在预测2025年前天然气需求情况下，在强进口约束条件下的国产气产量；二是在弱进口约束条件下的国产气供应量。

一、国内天然气生产面临的形势分析

（一）有利形势

1. 全球天然气供需相对宽松，天然气价格将持续较低位震荡运行。

国际天然气供应宽松为资源引进创造了良好条件。全球天然气资源丰富，开发利用程度总体较低，具有持续增储上产的坚实基础。截至2019年底，世界天然气剩余可采储量为198.8万亿立方米。近年来，国际油气勘探开发技术不断取得新突破，美国页岩气革命使世界天然气供需格局发生深刻变化，天然气供应宽松，价格随油价波动，与高油价时期相比大幅下跌，国际天然气供应宽松态势为我国引进境外天然气资源创造了良好的外部条件。英国石油公司（BP）预测结果显示，2035年全球天然气需求量为5.0518万亿立方米，全球天然气产量为5.052万亿立方米，供应保障能力总体充足，其中北美地区新增供应量超过4400亿立方米，占全球供应增量的32.5%[①]。

全球天然气贸易持续活跃，LNG供应能力不断增强。IHS预测结果显示，全球LNG在建项目产能近0.92亿吨/年，拟建、规划LNG项目产能2.63亿吨/年，项目全部投产后，液化能力将达到7.24亿吨/年。全球LNG需求2035年将达到6.32亿吨/年[②]，日韩需求基本保持稳定，主要增量来自中国、印度、巴基斯坦、泰国四国，合计增量达到1.24亿吨/年，占全部增量的40%。

国内环境宽松，天然气由卖方市场转向买方市场。受国家宏观经济增速放缓、替代能源竞争加剧以及油价下跌等因素影响，天然气进入快速发展阶

---

① 英国石油公司．BP2019 年全球能源展望［R］. 2019.

② IHS. 全球 LNG 供应展望［R］.2019.

段的波动期。“十四五”期间，天然气需求增速由之前持续的两位数降到个位数。在国产气、进口管道气以及LNG气等多元供应格局下，天然气总体上进入供需宽松期，下游市场竞争加剧。

2. 能源清洁化、低碳化转型为天然气发展提供了广阔空间。

能源生产与消费革命、大气污染防治和碳排放峰值承诺将持续推动天然气消费。面对资源约束趋紧、环境污染严重、生态系统退化的严峻形势，党的十九大报告进一步指出要加快生态文明体制改革，建设美丽中国，将生态文明上升为千年大计，将防治污染纳入决胜全面建成小康社会的三大攻坚战，政府治理大气污染的决心更加坚定。2018年12月，联合国卡托维兹气候变化大会通过《巴黎协定》[①]实施细则，全面落实了《巴黎协定》各项条款要求，彰显了全球绿色低碳转型的大势不可逆转，强化了各方推进全球气候治理的政治意愿，对清洁能源的需求将进一步增加。同时，国家持续推进能源生产与消费革命，未来5年乃至更长时间仍是中国能源转型的关键时期，可再生能源发展将进一步加快。天然气作为一种优质、高效、清洁的低碳能源，可与核能及可再生能源等其他低排放能源形成良性互补，是能源供应清洁化的最现实选择。加快天然气产业发展，提高天然气在一次能源消费中的比重，是我国加快建设清洁低碳、安全高效的现代能源体系的必由之路，也是化解环境约束、改善大气质量、实现绿色低碳发展的有效途径，同时对推动节能减排、稳增长、惠民生、促发展具有重要意义。

3. 国家提出加大勘探开发力度，并制定“七年行动计划”。

2018年，党中央批示要求加大国内油气勘探开发力度、保障国家能源安全[②]。自然资源部、国家能源局联合中国石油、中国石化、中国海油和延长石油四大石油公司，制定增储上产“七年行动计划”，提出到2025年实现石油年均新增探明地质储量10亿~15亿吨，年产油量重返2亿吨；天然气年均新增探明地质储量1万亿立方米，实现天然气产量快速增长。各石油公司与国家发展改革委、国家能源局等五部委签署了《大力提升油气勘探开发责任书》。2019年10月11日，中共中央政治局常委、国务院总理、国家能源委员会主任

① 联合国.《巴黎协定》实施细则［R］. 波兰，2018.12.

② 本刊评论员. 大力提升国内油气勘探开发力度　为维护国家能源安全作出贡献［J］. 中国石化，2019（8）.

李克强主持召开国家能源委员会会议，研究进一步落实能源安全新战略，在油气资源方面，会议强调要发挥好国内油气资源的作用，加大国内油气勘探开发力度，促进增储上产，提高油气自给能力。

实施"七年行动计划"以来，各石油公司积极行动，取得了一批油气勘探开发成果。渤海油田内凝析气田渤中19—6正式通过自然资源部审定，探明天然气地质储量超0.1万亿立方米，凝析油储量超亿吨，是渤海湾盆地50余年开采历史中最大的天然气发现。在长宁—威远和太阳区块，新增探明页岩气地质储量7409.71亿立方米，累计探明10610.30亿立方米，形成了四川盆地万亿立方米页岩气大气区，威荣页岩气田提交探明储量1247亿立方米。塔里木油田博孜9井试井成功，获高产工业油气流，成为塔里木油田年内在天山南部发现的又一个千亿立方米级大气田，标志着塔里木盆地第二个万亿立方米大气区横空出世。鄂尔多斯盆地北部东胜气田累计探明储量达1239亿立方米，是近20年来我国先后发现大牛地、苏里格等气田并进入规模开发之后，鄂尔多斯盆地发现的又一储量规模超千亿立方米的大气田。

同时，三大石油公司加大了勘探开发的合作力度，陆续签订上游合作框架协议，助力国内油气增储上产。2019年7月初，中国石油与中国石化就塔里木盆地、准噶尔盆地和四川盆地签订联合研究框架协议，涉及双方探矿权81个、总面积约30.58万平方千米。中国石化宣布与中国海油就渤海湾、北部湾、南黄海和苏北盆地签订合作框架协议和联合研究协议，共涉及双方探矿权19个、面积约2.69万平方千米，双方将在3年内通过联合研究、联合勘探、设施共享的方式在不同海域进行合作，在合作框架协议下，双方同时签署了渤海湾盆地、苏北和南黄海盆地、北部湾盆地联合研究协议。

（二）面临的挑战

1. 天然气勘探开发对象日趋复杂，持续增储上产难度加大。

首先，国内剩余资源禀赋较差，规模与效益难以兼顾。我国天然气资源品质逐渐变差，勘探对象正向更深、更老层系延伸，勘探目标更复杂，勘探难度显著增加，未来发现高品质储量和大气田机会减少。新增储量中，低渗—特低渗透等低品位储量已成为我国的主体，占比由"十二五"末的52%增长至目前的80%以上。动用储量中，低渗—特低渗透等低品位占比已达到75%以上，开发难度和开发成本逐年上升。页岩气3500米以深储量和致密气低效储量目前无法实现效益开发。

其次，已开发老气田继续稳产难度增加。已开发的克拉2、靖边、榆林、崖13—1、普光、涩北等主力大气田进入稳产末期，“十三五”末开始递减，继续稳产难度增加。老井总体综合递减率在10%左右，每年有相当比例新建产能用于弥补老井递减，上产能力有限。

最后，生态环境保护、用海用地矛盾突出。国内天然气勘探开发目前受用海、用地、环保等因素的约束，对储量、产量有较大的影响。初步统计，受用海、用地及环保等因素制约，影响国内探明天然气地质储量14369亿立方米、产量201亿立方米，其中已开发气田产量119亿立方米，待建气田产量82亿立方米。

2. 资源与市场主体多元化，竞争日益激烈。

随着石油天然气体制改革不断深入，除三大石油公司外，其他国企和民营企业开始涉足天然气领域，开发天然气资源、购买进口天然气、建设管道和LNG接收站，天然气已从市场竞争转移到上中下游全方位竞争。资源供应方面，由原来的三大石油公司主导，向三大石油公司和其他国企、民营企业共同供应的格局转变，民企和地方国企在天然气淡季低价引进LNG现货资源，对整个天然气供应市场形成较大冲击。管网改革方面，管网独立后，天然气一体化运营机制将被打破。LNG接收站建设方面，其他国企、民营企业加快抢滩布点，新疆广汇实业投资有限责任公司启东LNG已投产、新奥集团股份有限公司舟山LNG已建成投运，协鑫控股有限公司正在如东与中石油竞争站址。市场开发方面，LNG点供实现供需双方直接见面，大幅减少中间环节，对管道气市场形成较大冲击。新能源发展方面，国家提出非化石能源占能源消费总量比重2020年为15%、2030年为20%，光伏、风能等新能源发电对燃气发电的竞争压力越来越大。

3. 进口长协价格倒挂，管道气与LNG竞争加剧。

首先，我国高价LNG长协受到严重挤压。2008年至2012年正值高油价时期，基于对天然气需求持续快速增长的判断和保障能源供应安全的考虑，中国石油、中国石化和中国海油签署了一批LNG“照付不议”进口协议，合同期限为20~25年。三大石油公司与澳大利亚、卡塔尔等国签订了10份长协，合同贸易量达2755万吨，占我国目前已签订中长期LNG合同贸易量5150万吨的

54%，基本代表了我国LNG长协价格水平。由于进口LNG长期贸易合同是在油价高位时签订，当时离岸合同价格为15~17美元/百万英热单位（3.7~4.2元/立方米），叠加运输成本和再气化成本，进口LNG到岸价远高于管道气门站价，当时每立方米亏损1~2元。2015年，受国际油价大幅下跌影响，我国进口天然气价格有所下降，但进口天然气成本仍高于各省门站销售价格，进口企业继续亏损。2020年3月，国际油价虽然暴跌，但我国LNG合约挂钩油价要滞后9个月，2020年5月，我国LNG长协合约到岸价在10.63~11.65美元/百万英热单位，完税和再气化后，供气成本在3.2~3.5元/立方米，与我国最高的省市上海和广东基准门站价2.04元/立方米相比[①]，每立方米气亏损1.16~1.46元；与其他省市门站价相比，亏损进一步加剧。

其次，国内管道进口气价格继续承压。对于中亚管道进口气，2020年5月到岸完税价为218美元/千立方米（1.53元/立方米），考虑到长距离管输成本1元/立方米，输送到中东部地区，供气成本为2.53元/立方米，与全国最高门站价上海市2.04元/立方米相比，每立方米气亏损超过0.49元。缅甸进口气到岸完税价格为2.79元/立方米，更不具有成本优势。我国管道气和LNG长期合约到岸价高，受低价现货LNG的冲击最大。因低价现货LNG处于沿海地区，地理位置优越，对管道气的挤压将越来越大，如华北地区LNG每月替代量为1亿立方米左右，已替代了一部分管道气市场份额。特别是市场增量部分，已被低价现货LNG替代。

二、“十四五”期间全国天然气供需平衡分析

供应方面主要考虑我国天然气加快勘探开发计划，以及按照正常长协进口安排；需求方面以预测的高情景和中情景需求量为基础。

据国家2018年制订的加快勘探开发行动计划，围绕上产创效目标，突出加快发展，常规气新区加大前期评价力度，优选产能建设区块，落实有利于产能建设的目标区，全力推进重点产能项目建设，保障新区上产。常规气老区加强精细描述和滚动扩边评价建产，进一步搞清剩余气分布，挖掘老气田开发潜力，弥补递减，保持老区稳产。加快致密气规模上产速度，全面推

① 国家发展改革委《关于调整天然气基准门站价格的通知》（发改价格〔2019〕562号）。

进页岩气规模效益发展，有序推进煤层气建产，确保天然气产量持续增长，2025产量将达到2330亿立方米（见表1–13）。

表 1–13　　全国天然气供需平衡分析　　单位：亿立方米

序号	气源	2019年实际	2020年	2021年	2022年	2023年	2024年	2025年
全国需求	高情景	3073	3163	3380	3579	3790	4014	4300
	中情景	3073	3163	3346	3543	3749	3968	4200
全国供应量小计		3073	3370	3633	3763	3943	4126	4327
（1）	国产气产量（2018年国家方案）	1740	1834	1950	2030	2140	2222	2330
（2）	管道气长协进口	510	545	692	742	812	892	972
（3）	LNG长协进口	539	666	666	666	666	686	700
（4）	LNG现货	284	325	325	325	325	325	325
供应需求	高情景	0	207	253	184	153	112	27
	中情景	0	207	287	220	194	158	127

据本书第二章我国天然气进口形势分析，2025年前我国已签长协照付不议合同量为1672亿立方米，其中管道气进口长协为972亿立方米，LNG进口长协为700亿立方米。2020—2025年，LNG现货进口量预计为325亿立方米，其中三大石油公司保持2019年现货进口量水平，为217亿立方米；民企现货引进量在2019年的基础上，2020年起每年进口量按已建成LNG接收站最大能力785万吨考虑，即108亿立方米。综合我国长协合同和现货预计进口量，到2025年共进口天然气1997亿立方米（见表1–13）。

据本书第五章2025年前天然气需求预测分析，我国仍处于工业化和城市化“双快速”发展阶段，经济将持续快速发展，能源需求迅速增加。巨大的市场空间、不断完善的产业体系、节能减排政策的有效实施，都为我国天然气产业发展创造了难得的机遇和条件，未来天然气市场需求仍将快速增长。“十四五”期间，我国的天然气消费仍将保持不错的发展势头，到2025年，我国的天然气消费量预计在4100亿~4300亿立方米（见表1–13），年均增长率在5.5%~6.1%。

根据上述分析，我国天然气需求无论是高情景还是中情景（本书第五章预测值），资源供应都存在过剩；尤其是2020—2024年，全国天然气供应过剩量超100亿立方米以上，在112亿~287亿立方米；2025年过剩量在27亿~127亿立方米（见表1–13）。因此，在全球天然气供需宽松及天然气价格趋于下行的背景下，“十四五”期间，根据国内经济增长速度和天然气需求增长态势，我国应下调高价LNG长协与管道进口规模，依靠现货LNG进口量调节，优化安排国产气产量。

三、两种约束情景下“十四五”期间国产气产量分析

国产气实际上受到进口气的约束，也就是说，在天然气消费量一定的情况下，进口气尤其是长协合同约束国内产量，这也意味着国内天然气实际产量要考虑进口气数量的大小。这种约束也可以分两种情景：强进口约束和弱进口约束。在需求量一定的情景下，前者长协进口达到上限，不限制现货LNG进口，导致大量压缩国产气产量，2018年制订的加快勘探开发行动计划难以完成，2025年国产气最低产量2203亿立方米；后者则是控制天然气进口，长协按照“照付不议”合同下限执行，现货进口由政策要求控制，2025年国产气产量最高可达2519亿立方米。但是根据本章预测，2025年我国国产气产量最可能为2200亿立方米，这样国产气年增量在100亿立方米左右，也属于较高的产量。因此，本书认为，不应控制进口规模，各进口企业完全可以利用国际现货市场优化供应，降低总体成本。

（一）强进口约束条件下的“十四五”期间国产气产量

“十四五”期间，强进口约束主要是指进口气完全按照已签长协进口合同上限执行，现货LNG引进按2019年进口量执行并适度扩大，期间我国进口气规模较大，对我国国产气产量制约较大，需要加强国内天然气发展方案的优化，尤其是国内高成本天然气的优化。在国内天然气需求旺盛即高情景的情况下，供需平衡分析认为，“十四五”末，我国国产气产量应下调27亿立方米，由2330亿立方米降为2303亿立方米；在国内天然气需求增长放缓即中情景情况下，“十四五”末，我国国产气产量应下调127亿立方米，由2330亿立方米降为2203亿立方米，与本章第二节预测产量完全一致。可见，我国天然气产量受到进口气的一定抑制。“十四五”期间各年度产量调整情况见表1–14。

表 1-14　刚性约束情景下“十四五”期间国产气产量安排　单位：亿立方米

序号	气源	2019年实际	2020年	2021年	2022年	2023年	2024年	2025年
全国需求	高情景	3073	3163	3380	3579	3790	4014	4300
	中情景	3073	3163	3346	3543	3749	3968	4200
已签长协合同进口量		1049	1211	1358	1408	1478	1578	1672
LNG现货		284	325	325	325	325	325	325
“十四五”期间国产气产量	高情景	1740	1627	1697	1846	1987	2110	2303
	中情景	1740	1627	1663	1810	1946	2064	2203

（二）弱性进口约束条件下的“十四五”期间国产气产量

由于我国天然气长协进口在高油价时期签订，进口价格偏高，因此，“十四五”期间，应考虑进口约束条件，优化下调已签长协进口量。长协进口量均参照合同量下限安排，中亚管道气进口规模按90%下限、中俄管道气进口规模按85%下限、LNG长协参照2019年实际执行长协下限结果（三大石油公司平均为86%、民企为70%）考虑，“十四五”期间，预计我国已签长协执行“照付不议”合同量可降至1456亿立方米（见表1-15）。这有利于国内天然气产量增长。

表 1-15　弱进口约束条件下“十四五”期间国产气产量安排　单位：亿立方米

序号	气源	2019年实际	2020年	2021年	2022年	2023年	2024年	2025年
全国需求	高情景	3073	3163	3380	3579	3790	4014	4300
	中情景	3073	3163	3346	3543	3749	3968	4200
已签长协按最低下限		1049	1114	1191	1233	1293	1378	1456
LNG现货		284	325	325	325	325	325	325
“十四五”国产气产量	高情景	1740	1724	1864	2020	2172	2310	2519
	中情景	1740	1724	1830	1984	2131	2264	2419

在我国长协进口规模下降、LNG现货进口参照2019年引进的情况下，“十四五”期间，国内天然气需求增长无论是高情景还是中情景，2020—2022年，国内天然气都会出现供大于求的趋势；2023年起出现供不应求，

要求加大国内勘探开发力度，提高国产气产量。在国内天然气需求旺盛的情况下，即高情景需求方案，2020—2022年国内天然气供大于求，优化下调国内天然气产量；2023年起国内天然气供不应求，需增加国产气产量，“十四五”末，国产气产量应提高189亿立方米，由2330亿立方米提高到2519亿立方米。在国内天然气需求增长放缓的情况下，即中情景需求方案，2020—2023年需要优化下调国产气产量；2024年起增加国产气产量，“十四五”末我国国产气产量应增加89亿立方米，由2330亿立方米提高到2419亿立方米。“十四五”期间各年度产量调整情况见表1-15。

四、将油气生产定位于国家能源安全的基础

保障能源安全对任何国家都是头等大事，也是长期困扰我国的问题。总的来看，我国能源安全主要是结构性问题，风险主要在油气安全，特别是原油对外依存度已经超过70%，而在复杂的国际形势及大国博弈的背景下，油气进口通道安全面临巨大的威胁。因此，提升国内油气产量是保证供应安全最重要的途径，因为国内油气产量是保证油气供应安全的“压舱石”，保持一定规模的国内产量将有利于控制我国油气对外依存度过快攀升，西方国家就不敢轻易染指封锁国际运输通道进而逼中国就范。此外，国内三大石油公司拥有员工近200万人，合理的规模产量也是保障社会稳定、支撑就业和实现国企创收、创效与缴纳巨额税费的基础。

但必须认识到，产量规模必须基于我国油气资源的特点。从资源数量角度看，我国油气田储量、产量与占世界比例并不匹配，石油探明地质储量占世界比例在1.1%左右，却贡献了占世界4%~5%的石油产量，是所有产油国中最大的杠杆系数，各油田基本处于高负荷生产状态；天然气探明储量世界排名第6，天然气产量排名第5[①]，天然气储采比保持40左右，仅属于中等偏低水平。从资源品质角度看，我国陆相油气藏与国外海相油气藏相比，相变大，油层连续性差，岩性杂，砂体小，储层水动力连通性差，油藏天然能量有限，油层储集空间及其赋存流体的非均质性严重。

受油气资源品位总体不高、地质条件复杂、技术发展滞后于资源劣质

① 英国石油 . BP2020 年全球能源统计 .http：//www.bp.com/statisticalreview，2020.

化等因素的影响，未来国内油气产量增加仍将大大落后于需求增长，油气供不应求且对外依存度保持高位将是常态。因此，从战略上应将国内油气生产定位于基础保障，不过度拔高生产能力，使国内油气生产保持在相对合理规模，油气对外依存度保持在可控水平，紧急状况下保障基础供应，实现油气行业长期稳定发展。

五、多气并举提高国内天然气供应能力

加大天然气上游勘探开发力度是天然气行业供给侧结构性改革的主要发力点。目前我国大多数盆地勘探程度较低，常规气资源探明率不到20%，页岩气和煤层气勘探开发刚刚起步，天然气勘探开发潜力非常大。要突出陆上深层、海洋深水和非常规天然气三大领域，加大勘探开发投入，加强重大理论和关键技术研发，完善资源开发政策，围绕国产气供应情景的高方案目标，落实勘探开发工作部署。常规（含致密）气立足四川、鄂尔多斯、塔里木三大盆地和海域，加快新区增储建产步伐和提高老区储量动用率、采收率，进一步扩大生产规模。全面推进川渝地区海相页岩气开发，重点突破3500米以深海相页岩气效益开发技术，实现规模效益发展。煤层气立足鄂尔多斯和沁水盆地已开发老区规模效益开发的同时，加快蜀南、准噶尔、二连盆地等煤层气勘探评价和开发建设。

此外，破解制约煤制气、生物气、天然气水合物等资源开发利用的政策困境和技术瓶颈，加强试点示范项目建设，积极推进规模效益发展，拓宽天然气供应渠道，力争2035年国产气供应量再增长500亿~800亿立方米，从而进一步降低对外依存度。煤制气在环保和成本可承受条件下，加快大唐克旗煤制气、伊犁庆华煤制气、内蒙古汇能煤制气和伊犁新天煤制气等项目建设，同时加快开展煤炭地下气化攻关，力争2035年达到200亿~300亿立方米。生物气在改善农村人居环境、推动生态循环农业建设等方面具有重要意义，要加大我国粮食主产区（秸秆资源）和东北、西南林区生物质资源的利用，力争2035年生物气产量潜力达300亿~500亿立方米。另外，要进一步加大天然气水合物开发评价和技术攻关，一旦开发技术成熟配套，国内天然气产量还有较大的上升空间。

第二章　我国引进天然气资源的国际环境与进口策略

长期来看，我国天然气消费仍然需要进口补充。为保证天然气供应安全，减少国际天然气市场供应压力，借鉴国际经验，我国天然气对外依存度不宜超过50%，相应进口量不应超过全球天然气贸易量的20%。全球天然气资源丰富，尤其是LNG供应将保持长期宽松态势；我国进口管道气的中亚地缘政治环境日趋复杂，需要从政治、外交、经济方面加强工作，进口俄罗斯管道气前景向好。“十四五”末，我国天然气进口量在1782亿~1998亿立方米，对外依存度最高为47.5%。

需要注意的是，国际环境正在发生深刻的变化，我国引进天然气资源的制约因素在增多，尤其是要考虑战争引起的供应中断这种极端事件。本书按照业界人士普遍看好未来天然气市场发展的乐观情景考虑，我国天然气进口仍然应该注重进口LNG的多元化，通过联合采购、海外合资开发资源降低进口价格。

第一节　我国“十三五”期间天然气进口回顾与评述

“西气东输”一线投运以来，我国天然气需求快速增长与国内天然气生产不足的矛盾日益突出，结果是天然气进口的快速增长，最高对外依存度一度接近45%。考虑到我国天然气勘探开发地质条件、经济和技术问题，未来较长时期进口绝对量仍有扩大的趋势。但是，我国必须充分认识到国际地缘政治的变化，将天然气对外依存度控制在不超过50%的水平。

一、“十三五”期间天然气进口量翻番

“十三五”期间，天然气进口战略通道格局基本形成。西北战略通道在逐步完善，中亚A、B、C 线建成投产；西南战略通道初具规模；东北战略通道北段建成投产；海上进口通道发挥重要作用。“十三五”以来，受全球低气价、LNG长协进入执行窗口期导致合同数量增多影响，我国进口天然气保持快速增长，“十三五”前4年，年均增速约21.4%。

2016年，全国天然气进口量达721亿立方米，同比增长17.4%，随后保持快速增长态势，2018年进口量达到1276亿立方米[①]，年均增长率达到34.8%。2019年，随着中俄东线北段通气，中国西北、西南、海上和东北4条天然气进口通道基本建成。由于受国产气快速增长和需求增速放缓的影响，中国天然气进口增速显著回落，全年天然气进口量为1333亿立方米[②]，同比增长4.5%，较上年回落30个百分点；“十三五”期间累计进口天然气预计超过5600亿立方米，是“十二五”时期天然气进口量的2.24倍。2019年与“十二五”末相比，净增719亿立方米，增长1.17倍（见表2–1、图2–1）。其中，LNG进口增速最快，LNG进口量占总进口量的61.7%（见图2–1）。

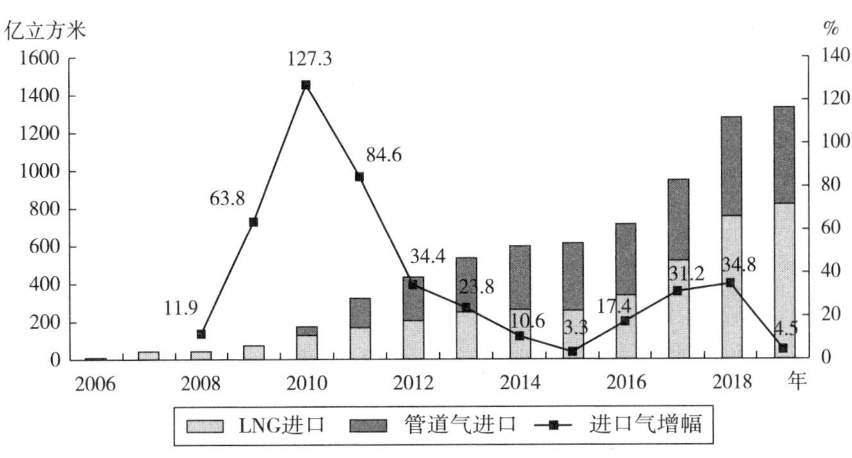

图 2–1　2006—2019 年我国进口天然气总量、构成及增长率

① 刘朝全，姜学峰 .2019 年国内外油气行业发展报告［M］. 北京：石油工业出版社，2019.

② 中国石油集团、中国石化集团和中国海油集团 2016—2019 年度报告。

（一）管道气建成年输送能力1050亿立方米，"十三五"管道气进口量增速放缓

我国进口管道气有西北、西南和东北3条战略通道。西北战略通道即中亚天然气管道，包括中亚A线、B线、C 线和D线。A+B线设计年输气能力为300亿立方米[①]，先后于2009年12月和2010年10月建成投产；C线设计年输气能力250亿立方米[②]，于2014年5月投产；D线正在建设中[③]。至此，中亚天然气管道总输送能力达550亿立方米/年，目前正在逐步完善。西南战略通道即中缅天然气管道，设计年输气能力为120亿立方米，于2013年7月建成投产，输气能力为52亿立方米/年，目前初具规模。东北战略通道即中俄东线，设计年输气能力为380亿立方米，中俄东线北段于2019年12月建成向中国供气，是继中亚管道和中缅管道后第三条跨国境天然气长输管道。目前3条战略通道的管道输送能力已达到1050亿立方米。

我国管道气进口始于2009年，进口量由2010年的44亿立方米提高到2019年的510亿立方米，管道气进口量约占我国同期消费总量的16%以上。气源拓展到土库曼斯坦、乌兹别克斯坦、哈萨克斯坦、缅甸和俄罗斯5个国家。2016年起，受低气价和采暖用气需求大幅增加推动，全国管道气进口量保持稳定增长，2016—2018年分别为388亿立方米、430亿立方米和521亿立方米，年增速在9%~21%之间（见表2–1）。2019年受低价LNG现货冲击、国内天然气需求放缓等因素影响，管道气价格竞争力削弱，不得不压减土库曼斯坦和乌兹别克斯坦的进口量，管道气进口首次出现下降。当年进口气量为510亿立方米，与2018年相比下降约11亿立方米。

表 2–1　　中国四大通道历年进口量构成　　单位：亿立方米

通道	2006年	2007年	2008年	2009年	2010年	2011年	2012年	2013年	2014年	2015年	2016年	2017年	2018年	2019年
LNG	9	42	47	77	131	171	206	252	265	258	333	526	755	823
中亚					44	152	228	281	298	310	346	382	488	456

① 中国石油集团、中国石化集团和中国海油集团 2016—2019 年度报告。

② 全国矿产资源公报（2016—2019）.

③ 《天然气发展"十三五"规划》（发改能源〔2016〕2743 号）。

续表

通道	2006年	2007年	2008年	2009年	2010年	2011年	2012年	2013年	2014年	2015年	2016年	2017年	2018年	2019年
中缅								4	32	46	42	39	33	51
中俄														3.28
小计	9	42	47	77	175	323	434	538	595	614	721	946	1276	1333

“十三五”前4年，管道气年均进口增量38亿立方米，与“十二五”期间年均增量62亿立方米相比，下降了24亿立方米，增量下降由进口LNG替代（见表2–1）。

（二）LNG进口增速加快，进口量超管道气成为我国主要进口来源

受全球天然气价格逐渐走低、调峰用气需求增加以及LNG接收站陆续建成投产的影响，“十三五”期间，我国LNG贸易增长较快。截至2019年底，我国已建成LNG接收站22座[①]，总接收能力为7937万吨/年（见表2–2）。“十二五”期间，LNG进口量保持高速增长，2016—2019年进口量分别为333亿立方米、516亿立方米、755亿立方米和823亿立方米，与“十二五”末相比，年均增长141亿立方米，年均增速33.6%。从2017年开始，LNG进口量超过管道气进口，成为我国最重要的进口气来源。LNG进口量在天然气进口总量的占比逐年增加，由2015年的42%提升到2019年的61.7%。2019年我国已成为全球第二大LNG进口国，进口气源主要来自澳大利亚、卡塔尔、马来西亚、印度尼西亚和巴布亚新几内亚等26个国家（见图2–2）。澳大利亚是中国LNG最大进口来源国，广东是中国LNG进口量最大的省份，进口量占全国总进口量的37.1%。

表2–2　　2019年底我国已投产LNG接收站相关信息汇总

序号	接收站	已建成接收能力/万吨/年	投产时间	所属运营商	备注
1	天津浮式LNG	220	2013年12月	中海油	国家管网
2	上海洋山港LNG	300	2009年11月	中海油	
3	浙江宁波LNG	300	2012年9月	中海油	
4	福建莆田LNG	500	2009年2月	中海油	

① 国家能源局石油天然气公司，国务院发展研究中心资源与环境政策研究所，自然资源部油气资源战略研究中心．中国天然气发展报告（2019）[R]．北京：石油工业出版社，2019.

续表

序号	接收站	已建成接收能力/万吨/年	投产时间	所属运营商	备注
5	广东粤东LNG	200	2017年5月	中海油	国家管网
6	广东大鹏LNG	680	2006年9月	中海油	
7	深圳迭福LNG	400	2018年8月	中海油	国家管网
8	广东珠海LNG	350	2013年10月	中海油	
9	广西防城港LNG	60	2019年1月	中海油	国家管网
10	海南洋浦LNG	300	2014年8月	中海油	国家管网
11	大连LNG	600	2011年11月	中石油	国家管网
12	唐山LNG	650	2013年11月	中石油	
13	如东LNG	650	2011年5月	中石油	
14	海南澄迈LNG	132	2014年	中石油	
15	天津LNG	600	2018年2月	中石化	
16	青岛LNG	600	2014年12月	中石化	
17	北海LNG	600	2016年4月	中石化	国家管网
18	江苏南通启东LNG	115	2017年6月	广汇能源	
19	上海五号沟LNG	150	2000年4月	申能集团	
20	舟山LNG	300	2018年10月	新奥集团	
21	东莞九丰LNG	150	2012年	九丰公司	
22	深圳华安LNG	80	2019年8月	中海油气电集团、深圳能源集团	
小计		7937			

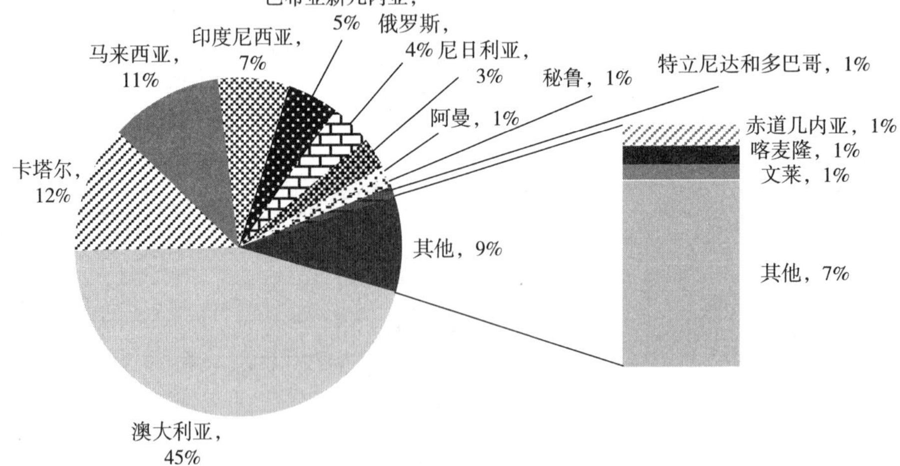

图 2-2　2019 年我国 LNG 进口来源国分布

我国LNG进口以长贸合同为主，现货进口量逐年提高。除中石油、中石化和中海油与澳大利亚、卡塔尔、马来西亚、印尼等国签订了长协确保执行合同量之外，中国贸易商在LNG现货市场的采购也比较积极，现货增长较快，2019年现货进口量达284亿立方米，占LNG总进口量的34%，气源主要来自尼日利亚、俄罗斯、秘鲁等国。

二、天然气对外依存度超过40%引起供应安全问题担忧

2006年6月，我国第一个LNG接收终端——深圳大鹏LNG接收站建成投产，当年从澳大利亚进口LNG65万吨，由此我国成为天然气净进口国，且进口规模逐年增长，2009年进口LNG达到550万吨。特别是2010年开始引进中亚管道气以来，进口LNG和管道气双双推动我国天然气进口快速增长。2018年我国超越日本成为全球第一大天然气进口国，进口天然气1276亿立方米，其中LNG755亿立方米、管道气521亿立方米，2019年进口天然气1333亿立方米。2008年到2019年，除了2015年、2019年的进口增速仅为3.3%和4.5%之外，其他年份都保持了两位数以上的增长。其中2010年的进口气同比增速高达127.3%（见图2–1）。

伴随进口气规模快速增长，我国天然气对外依存度不断攀升，特别是从2009年到2013年，天然气对外依存度增长最快。2014年突破30%之后，2015年基本稳定，2016年起又快速上升，2018年达到43.2%，2019基本持平，为43.5%（见图2–3）。

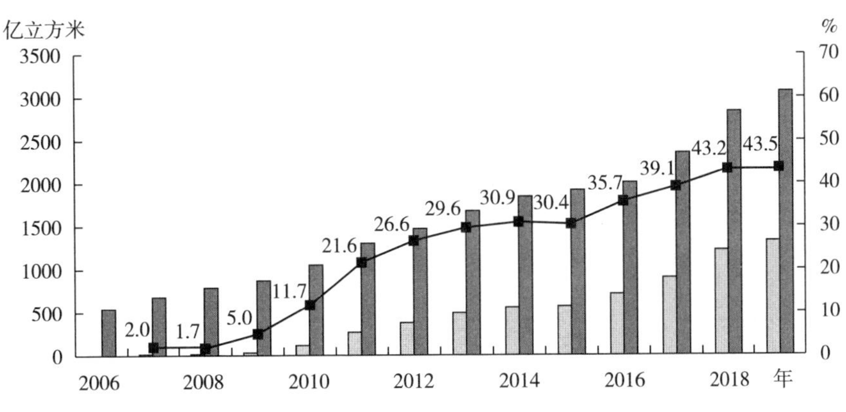

图 2–3　2006—2019 年我国天然气对外依存度变化趋势

与日本、韩国等东亚国家和地区对比，我国天然气对外依存度并不高，但几个关键性的问题是我国独有的：一是2020年初的全球新冠肺炎疫情极大地改变了我国的地缘政治环境，以美国为首的西方国家开始敌视中国，制裁已经开始，战争也不是完全可以避免的。虽然我国天然气进口LNG来源国已达20多个，但运输通道易受控制。二是我国天然气消费的峰谷差非常大，因此，我们不能只考虑年均对外依存度问题，更重要的是考虑高峰期的对外依存度问题。同时，我国气候变化与管道气资源进口国相似，用气高峰期易重叠，导致进口气波动大，2017年由于中亚国家国内天然气需求增加而对我国减少供应，从而导致我国短期天然气供应紧张就是典型的例子。三是石油的高依存度已经给国际上的“中国能源威胁论”话题提供了借口，天然气对外依存度的快速攀升无疑是火上浇油。也就是说，我国天然气大量进口可能影响全球价格，由此引起部分国家将此责任推向中国，煽动对中国的不满。四是我国是天然气消费大国，但天然气定价主导权缺失，国际天然气价格波动时常影响我国相关行业发展，极大地影响我国经济发展，已经威胁到国家经济安全。

三、进口气价格大幅波动影响行业稳定发展

我国进口长协天然气价格一直受油价影响。“十三五”以来，进口LNG价格一度冲到2.6元/立方米（2019年1月），2020年5月达到较低的1.75元/立方米，两者波动幅度达56%；进口管道气2020年5月为1.53元/立方米，处于相对低位，与最高价相差0.3元/立方米（见图2–4）。

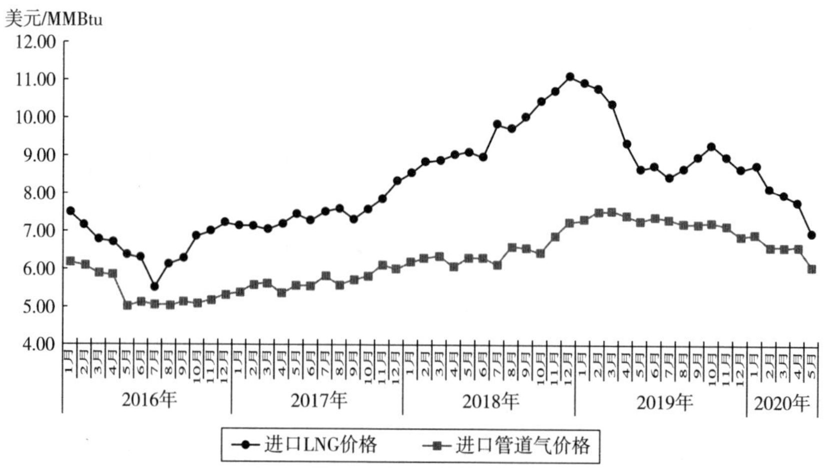

图 2–4　2016 年至 2020 年 5 月我国进口管道气与 LNG 价格变动

进口天然气价格剧烈波动对行业发展带来了严重冲击。天然气低进口价格时期，对天然气价格相对敏感的天然气发电、重卡等项目相继上马，高气价时期项目难以运转，大量投资成本沉没或者低效运行。这种情况在我国已经多次发生，更严重的后果是影响未来投资决策。近几年天然气发电进展缓慢，工业"煤改气"在部分地区难以推动，均与进口气价格剧烈变动有关。对上游天然气供应企业而言，进口天然气价格下降有利于销售，一旦价格上涨，必须与下游企业艰难谈判。如何将上涨因素匹配到各省市、各行业，既是一个复杂的工作，也是一个难以公平的问题，导致上游与下游企业，甚至与地方政府的矛盾升级。

四、天然气进口依存度上限应控制在50%以内

我国"十三五"期间天然气市场的发展总体是向好的，无论是在速度还是在质量方面。这期间行业内外部环境的急剧变化使国家、企业对天然气未来发展的前景、应该采取的措施有了充分的认识，其中关键的一条是，进口天然气不仅有中断的绝对可能，而且有大规模、长期供应中断的可能，要有应对进口环境变化的预案，因此出台了多个加强天然气产供储销体系建设的政策文件，尤其是持续强调加强国内天然气勘探开发和加强天然气储备建设。

本书认为，在不发生长期、大规模进口天然气中断的情况下，依据成熟市场国家的经验，我国应努力将进口依存度上限控制在50%以内。

（一）天然气市场成熟国家通常根据资源和经济条件选择适宜本国的对外依存度区间

根据调研分析，世界天然气生产和消费国一般根据自身的资源条件和经济条件选择保障类型，主要划分为四类：进口依赖型、进口主导型、国内主导型和完全自主型。日本、韩国等国为进口依赖型，对外依存度超90%以上，国内天然气资源贫乏，基本依靠进口；德国和意大利等国为进口主导型，对外依存度在60%~90%，以进口为主，国产天然气作为补充；美国、英国为国内主导型，对外依存度在40%以内，以自产为主，辅以进口；俄罗斯、挪威、加拿大和卡塔尔等国为完全自主型，全部依靠自产，这些国家资源非常雄厚，不仅自给有余，还可以大量出口。

需要说明的是，资源保障类型随着国内资源的开采和国内天然气需求的

增加将发生转变。如美国在20世纪80年代中期为完全自主型；90年代以来，天然气对外依存度开始增长，2005年达到最高为18%，转变为国内主导型；2007年后页岩气革命取得成功，2017年能源完全自主，并转为天然气出口国（见图2-5）。我们应充分认识到，天然气对外依存度是动态的、相对的，具有明显的阶段性特征。当然，合理的天然气对外依存度需要考虑众多因素，如资源禀赋、消费规模、经济水平、地缘政治、军事外交等。

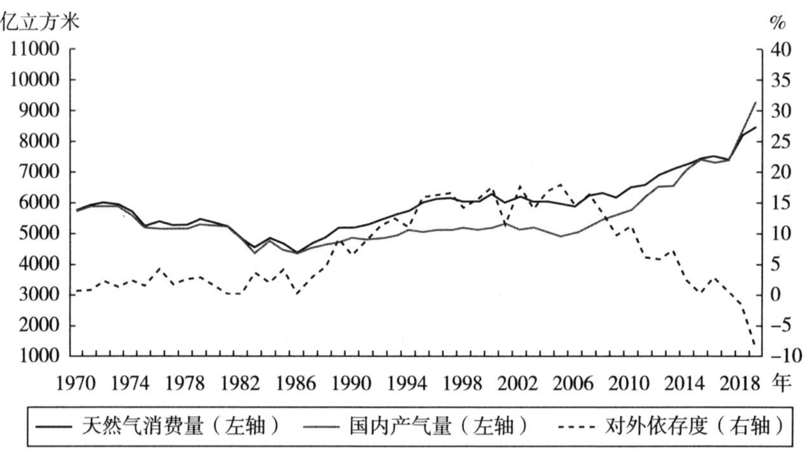

图 2-5 美国 1970—2019 年天然气对外依存度变化

从美国天然气对外依存度变化来看，净进口气量始终保持在全国总消费量的10%~18%。尽管美国进口气几乎全部来自加拿大，政治和经济风险都相当小，但美国对开拓墨西哥和南美能源市场保持了相当的谨慎，对可能存在的政策和经济风险给予了足够的重视。

（二）我国应控制一次能源消费总量和设置天然气对外依存度天花板

从一次能源消费量和经济总量看，中美两国是全球绝对的能源消费和经济大国，研究美国的能源消费和天然气市场经验对中国具有实际意义。与美国相比，中国单位GDP能耗较高，能源消费总量为全球第一。同时，中国正处于重工业化阶段，工业化最早也要到2030年才能完成，这意味着未来我国的经济发展还要在很大程度上依赖于能源，特别是油气。英美实现工业化以消耗本国煤炭为主；法国、德国、瑞典、俄罗斯、日本等国在工业化过程中，能源的需求要么依靠本国资源，要么依靠进口。我国显然不能完全照搬欧美等发达国家工业化的老路子，必须对一次能源消费总量予以约束，提高能源效率，控制能源消费总量天花板。

美国已成为世界第一大石油天然气生产国和最重要的出口国，正在实现能源独立，已逐渐摆脱对中东和外部石油的高度依赖。中国天然气对外依存度太高将影响经济社会的可持续发展，不仅要花费巨额外汇购买油气，而且要从外交、经济甚至军事等诸多方面更多地介入国际事务，这无疑会挤占国内经济建设和改善民生的宝贵资源。中美两国能源形势背向发展，将进一步拉大中美两国的综合国力差距。因此，要千方百计增加国内天然气供应能力，有效地抑制对外依存度的过快增长，将对外依存度控制在一定水平。

（三）我国是全球天然气年消费量超2000亿立方米中唯一高度依赖进口的国家

2019年，全球天然气消费量超过2000亿立方米的国家有4个，分别是美国（8466亿立方米）、俄罗斯（4443亿立方米）、中国（3073亿立方米）、伊朗（2236亿立方米）。俄罗斯和伊朗天然气资源基础雄厚，2019年剩余可采储量全球排名前两位。俄罗斯是传统的天然气出口大国，长期以来是欧洲天然气市场的主要供应者。伊朗天然气开发程度较低，拥有巨大的天然气出口潜力。美国曾经是天然气净进口国，从天然气对外依存度变化来看，进口气量占比较高时期对外依存度也仅在10%~18%，而且美国从国外进口的天然气几乎全部来自加拿大，政治和经济风险都相当小。由于页岩气革命，美国2017年由原来的进口国转为出口国，在不远的将来有望成为全球最大的LNG出口国。

也就是说，当前4个天然气消费大国中，唯有中国是需要大量进口的国家，目前的对外依存度已经远高于当年美国，且未来还将呈继续上升趋势。世界天然气资源充足，理论上可以从国外获得足够资源，但应考虑减供、中断供应以及地缘政治风险等。俄罗斯和美国都在天然气领域使用过地缘政治手段。俄罗斯多次威胁给乌克兰断气；美国则在近期开展贸易战时，无论对中国还是欧洲，均以大幅增加进口美国LNG作为筹码。中国是美国最主要的竞争对手，也是重点打压对象，既然现在可以断供芯片，未来也可以断供LNG。对美国LNG依赖程度越高，可能带来的地缘政治风险越大。因此，我国应千方百计抑制当前对外依存度过快上涨的趋势，将安全平稳供气的主动权牢牢掌握在自己手里。

（四）我国进口气量不宜超过全球天然气总贸易量的 20%

从历史上天然气进口大国的进口量与当时全球天然气的总贸易量之比看，一般以不超过20%为宜。历史上天然气年进口量超过1000亿立方米的国家有3个：美国、日本和中国。美国在页岩气革命成功之前，为满足国内需求也曾大量进口天然气，1995年进口量与全球天然气总贸易量之比达到峰值，为20.5%，之后逐渐降低。日本长期依靠进口LNG满足需求（主要用来发电），1991年进口量与全球天然气总贸易量之比最高达到16.5%，之后逐渐降低，目前在10%以内（见图2-6）。中国自2006年开始进口天然气以来，随着进口量的不断增加，其与全球天然气总贸易量之比也呈上升趋势，2019年达到10.3%。

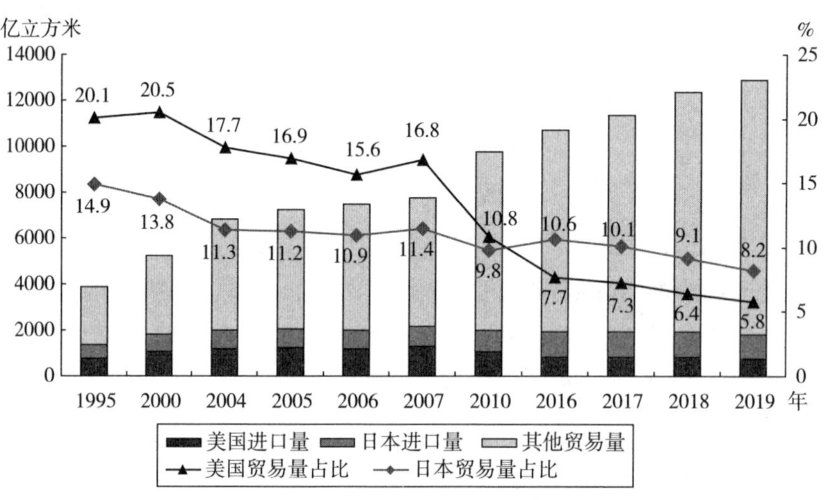

图 2-6　美国和日本 1995—2019 年天然气进口量及占全球贸易量比值

美国、日本作为天然气市场发展历史较长的国家，在天然气进口量与当时的全球天然气总贸易量之比接近或短时超过20%的情况下都逐步下降，这一现象是偶然的吗？对我国有警示意义吗？本书认为至少美国、日本当时对世界天然气市场的供需、价格影响状况值得警惕。20世纪90年代中期，随着美国在世界天然气进口份额的扩大，给全球带来供应紧张的气氛，带动国际天然气价格上扬，亨利港（Henry Hub）价格10多年间上涨了4美元/MMbtu[①]，日本进口天然气价格上涨了2美元/MMbtu，这一状况一直持续到美国页岩气革命成功的2007年前后。当时，我国在国际市场上也签署了大量的LNG进口长协，鉴于天然气资源可能进一步供应紧张、价格进一步上扬的预测，接受了高价合同。这也是造成目前三大石油公司进口天然气亏损的主要原因。

虽然目前来看全球天然气资源丰富，LNG长期供应充足，俄罗斯、中亚天然气增产仍有空间，但如果我国不加约束地进口天然气，必将带来全球天然气供应的一定程度的紧张，因为我国未来进口、消费大然气的规模是日本远远不能相比的，这将给“中国能源威胁论”带来口实。同时，进口扩大所带来的价格上涨也是国内用户难以接受的。因此，不加约束的天然气进口规模对我国十分不利。

鉴于上述考虑，中国可以借鉴美国、日本的历史经验，将天然气进口量控制在不超过全球总贸易量的20%。根据2010年以来全球天然气贸易量增长趋势，预测2035年全球天然气贸易量约为1.6万亿立方米，由此测算中国天然气进口量应控制在3200亿立方米以内；若按我国2035年天然气最高需求方案7000亿立方米测算，对外依存度应控制在46%左右。

综上分析，我国作为经济大国和天然气消费大国，天然气对外依存度过高将影响供应安全和经济安全，必须树立底线思维，应千方百计抑制当前对外依存度过快上涨的趋势，绝不能再步原油的后尘，将安全平稳供气的主动权牢牢掌握在自己手里，将我国天然气对外依存度控制在50%的安全经验范围以内。

第二节　我国天然气资源进口的国际环境

长期来看，我国天然气进口的国际环境有利。我国引进管道气的中亚、俄罗斯地区资源丰富，但缅甸未来发现大气田的不确定性较大。2030年前全球LNG供应宽松，LNG资源主要集中在资源国的国家石油公司、综合性国际石油公司和大型LNG运营商与贸易商。

① MMbtu 为英热单位。

一、全球天然气剩余可采储量分析

全球天然气剩余可采储量分布极不均匀，主要集中在少数国家。从地区看，主要分布在中东地区和前苏联地区，分别为75.6万亿立方米和64.19万亿立方米[①]，分别占全球储量的38%和32.3%；其他地区58.96万亿立方米，仅占29.7%，参见图2-7。

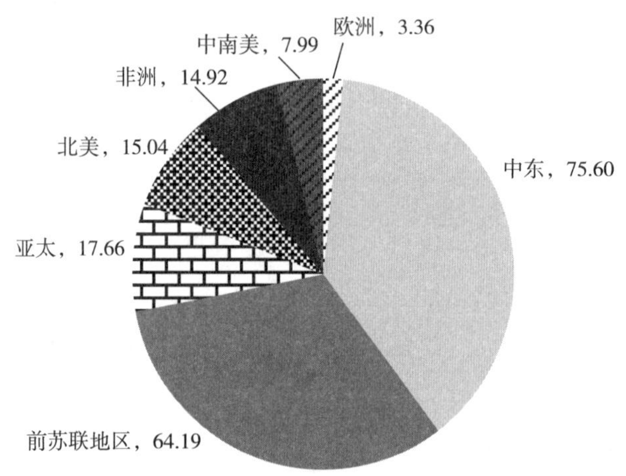

图 2-7　2019 年世界天然气剩余可采储量分布（单位：万亿立方米）

中亚—俄罗斯地区天然气资源国主要为俄罗斯、土库曼斯坦、哈萨克斯坦和乌兹别克斯坦，中东地区为伊朗、卡塔尔、沙特阿拉伯、阿联酋和伊拉克，北美地区为美国和加拿大，非洲地区为尼日利亚和阿尔及利亚，亚太地区则为印度尼西亚、中国和马来西亚。

其中，剩余可采储量前20位的俄罗斯、伊朗、卡塔尔等国家占全球总量的92.4%，也是主要的出口大国，出口总量占世界总出口量的77.5%（见表2-3）。前10个国家占全球总储量的80%，俄罗斯、伊朗及卡塔尔是世界最大的3个天然气资源国，天然气剩余可采储量占世界的47.6%，分别为38万亿立方米、32万亿立方米和24.7万亿立方米（见表2-3）。这些国家是中国开展天然气国际贸易的主要资源国。

① 英国石油 . BP2020 年全球能源统计 .http：//www.bp.com/statisticalreview，2020.

表 2-3　　2019 年世界主要天然气资源国剩余可采储量情况

国家	储量/万亿立方米	占世界比例/%	储采比	总出口量/10亿立方米	占总出口比例/%
俄罗斯	37.96	19.1	55.9	256.6	19.9
伊朗	32.02	16.1	131.1	16.9	1.3
卡塔尔	24.68	12.4	138.6	128.6	10.0
土库曼斯坦	19.49	9.8	308.5	31.6	2.5
美国	12.87	6.5	14.0	122.9	9.6
中国	8.40	4.2	47.3	—	—
委内瑞拉	6.30	3.2	238.0	—	—
沙特阿拉伯	5.98	3.0	52.7	—	—
阿拉伯联合酋长国	5.94	3.0	95.0	7.7	0.6
尼日利亚	5.39	2.7	109.4	28.8	2.2
阿尔及利亚	4.34	2.2	50.3	43.2	3.4
伊拉克	3.54	1.8	328.7	—	—
阿塞拜疆	2.85	1.4	117.0	11.5	0.9
哈萨克斯坦	2.65	1.3	113.4	27.5	2.1
澳大利亚	2.39	1.2	15.6	104.7	8.1
埃及	2.14	1.1	32.9	4.5	0.3
加拿大	1.98	1.0	11.5	73.2	5.7
科威特	1.69	0.9	92.1	—	—
挪威	1.53	0.8	13.4	115.7	9.0
印度尼西亚	1.43	0.7	21.2	23.9	1.9
其他	15.19	7.6		289.3	22.5
世界合计	198.8	100.00	49.8	1286.6	100.00

资料来源：BP2020 世界能源统计评论。

二、可供我国进口的资源国潜力分析

（一）管道气进口资源潜力分析

未来我国管道气进口资源主要来自中亚、俄罗斯和孟加拉湾等地区，围绕这些重点地区，中国石油开展了大量天然气资源引进工作，未来有望实现

1600亿立方米/年以上的管道天然气进口（见表2-4）。其中，目前我国已签购销合同982亿立方米，包括：中亚管道与土库曼斯坦签署400亿立方米/年（170+130+100）法律文件、与乌兹别克斯坦签署100亿立方米/年购销协议、与哈萨克斯坦签署50亿~100亿立方米/年购销协议；中缅管道与韩国大宇签署了52亿立方米/年购销协议（进口40亿立方米/年）；中俄管道与俄罗斯签署了中俄东线380亿立方米/年购销协议。已签署框架协议700亿立方米，包括：中亚管道与土库曼斯坦签署中亚D线300亿立方米/年框架协议、中俄管道与俄罗斯签署了中俄西线300亿立方米/年框架协议和俄远东100亿立方米/年HOA意向书。

表 2-4　　我国三大管道气来源已签购销协议进口量　　单位：亿立方米 / 年

项目		设计管道输气能力	已建成输气能力	进口气合同量		气源
				已签购销协议	框架协议	
中亚管道	A+B线	300	300	300		土库曼斯坦
	C线	250	250	250		土库曼斯坦、乌兹别克斯坦、哈萨克斯坦
	D线	300			300	土库曼斯坦
中俄管道	东线	380	380	380		俄罗斯
	西线	300			300	俄罗斯
	俄远东				100	俄罗斯
中缅管道	小计	120	120	52		缅甸
合计		1650	1050	982	700	

1. 中亚天然气资源。

我国从中亚引进管道天然气的主要资源国是土库曼斯坦、哈萨克斯坦和乌兹别克斯坦。它们在资源和地缘政治方面都具有较好优势：一是中亚三国天然气资源丰富，剩余可采储量达23.35万亿立方米，待发现资源量达21.15万亿立方米，未来储量增长潜力较大；二是各国天然气除了满足国内消费外，主要出口俄罗斯，而各国都在寻求出口多元化，中国是最好的合作对象之一；三是中国石油在上述三国都有合作项目，具有协同作业的优势；四是可以借助目前在建的中亚天然气管道的优势，促进管道沿线天然气项目的谈判与合作。中亚三国中以土库曼斯坦和哈萨克斯坦与我国合作潜力较大，乌兹别克斯坦由于受到外供能力限制，潜力较小。我国与中亚三国合作的项目主要有土库曼斯坦的阿姆河盆地气田项目和海上项目，包含阿姆河右岸项目、南尤拉屯和雅什拉尔气田。哈萨克斯坦主要是溶解气处理与利用项目，含阿克纠宾、乌里赫套和托尔金项目。

中亚三国2019年天然气产量、出口量分别为1429亿立方米和723亿立方米，未来产量上产潜力大。按照三国政府规划，预计2025年天然气总产量达到1698亿立方米（见表 2–5）。

表 2–5　　截至 2019 年底中亚三国天然气储量、产量

国家	剩余可采储量/万亿立方米	待发现资源量/万亿立方米	2019年产量/亿立方米	2019年出口量/亿立方米	2025年产量规划/亿立方米
土库曼斯坦	19.49	14.82	632	316	830
乌兹别克斯坦	1.21	2.85	563	132	588
哈萨克斯坦	2.65	3.48	234	275	280
合计	23.35	21.15	1429	723	1698

资料来源：BP2020 世界能源统计评论，woodmac2020。

2. 缅甸天然气资源。

缅甸是我国从西南通道引进天然气的重要资源国。缅甸陆上中央盆地群开采的天然气资源主要用于满足本土需求，海域马达班、安达曼盆地天然气则分别出口至泰国和马来西亚。2019年天然气剩余可采储量约为1.2万亿立方米，产量为171亿立方米/年，主要分布在马达班海域和若开海域。中—缅天然气管线的气源主要来自若开海域韩国大宇公司A1/A3、中国石油AD—1、6、8和中国海油的A4/M勘探区块。但中方评估缅甸目前已发现气田的资源只能满足中国每年40亿~50亿立方米稳产15年的管输规模，要实现中缅管道120亿立方米/年的设计规模，还要通过各种合作方式跟踪推进其他海上项目。中缅管道自2013年投产以来，每年向我国输气量在40亿立方米左右，2019年最高输送气量达51亿立方米。

3. 俄罗斯天然气资源。

俄罗斯是我国东北通道管道气引进的另一个重要资源国。中俄经过多年商定，天然气进口通道包括东线与西线两条，设计年供气量分别为380亿立方米、300亿立方米，气源分别来自俄罗斯东西伯利亚、西西伯利亚；中俄东线从黑龙江省黑河市入境，西线由新疆喀纳斯山口入境。中俄东线北段已于2019年12月投入运营，中俄中段长岭—永清正在建设中。

东线气源主要来自东西伯利亚的科维克金和恰扬金等已探明气田。科维克金气田天然气探明、控制级储量为1.35万亿立方米，向中、韩供气300亿立方米/年，可稳定供气21年；恰扬金等4个气田天然气探明、控制储量为1.28万亿立方米，年产气规模可达200亿立方米/年，稳产期17年，具备向中—俄东线供气150亿立方米/年的潜力。东西伯利亚将成为俄罗斯最大的天然气开采区，未来天然气产量在550亿~1100亿立方米/年。

西线气源主要来自西西伯利亚盆地北部，包括纳迪姆—普尔—塔佐夫和亚马尔—格丹两大气区，两气区剩余探明天然气可采储量为35.1万亿立方米，其中亚马尔—格丹气区为12.6万亿立方米，目前亚马尔—格丹气区尚未完全投入开发，包括纳霍德金、南麦索亚赫、哈利梅尔帕尤金、苏尊、塔古尔、俄罗斯—列钦、派亚赫等气田。该区只要加大勘探开发力度，在满足俄罗斯国内和欧洲需求后，向西线每年供气300亿立方米有保证。

（二）LNG 进口资源潜力分析

1. LNG项目已建成液化产能达4.27亿吨/年，2020年底将达到4.51亿吨/年。

全球LNG资源供应国主要集中在北美、中东、澳大利亚等地区和国家（见表2–6），欧洲的LNG供应不到全球的8%。

表 2–6　2019 年底全球主要 LNG 出口国液化能力现状和展望

国家	已有液化能力/（百万吨/年）	占比/%	在建能力/（百万吨/年）	占比/%	拟增加能力/（百万吨/年）	占比/%
澳大利亚	87.20	20.4		0.0	50.00	5.5
卡塔尔	77.00	18.1		0.0	49.00	5.4
美国	49.85	11.7	54.60	44.2	350.50	38.6

续表

国家	已有液化能力/（百万吨/年）	占比/%	在建能力/（百万吨/年）	占比/%	拟增加能力/（百万吨/年）	占比/%
马来西亚	30.50	7.2	1.50	1.2	0.00	0.0
俄罗斯	27.96	6.6	22.20	18.0	42.20	4.7
阿尔及利亚	25.30	5.9		0.0	0.00	0.0
尼日利亚	22.20	5.2	8.00	6.5	26.60	2.9
印度尼西亚	21.10	4.9	4.30	3.5	11.80	1.3
其他国家	85.45	20.0	32.80	26.6	377.30	41.6
世界总计	426.56	100.0	123.40	100.0	907.40	100.0

资料来源：国际天然气联盟，2020 年全球 LNG 报告。

截至2019年底，全球共有22个LNG出口国，LNG已建成液化产能高达4.27亿吨/年[①]，产能平均利用率为81.4%。从全球已建成LNG液化生产能力供应来看，其中有10个国家的产能利用率超过90%，包括挪威、俄罗斯、巴布亚新几内亚、卡塔尔、阿曼、美国、文莱、阿联酋、特立尼达、多巴哥和尼日利亚。2019年当年新增液化产能4250万吨/年，美、俄、澳投产超500万吨/年LNG项目4个，占新增产能的67%。截至2019年12月，澳大利亚液化产能8720万吨/年，超越卡塔尔（7700万吨/年）成为液化产能最高的市场。美国2019年液化产能大幅提升，当年增加了2335万吨/年，2019年底总液化产能达到4985万吨/年，超越马来西亚和俄罗斯成为世界第三大LNG生产国。目前全球前三大LNG出口市场总液化产能达到2.1405亿吨，占全球液化产能的50%（见表2–6）。

2020年液化产能将继续扩大，预计新增产能2435万吨/年。Freeport T2项目（510万吨/年）将于2020年1月开始商业交付。Cameron LNG T2项目（400万吨/年）在2019年末生产了第一批LNG，该设施计划于2020年开始商业交付。Freeport LNG T3 项目（510万吨/年）、Cameron LNG T3 项目（400万吨/年）、Elba Island T4–T10 项目（175万吨/年） 及Sengkang LNG T1 项目（50万吨/年）即将竣工，预计2020年底投入商业运营。此外，马国石油FLNG

① 国际天然气联盟 . 2020 年全球 LNG 报告［R］. 2020.

Dua（150万吨/年）已于2020年2月驶往马来西亚的罗坦油田，将于9个月后开始商业交付。俄罗斯两个中型LNG工厂，包括Portovaya LNG T1（150万吨/年）和Yamal LNG T4 （90万吨/年），也计划于2020年底投入商业运营。随着这些项目投产，预计到2020年底，全球液化产能将进一步扩大至4.51亿吨。

2. 在建和或批准开发（FID）项目液化产能达1.234亿吨/年。

截至2019年12月，正在建设或已投资决策项目（FID）的液化产能达1.234亿吨/年（表2–6）。主要在美国、俄罗斯、莫桑比克、加拿大、尼日利亚、毛里塔里亚、印尼和马来西亚8个国家，其中近45%的产能在美国，超过55%的产能位于北美。在北美，Golden Pass LNG 项目（1560万吨/年）、Calcasieu Pass LNG 项目（1000万吨/年） 和 Sabine Pass LNG T6 项目（450万吨/年）于2019年开始现场施工。在非洲，莫桑比克 LNG（1区）项目（1290万吨/年）于2019年8月开工建设。Tortue/Ahmeyim FLNG项目（250万吨/年）的船舶改装工作也于2019年初启动。2019年前开工建设的许多项目，目前正在进行试运营。目前在建的其他项目正在逐步完工。2020年投产的项目包括Freeport LNG T3 项目（510万吨/年）、Cameron LNG T3 项目（400万吨/年）、Portovaya LNG项目 （150万吨/年）、PFLNG Dua 项目（150万吨/年）、Elba Island T4—T10 项目（175万吨/年）、Yamal LNG T4 项目（90万吨/年）和Sengkang LNG 项目（50万吨/年）。Corpus Christi T3项目（450万吨/年）和Tangguh LNG T3项目（380万吨/年） 预计2021年投入运营。

3. 拟建项目液化产能将达9.074亿吨/年。

目前，全球拟建项目（最终投资决定前项目）的液化产能为9.074 亿吨/年（见表2–6）。鉴于市场自由化和能源结构中可再生能源的增加，将导致LNG市场需求具有不确定性，因此，拟建产能能否落地有待进一步跟踪评价。未来LNG拟建项目主要集中在美国、加拿大、卡塔尔、澳大利亚、俄罗斯、尼日利亚等9个国家，拟建液化产能达8.36亿吨/年，占全球拟建项目液化产能的90%以上（见表2–6）。

在美国，拟建液化产能超过3.50亿吨/年，页岩气产量的增加导致美国拟建液化产能，生产商正在为其天然气寻找新的市场。拟建的美国LNG项目主要是位于未开发地区的绿地项目（绿地项目指新项目，下同）。其中许多项目由多个分阶段开发的中小型LNG生产线组成，以应对寻求长期承购商和增加项目经济竞争能力带来的挑战。

在加拿大，拟建液化产能2.218亿吨/年，其中1.879 亿吨/年的产能位于不列颠哥伦比亚省的太平洋海岸线上，该地区的液化产能要比位于美国墨西哥湾海岸的液化产能更接近不断增长的亚洲市场。另外，有3395万吨/年的液化产能位于加拿大的大西洋海岸线上，这些项目可以利用其接近欧洲进口市场的地理优势，除利用加拿大的内陆气源外，这些项目还打算从美国东部获取天然气供应。

在俄罗斯，传统上是通过管道向欧洲出口大部分天然气，并于2019年12月开通了通往中国的“西伯利亚力量”管道，未来拟建液化产能4220万吨/年。发展LNG液化产能是俄罗斯政府实现天然气出口多元化战略的组成部分，该战略旨在向欧洲和亚洲市场进行灵活的LNG交易，而无须对管道基础设施进行大规模投资。目前，除正在建设的2220万吨/年的北极LNG项目外，俄罗斯拟建的项目包括远东LNG项目和北极地区LNG项目、液化产能为4230万吨/年。在俄罗斯东部，远东LNG项目（又称Sakhalin—1 LNG 项目、Sakhalin—2 LNG T3 项目）液化产能是1100万吨/年，是一个处于最终投资决定前阶段的重要管道项目。此外，在北极地区，俄罗斯还计划开发740万吨的两个LNG项目（Pechora LNG项目、Ob LNG项目）。

在非洲，未来拟建LNG项目液化产能9330万吨/年。最早建立的LNG工厂大部分位于北非，拟建项目集中在西北和东非。在北非，如果Djibouti LNG项目获得批准并完全开发，预计将带来1000万吨/年的液化产能。在西非，拟建产能为3670万吨/年，主要来自尼日利亚的陆上绿地和棕地LNG项目。西非其余拟建产能很可能采用浮式LNG概念或平台式LNG概念，这两种概念是开发非洲海上资源的有效解决方案，因为它们不仅可以减少大规模的陆上建设，同时还可以降低潜在的安全风险。在东非，拟建的液化产能共计4600万吨/年，包括莫桑比克 LNG （1区） 和鲁伍玛LNG （4区）的第二阶段液化生产线扩建项目。过去几年，莫桑比克发现巨大油气藏助力LNG项目的发展，从莫桑比克到印度和中国的航运距离较近，为这些项目提供有利的市场进入条件。因此，东非可能成为未来主要的LNG生产地区之一。

在澳大利亚，未来拟建LNG项目液化产能5000万吨/年。Woodside公司的目标是在2020年对Pluto LNG T2项目（500万吨/年）作出最终投资决定。

然而，随着海上气田日益成熟以及煤层气产量下滑速度超过预期，澳大利亚的投资重点是填补上游递减的项目，而非液化项目。Woodside拟建项目包括North West Shelf LNG项目（开发Browse区块气田）、Wheatstone LNG T1—T2项目（开发Julimar 气田）、Pluto LNG T1项目（开发Pyxis气田），以及Pluto LNG T2（开发Scarborough气田）。Santos正在牵头Barossa气田的开发，以及回填Darwin LNG项目，而Inpex正在考虑推进Ichthys 2期项目，从而为其Ichthys LNG项目提供原料气。

在其他亚太市场，拟建液化产能2240万吨/年，主要包括巴布亚新几内亚、印度尼西亚等国。巴布亚新几内亚已经计划建设规模较大的液化产能，约1060万吨/年。这两个重大项目分别是道达尔公司牵头的Papua LNG项目（540万吨/年）和ExxonMobil公司牵头的PNG LNG T3 扩建项目（270万吨/年），前者有两条生产线，后者有一条生产线。如果所有拟建项目都上线，巴布亚新几内亚将成为该区域主要LNG出口国，但实现这一目标可能在很大程度上取决于财政条件。印度尼西亚也拟建1180万吨/年左右的液化产能，该产能主要来自Abadi LNG项目（950万吨/年），目前拟采用陆上开发模式。

在中东地区，拟建液化产能9330万吨/年，主要包括卡塔尔、伊朗等4国。卡塔尔计划进行6条生产线扩建项目，计划产能4900万吨/年，这将使其液化产能从目前的7700万吨/年增加到1.26亿吨/年。2017年，卡塔尔取消了在北方气田（North Field）开发新天然气项目的禁令，于2019年宣布了上述扩建计划。该项目计划到2024年建成首个LNG项目，目前正处于陆上施工合同招标阶段。2019年，卡塔尔还向造船商发出LNG载运船招标邀请，船舶总数仍未知。随着北美液化产能的快速增长，上述项目可能会显著提升卡塔尔在全球LNG市场上的地位。

截至2019年12月底，全球LNG液化产能达到4.27亿吨/年；正在建设和FID液化产能共有1.234亿吨，美国占近45%；拟建项目液化产能9.07亿吨/年，美国占35%以上。未来几年，随着美国、俄罗斯和西非地区多个在建和FID项目的建成、少量拟建项目作出投资决策，预计2025年全球LNG液化能力将达到6.5亿吨/年。另外，拟建项目若全部落地，全球液化产能将在现有基础上增加两倍以上（见图2-8）。据IGU、IHS等机构预测，全球LNG供应宽松状况有望持续到2030年前。

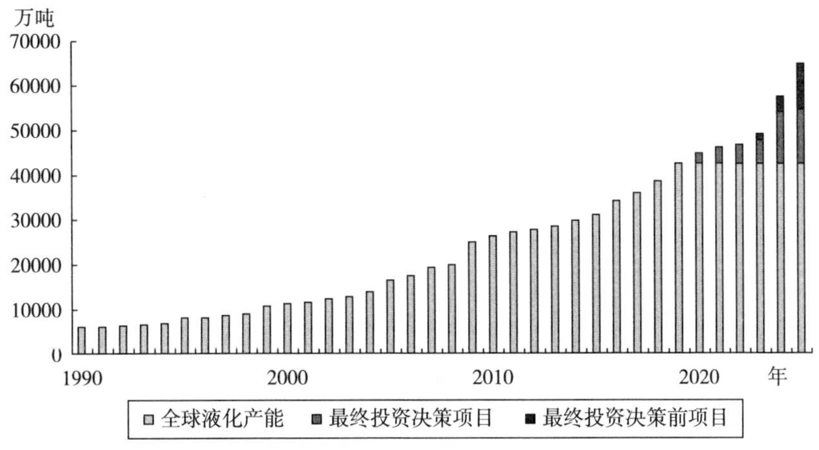

图 2–8　1990—2025 年全球液化产能现状及预测

三、大型国际石油公司在全球LNG资源的地位

当前，全球LNG供应商正向多元化发展，主要的市场份额集中在资源国的国家石油公司、综合性国际石油公司和大型LNG运营商与贸易商。据IHS统计，截至2020年5月，全球已投产LNG产能为4.52亿吨/年，88家公司参与其中。全球排名居前10位的石油公司合计拥有2.59亿吨/年的产能，占全球总产能的57%。其中，卡塔尔、马来西亚、阿尔及利亚和印度尼西亚4个资源国通过国家石油公司或政府运营LNG液化项目，拥有全球28.2%的权益产能；壳牌、埃克森美孚、英国石油（BP）、雪佛龙、道达尔五大国际石油公司的权益产能占全球的22.8%，是除资源国国家石油公司以外最重要的LNG供应商；切尼尔能源（Cheniere Energy）公司是目前唯一一家跻身全球权益产能前10位的LNG运营商，已投产2340万吨/年的权益产能，占北美地区已投产产能的34.7%，也是北美地区最大的LNG生产商与贸易商。

为获取市场先入优势，即使在当前供给过剩和低油价的情况下，全球主要LNG供应商仍然在陆续规划新项目并计划择机投资投产。据IHS预测，预计至2030年，全球LNG产能将增至6.57亿吨/年，参与者也将增至99家公司。届时，全球的LNG产能仍将集中于主要的LNG供应商，其中14个资源国国家石油天然气公司拥有的产能占比约为31.1%，五大国际石油公司的产能占比约为

23.3%，以切尼尔、诺瓦泰克（Novatek）、桑普拉（Sempra）等为代表的7家液化产能超过1000万吨/年的石油公司、LNG运营商与贸易商拥有的产能占比约为19.7%，其他73家中小型LNG生产商、贸易商和进口商拥有的产能占比约为26.0%。2030年全球前十大LNG供应商产能预测见表2–7。

表 2–7　　2030 年全球前十大 LNG 供应商产能预测

公司名称	产能（万吨/年）	公司名称	产能（万吨/年）
卡塔尔国家石油公司	11044	道达尔	2899
壳牌	5041	诺瓦泰克	2652
马来西亚国家石油公司	3337	桑普拉	1952
埃克森美孚	3323	BP	1853
切尼尔	3291	雪佛龙	1780

随着全球LNG贸易活跃度不断提升、贸易量快速增长，五大国际石油公司不断调整和完善天然气资产组合配置策略，并作为贸易商参与天然气全产业链。这些公司结合自身特点，通过扩大自有权益产量和向第三方采购的方式优化配置油气资产、降低风险，核心思想包括：为实现风险一定情况下的收益最大化或收益一定情况下的风险最小化；降低市场风险，完善资产组合结构。

四、大型国际石油公司LNG资产配置趋势

（一）天然气业务已成为大型国际石油公司发展战略的重要组成部分

天然气业务成为大型国际石油公司未来中长期发展的战略重点。壳牌的战略设定为“致力于能源转型，在全球范围内开展投资，在强力的社会支持下开展经营”，天然气与新能源业务在壳牌所有业务中排名首位。2019年，隶属于天然气与新能源业务中的发电业务成为壳牌的重点支持方向，壳牌将持续扩大天然气与新能源业务的领先优势，强化其资产组合优化能力，通过建立强大的财务体系和有弹性的资产组合实现不断增长的现金流和利润回报。埃克森美孚的天然气业务战略定位为“开发和应用高影响力的技术，抢占快速发展的天然气及发电市场”，上游业务产业链分为5个部分，LNG业务

仅次于非常规油气和深水业务，未来10年将一方面持续扩张LNG液化产能，另一方面降低供应成本。BP公司的天然气业务战略定位为“在全球最佳的油气盆地开展有序投资，推动天然气业务持续增长及相关大项目上线运行，构建具有价格弹性的油气资产投资组合”。道达尔公司设定到2035年将天然气产量在其油气总产量中的占比提升至60%的发展目标，并已从2015年起陆续停止煤电项目，转而大力推进燃气发电项目。雪佛龙公司作为大型LNG供应商，已对公司未来中长期的天然气业务进行了全面布局，在其全球资产组合最重要的8个项目中的6个项目——澳大利亚高更和惠特斯通项目、哈萨克斯坦田吉兹油田扩建项目、美国二叠纪盆地页岩油和致密气项目、安哥拉马富美拉苏尔（Mafumeira Sul）项目和安哥拉LNG项目，天然气均占有重要地位。

天然气业务特别是LNG业务快速发展，为大型国际石油公司的经营和发展提供了重要的现金流支持。2019年，壳牌可归属股东收入158.4亿美元、现金流421.8亿美元，其中天然气一体化业务实现收入86.3亿美元、现金流153.1亿美元，占比分别为54.5%和36.3%。道达尔2019年超过1/3的投资流向天然气新能源与发电一体化业务，公司业绩则得益于俄罗斯亚马尔LNG项目和澳大利亚伊奇斯LNG项目增产、美国卡梅隆LNG项目投产，以及2018年对法国安吉公司（Engie）LNG资产组合的收购，LNG产量提高近50%，LNG销售量比2018年增长57%，增至3430万吨；天然气新能源与发电一体化业务实现现金流37亿美元，比2018年增长81%。埃克森美孚2019年天然气实现收入达131亿美元，占公司总收入的39%。雪佛龙2019年的天然气产量已超过原油产量，在公司油气总产量中占比为56%，天然气业务实现收入141亿美元，比2015年提升43%。BP2019年天然气业务实现收入202亿美元，比2017年提升25%。2019年五大国际石油公司天然气业务经营指标见表2-8。

表 2-8　2019 年五大国际石油公司天然气业务经营指标对比

公司名称	埃克森美孚	壳牌	BP	道达尔	雪佛龙
天然气销售量/亿立方米	1212	1073	—	496	1022
LNG产量/万吨	—	3560	—	1630	—
LNG销售量/万吨	348	7450	993	3430	1104

续表

公司名称	埃克森美孚	壳牌	BP	道达尔	雪佛龙
已投产LNG权益产能/（万吨/年）	2151	4266	1322	1578	1780
天然气业务收入/亿美元	131	86.3	202	—	141

资料来源：埃克森美孚、BP、雪佛龙的 LNG 销售量数据来自 IHS，壳牌和道达尔的销售量数据来自 2010—2019 年公司年报。

上游储量资产是国际石油公司LNG业务发展的重要前提。2019年，壳牌、BP、道达尔和雪佛龙的天然气储量资产在本公司油气储量资产总量中的占比超过或接近50%（见表2-9）。在2014年以来的低油价环境下，虽然勘探开发投资有所缩减，但大型国际石油公司仍然实现天然气储量持续增长。除埃克森美孚外，其他4家国际石油公司近3年的天然气平均储量替代率均超过100%。2019年，五大国际石油公司在欧洲或美国以外的海外天然气储量在本公司天然气总储量中的平均占比高达83%。海外天然气储量成为国际石油公司LNG业务的“压舱石”，充足的上游资产为国际石油公司LNG业务地理分布多元化提供了重要支撑。

表 2-9　2019 年五大国际石油公司天然气储量资产主要指标对比

公司名称	埃克森美孚	壳牌	BP	道达尔	雪佛龙
剩余探明可采储量/亿立方米	13333	9578	8931	9206	8342
天然气储量在公司油气总储量中占比/%	37	57	55	52	46
2017—2019年天然气年均新增储量/亿立方米	187	541	1090	997	758
海外天然气储量占比/%	59.1	89.4	98.5	85	83.9
天然气产量/亿立方米	971	1073	665	640	740
天然气产量在公司油气总产量中占比/%	41	49	48	48	56
2017—2019年天然气平均储量替代率/%	19	124	124	384	110
天然气储采比/年	13.7	10.4	11.2	13.4	11.3

（二）大型国际石油公司着力建设一体化、多元化的 LNG 产业链

以壳牌、道达尔和BP为代表的国际石油公司着力建设“原料气供应—液化—船运—再气化”的一体化LNG产业链。壳牌的LNG资产组合在大型国际

石油公司中规模最大，地理分布最广，覆盖上、中、下游整个价值链，是目前全球供应量最大、液化产能排名第二的LNG供应商。2019年，壳牌LNG权益产量为3560万吨，但其通过资产组合实现了7450万吨的销售量，超出液化产能居全球首位的卡塔尔国家石油公司1317万吨。道达尔也通过其良好的资产组合实现LNG销售量3430万吨，超过其自有液化产能110%。

1. 生产与液化领域。

壳牌通过自有产量为公司一体化的天然气产业链稳定供应原料气。截至2019年底，壳牌在分布于11个国家的13个已投产LNG液化项目中拥有权益液化能力4266万吨/年，截至2020年5月，该公司共有1个液化项目在建、14个液化项目处于规划和设计阶段，合计权益产能2866万吨/年。预计2030年，壳牌权益液化产能将增至5040万吨/年。在壳牌已投产和规划的LNG项目中，原料气供应几乎全部来自自有的上游气田产量。在收购BG公司资产以前，壳牌只有3个项目的原料气来自BG公司的上游资产，目前仅有卡塔尔IV期LNG项目的原料气为与卡塔尔国家石油公司合作供应。

BP在埃及、印度尼西亚和阿曼均有大型天然气开发项目，其产量除满足自有LNG项目原料气需求之外，也为其他无权益的液化项目供应原料气。在印度尼西亚，BP公司拥有的桑加区块为其并未参股的邦坦LNG项目提供原料气；在埃及，BP与埃尼在上游形成合作伙伴为其他液化项目供气；在澳大利亚，BP曾为高更LNG项目供应原料气。未来，BP可能向小型LNG项目或LNG新液化项目供应原料气。

2. 运输领域。

在运输领域，壳牌和道达尔均拥有大规模的LNG商业运输船队。壳牌的LNG运输船队规模已达40艘，另以承租形式运营50艘LNG运输船，约占全球LNG运输船总量的20%；此外，壳牌还有11艘LNG运输船在建，这些运输船即将投入运营。道达尔拥有一支由15艘LNG运输船组成的长期运输船队，2021年将再增加7艘；此外，为满足现货和短期合同的需求，道达尔还根据季节需求承租运输船。BP公司也已建成一支由6艘LNG运输船组成的船队。

3. 再气化领域。

壳牌、道达尔通过收购和合资的形式在全球部署LNG接收站资产来获取附加值。目前，壳牌共运营11座LNG接收站，总接收能力为4614万吨/年，其中6座接收站为长期租赁，另在3座接收站中拥有不低于50%的权益。道达尔投资参股的接收站中，3座已投产、1座在建，权益再气化能力为560万吨/年，另有5座接收站处于规划状态，权益再气化能力为350万吨/年。

4. 贸易与销售领域。

目前壳牌向全球26个国家销售LNG，其中部分为公司自产，部分通过第三方采购。随着全球LNG液化产能快速增长，壳牌将第三方采购作为提高资产组合的成本竞争力和灵活性、实现多样化的重要方式，这将适当降低其LNG产量和现金流对于自有储量的依赖。2019年，壳牌通过第三方采购实现贸易量3890万吨，已超过其3560万吨的权益产量。随着美国LNG项目产能和产量的迅速增长，预计在未来几年，来自美国的第三方采购将是壳牌LNG供应量增长的主要来源。2019年，五大国际石油公司LNG贸易量为1.32亿吨，占全球贸易量的36.7%（见图2-9）。2017—2020年，壳牌连续4年发布《壳牌液化天然气（LNG）前景报告》，引领全球LNG产业趋势，引起业内广泛关注。

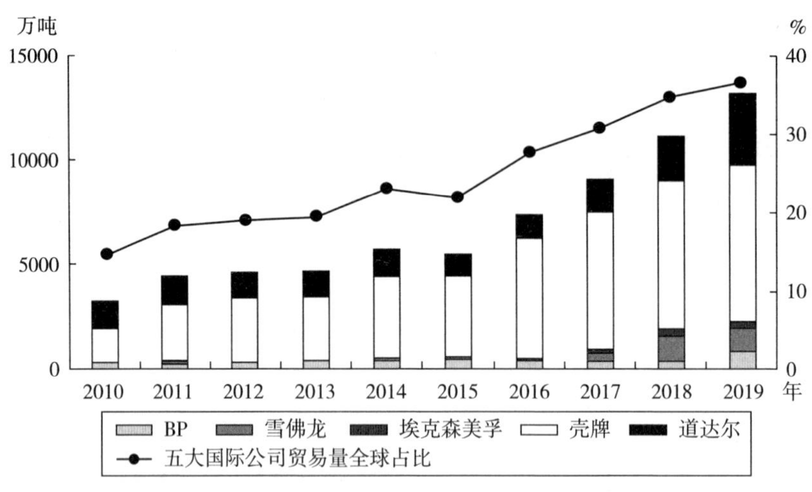

图 2-9　2010—2019 年五大国际石油公司 LNG 贸易量

（资料来源：IHS，壳牌、道达尔公司 2010—2019 年年报）

埃克森美孚和雪佛龙公司并未实行一体化的LNG业务发展策略，但通过资产并购交易扩大LNG业务规模是这5家国际石油公司的共同特点。壳牌拓展LNG资产组合的重要举动包括：2014年以67亿美元收购西班牙雷普索尔

（Repsol）公司LNG资产，2016年以540亿美元收购BG公司LNG资产。壳牌从收购雷普索尔公司的交易中获得秘鲁LNG和大西洋LNG项目资产；从收购BG公司的交易中获得大量美国、特立尼达、尼日利亚、澳大利亚、赤道新几内亚等国的天然气承销合同。2019年，位于澳大利亚产能为360万吨/年的普瑞鲁德FLNG（浮式液化天然气）项目投产，标志着壳牌成为浮式液化终端技术的引领者之一。道达尔公司也通过资产收购扩张其LNG资产组合。2018—2019年，道达尔连续收购多项LNG资产，包括Engie公司的LNG承销合同、安纳达科（Anadarko）公司在莫桑比克LNG项目的资产、俄罗斯北极LNG–2项目10%的股权，并增持诺瓦泰克公司股权至19.4%等。雪佛龙也先后通过入股安哥拉LNG和澳大利亚高更LNG、惠特斯通LNG项目，快速提升权益液化产能。埃克森美孚通过收购Inter Oil公司，成为巴布亚新几内亚Elk–Antelope气田作业者，并作为作业者在产能为690万吨/年的PNGLNG项目中占股33.2%；收购埃尼公司在莫桑比克4区的25%股份以及南寇拉浮式LNG项目、曼巴LNG T1–3项目。

（三）低成本的优质资产是各大国际石油公司 LNG 资产组合的核心

低成本的优质资产组合是各大国际石油公司优化LNG资产配置能力的具体体现。在壳牌遍布全球的LNG资产组合中，平稳运行的老项目和棕地项目即LNG扩建项目模式是其实现较低成本经营和扩张业务的基础。目前，壳牌LNG资产组合的平均离岸成本约为5.85美元/百万英热单位，其中运行20年以上已接近完全回收成本的老项目产能合计达792万吨/年，约占公司总产能的19%，这部分产能以0.43~2.9美元/百万英热单位的较低成本运行；近5年投产的LNG新项目产能合计1285万吨/年，约占公司总产能的31%，离岸成本为3.58~12.50美元/百万英热单位。壳牌50%的产能主要集中于运行期在5~15年的项目，离岸成本为0.83~5.98美元/百万英热单位（见图2–10）。从项目建设类型来看，棕地项目产量的离岸成本显著低于绿地项目。壳牌绿地项目平均离岸成本为5.37美元/百万英热单位，棕地项目平均离岸成本为2.89美元/百万英热单位。

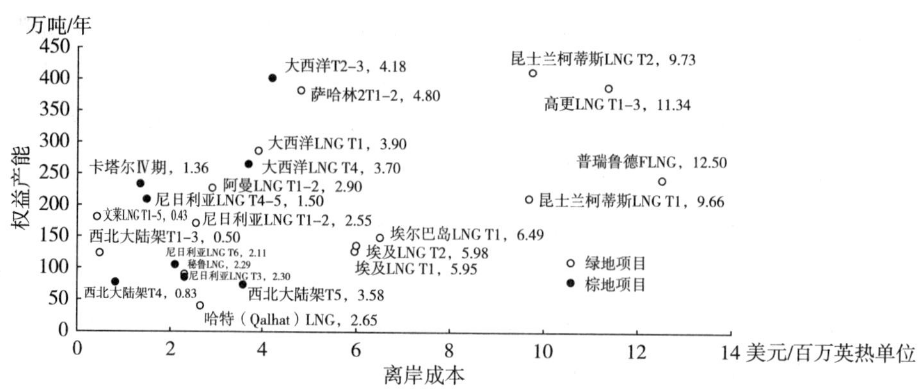

图 2-10 壳牌 LNG 资产组合离岸成本

在BP的资产组合中，大西洋LNG、印度尼西亚唐固LNG和澳大利亚西北大陆架项目是其最重要的3个低成本核心资产，产能合计1194万吨/年，占BP LNG总产能的90%。在70美元/桶油价水平下，BP资产组合的平均离岸成本低于4美元/百万英热单位，其约一半的权益产能部署在特立尼达的大西洋LNG项目。BP在该项目的4条生产线拥有606万吨/年的权益产能，离岸盈亏平衡点在3.70~4.18美元/百万英热单位。在印度尼西亚唐固LNG项目，BP作为项目运营者，权益产能为306万吨/年，T1—2生产线离岸盈亏平衡点为4.45美元/百万英热单位。西北大陆架项目是BP公司LNG资产组合中的另一个关键项目，BP拥有权益产能282万吨/年，T1—4生产线离岸盈亏平衡点在0.50~0.83美元/百万英热单位。这3个LNG项目的共同特点是均为运行时间久的老项目，成本已接近完全回收。除唐固LNG项目外，大西洋LNG和西北大陆架项目都面临原料气供应短缺的挑战。在BP公司的新项目中，位于毛里塔尼亚和塞内加尔的海上大特托尔FLNG项目是其重点项目，海上气田产量足以为未来的FLNG项目提供原料气，离岸成本约为5.29美元/百万英热单位。

埃克森美孚、道达尔等大型国际石油公司的LNG资产组合中都拥有低成本的优质资产。埃克森美孚LNG资产组合的平均离岸成本为4.92美元/百万英热单位，其位于卡塔尔的多个LNG项目权益产能大、成本低，是其最重要的优质资产。ADGAS T1—2、卡塔尔I期、卡塔尔II期T2、尼日利亚LNG T1—6、阿曼LNG T1—2等项目是道达尔公司低成本优质资产的代表。若不考虑近年新建的绿地项目，这些公司LNG资产组合中成熟运营项目的成本优势更大。

（四）国际石油公司的LNG项目投资决策受多种因素综合影响

原料气供给、项目经济性、合同条款、气源国用气需求、项目在资产组合中的优先级是影响国际石油公司对LNG项目作出最终投资决定的重要因素。壳牌在埃及的Egyptian LNG T1–2项目于2005年投产，但是，随着2014年以来埃及国内需求猛增、原料气供给转向国内，该项目曾一度停产，直到2018年埃及国内天然气产量回升，该项目才逐步恢复生产。对于BP公司在印度尼西亚的唐固LNG T4项目和澳大利亚的布劳斯FLNG项目来说，虽然原料气、政策、环境法规等问题得到了解决，但由于受到全球供给过剩、开发和液化成本偏高、经济性差以及合同尚未谈妥的影响，项目进度受到较大影响。布劳斯FLNG项目已宣布取消，唐固LNG T4项目至今仍处于规划阶段，无法宣布启动时间。雪佛龙和伍德赛德（Woodside）在加拿大的基提马特LNG T1–2项目则被认为属于未来的业务发展机会，在资产组合中并非最优先项目，进度放缓，仍处于规划阶段。

五、最大五家LNG供应商（国际石油公司）资产组合SWOT分析

（一）BP公司LNG业务发展战略SWOT分析

优势：上游领域的液化产能具有增长空间，且具有成本竞争力；下游领域拥有灵活的LNG供应渠道与市场；拥有较强的贸易能力；LNG合同采用了国际油价、美国HenryHub（亨利枢纽）气价、英国NBP（国家平衡点）气价等价格指数混合定价模式。

劣势：上游领域未能在澳大利亚、卡塔尔、莫桑比克和加拿大等资源国获得关键的勘探开发项目，LNG原料气供应存在风险；LNG权益液化产能规模相对较小。

机遇：上游领域在阿曼、埃及、特立尼达等资源国的气田开发项目成为获得LNG合同的先决条件；可通过公司内部资产组合的协调，实现降低亚太地区LNG供货成本；低成本的第三方供货将成为实现盈利的重要机遇；通过收购必和必拓（BHP）的非常规气资产，为未来美国业务的一体化发展奠定基础。

挑战：BP位于特立尼达的大西洋LNG项目是其核心LNG资产，但原料气

供应面临挑战；由于缺少第三方采购长期合同，在市场供需趋紧时，BP可能需要依靠高价现货来满足供应；壳牌和道达尔规模较大的LNG资产组合将与BP形成直接的竞争关系①。

（二）壳牌LNG业务发展战略SWOT分析

优势：壳牌在全球LNG行业具有领先优势，资产组合地理分布广，供给优化的能力强，拥有大量的LNG资产和购销合同；LNG生产成本相对较低，是LNG行业内有吸引力的合作伙伴，可提供多种定价模式，部分采购合同价格甚至低于美国Henry Hub价格；公司的规模、品牌、人力资源和社会关系在开发新兴市场时优势明显；拥有庞大的运输船队，能对市场变化作出快速反应。

劣势：目前壳牌的LNG业务发展成本较高，马来西亚、特立尼达等传统产区产量已趋向递减，而在澳大利亚和加拿大开发LNG的成本相对较高；部分LNG购销合同将在5年内到期，价格条款将成为客户续约时关注的重点。

机遇：未来壳牌可凭借大规模的资源基础、贸易和市场营销方面的一体化协同优势、与第三方稳定的关系，保障供应量的稳定增长；通过棕地项目扩建、去瓶颈化等措施将低成本资源快速高效地实现货币化；在中东和拉美地区开发的市场与北半球的东北亚市场形成了反季节的区域性消费市场，可满足不同地区用户对储气调峰的需求；积极开发船用LNG领域，已成为全球船用LNG领域的领导者。

挑战：尼日利亚、特立尼达等国的天然气产量递减较快，原料气稳定供应存在挑战；面临来自道达尔、埃克森美孚等石油公司和一些LNG贸易公司的市场竞争压力；全球能源的低碳化转型过程可能对LNG业务产生影响②。

（三）埃克森美孚业务发展战略SWOT分析

优势：埃克森美孚拥有较强的项目进度和预算管理能力；在卡塔尔拥有较强的话语权，所参与的项目成本低、利润空间大；已签订的长期合同定价大多与油价挂钩；有多个低成本项目即将进入最终投资决定阶段。

① 伍德麦肯锡 . BP LNG Corporate Report［R］. 2018.

② 伍德麦肯锡 . Shell LNG Corporate Report［R］. 2019.

劣势：贸易能力是埃克森美孚资产组合建设的短板，合作伙伴卡塔尔国家石油公司作为资源方的地位较强，埃克森美孚需要通过卡塔尔国家石油公司进行大部分LNG贸易，这可能限制埃克森美孚LNG业务未来的进一步拓展；目前在欧洲和南美地区尚无液化产能；定价机制较为单一，已签的长期合同定价多与油价挂钩，在资产组合中，只有美国的戈登帕斯和莫桑比克液化项目为与美国Henry Hub气价挂钩[①]。

机遇：埃克森美孚将在莫桑比克4区项目获得400万吨/年的较高产能，可与其在卡塔尔的液化项目媲美；未来对新市场的开发有利于贸易的逐步增长；将与卡塔尔国家石油公司合作参与塞浦路斯和阿根廷的气田项目开发，这可能成为未来LNG项目的原料气供应基础。

挑战：埃克森美孚与卡塔尔的产品分成协议将于2021年到期，面临续约；在公司内部投资分配上，LNG业务与二叠纪盆地页岩油气项目、圭亚那项目、下游业务和化工业务之间存在竞争；卡塔尔与阿联酋等中东国家之间的地缘政治关系变差；南寇拉项目预算超支和延期；美国对俄罗斯的制裁对埃克森美孚在俄罗斯的LNG项目投资产生影响。

（四）雪佛龙LNG业务发展战略SWOT分析

优势：雪佛龙近年来不断加大对LNG项目投资，重点参与的高更和惠特斯通液化项目融资顺利，未来可能扩建；参股的高更LNG、惠特斯通LNG和安哥拉液化项目将快速提升公司的液化产能，未来将为公司带来良好的现金流；与日本买家签订长期合同，建立了良好关系，未来双方将有更多的新项目合作。

劣势：雪佛龙资产组合多元化程度相对较弱，所有已签订的LNG长期合同均分布于澳大利亚，在欧洲、非洲和拉美地区尚未签订购销合同，削弱了其组合供应商地位；在澳大利亚和安哥拉的液化项目延期将影响其未来对大型LNG项目的投资。

机遇：雪佛龙公司的高更LNG和惠特斯通LNG项目正面临扩大产能和去瓶颈化的发展机遇，同时可利用新项目建立长期灵活的资产组合。

挑战：目前高更LNG项目面临提高产能利用率的挑战，惠特斯通LNG项

① 伍德麦肯锡.Exxonmobil LNG Corporate Report［R］. 2019.

目面临不能按时完成生产线建设的挑战；客户在市场条件不佳时可能提出价格复议[①]。

（五）道达尔 LNG 业务发展战略 SWOT 分析

优势：通过近年持续进行大规模并购，道达尔已建成规模大、多元化程度较高的LNG资产组合，第三方供应量也较快增长；现已形成一体化产业链，顺利进入多个气化终端市场，并向下游发电业务拓展；在已签长期合同中，多采用与油价挂钩、S曲线、有限价格复议等定价机制，形成了较强的低油价承受力。

劣势：道达尔的资源组合分布存在一定短板，LNG供应来源主要位于大西洋沿岸国家，这一分布特点在收购Engie资产之后更为突出；位于尼日利亚、也门等高风险国家的资产存在断供风险；对Qatargas-2项目控制能力弱，削弱了其商业灵活性；在亚洲的客户基础较弱。

机遇：在欧洲拥有最大的再气化能力；目前正大力发展印度、巴基斯坦、科特迪瓦、巴西等新兴市场；凭借其灵活性较高的资产组合介入现货市场，降低了长期协议的供货限制；实现定价模式多样化发展，既与油价挂钩，也与欧洲现货市场价格、美国Henry Hub价格挂钩。

挑战：道达尔在卡塔尔的上游项目产品分成协议将于2021年到期；面临低气价风险，大量产能未签订与油价或美国Henry Hub气价挂钩的长期合同；面临竞争者锁定长期合同的竞争[②]。

第三节　“十四五”期间我国天然气进口情景分析

前两节的分析，充分反映了进口天然气在我国天然气消费中的地位。正是这种判断，使我国企业签订了大量进口合同，“十四五”期间三大石油公司所签合同进入关键执行期。

① 伍德麦肯锡 .Chevron LNG Corporate Report［R］. 2019.

② 伍德麦肯锡 .Total LNG Corporate Report［R］. 2019.

一、2025年我国进口管道气已签长协合同量为972亿立方米

我国已建成的天然气进口管道有西北、西南和东北通道。"十四五"期间，根据购销协议条款，应执行合同量分年为692亿立方米、742亿立方米、812亿立方米、892亿立方米、972亿立方米。2025年中俄东线合同规模达到最高执行期，进口管道气应执行合同量为972亿立方米，其中：中亚A+B线为300亿立方米、中亚C线为250亿立方米、中缅管道为42亿立方米、中俄东线为380亿立方米（表2-10）。

表 2-10　　2025 年前我国进口管道气已签长协应执行合同量

单位：亿立方米

气源	2019年实际	2020年	2021年	2022年	2023年	2024年	2025年
合计	510	692	692	742	812	892	972
中亚A+B线		300	300	300	300	300	300
中亚C线		250	250	250	250	250	250
中缅管道		42	42	42	42	42	42
中俄东线		100	100	150	220	300	380

二、2025年我国进口LNG已签长协购销合同贸易量为700亿立方米

自2006年中国海油广东大鹏项目签订第一个LNG长协以来，截至2019年底，三大石油公司、新奥、广汇、申能、九丰、华电等接收站拥有方陆续与澳大利亚、卡塔尔、印度尼西亚、马来西亚等国共签订了23份长协与短贸合约，合同贸易量为5150万吨[①②③]（表2-11）。其中三大石油公司签订的长协大部分已经进入执行阶段，由于长协签订时间较为集中，需要到2030年

① 国际液化天然气进口国组织．液化天然气年度报告 2020［R］．2019.

② 2019 全球、中国 LNG 出口、航运、港口接收详细情况一览，信德海事网，https: //xindemarinenews.com/world/17521.html.

③ 庞名立．2020 年中国 LNG 报告［J］．天然气工业，2020（6）.

前后才陆续开始到期。预计我国已签LNG长协在2020年、2025年应执行的合同量分别为4895万吨（666亿立方米）、5150万吨（700亿立方米）（见表2-12）。

中海油签订的LNG长期合同最多，有9份；合同贸易量最大，为2430万吨。除2019年与莫桑比克LNG公司签订的1份在2024年执行外，其余的2280万吨/年LNG长期合同均已进入窗口执行期，2020年和2025年应执行合同量分别为2280万吨/年（310亿立方米/年）和2430万吨/年（330亿立方米/年）。中国石油签订了6份长期合同，合同贸易量为1485万吨，2020年起应该执行的合同气量为1485万吨（202亿立方米）。中石化签订了3份长期合同，合同贸易量为960万吨，已进入窗口执行期，2020—2025年应执行的合同气量均为960万吨/年（134亿立方米/年）。民营企业已签订长贸合同气量270万吨/年，2020年、2025年应该执行合同气量170万吨/年（23亿立方米/年）、270万吨/年（37亿立方米/年）。

表2-11　　截至2019年底我国已签LNG长贸合同情况表

序号	出口国家/公司	卖方/项目	买方	合同贸易量/万吨	签订期/年	起始期/年	终止期/年	合约年限/年
1	印度尼西亚	唐古项目	中海油	260	2006	2009	2033	24
2	马来西亚	蒂加项目	中海油	300	2006	2009	2034	25
3	卡塔尔	卡塔尔二期	中海油	200	2008	2011	2035	25
4	澳大利亚	BP	中海油	360	2010	2014	2034	20
5	全球LNG资源	道达尔	中海油	150	2008	2010	2030	20
6	澳大利亚	BG公司	中海油	360	2009	2014	2034	20
7	全球LNG资源	BG公司	中海油	500	2013	2015	2035	20
8	全球LNG资源	BP公司	中海油	150	2014	2019	2039	20
9	莫桑比克	莫桑比克LNG	中海油	150	2019	2024	2037	13
中海油小计				2430				
10	壳牌	卡塔尔IV期	中石油	300	2008	2011	2036	25
11	澳大利亚	ExxonMobil高更	中石油	225	2009	2016	2036	20
12	俄罗斯	Ymal LNG	中石油	300	2013	2018	2038	20
13	卡塔尔	卡塔尔二期	中石油	340	2018	2018	2040	22
14	澳大利亚	壳牌高更	中石油	200	2008	2016	2036	20

续表

序号	出口国家/公司	卖方/项目	买方	合同贸易量/万吨	签订期/年	起始期/年	终止期/年	合约年限/年
15	美国	切尼尔	中石油	120	2018	2018	2043	25
中石油小计				1485				
16	巴—新	PNG项目	中石化	200	2009	2014	2034	20
17	澳大利亚	APLNG	中石化	430	2011	2016	2036	20
18	澳大利亚	APLNG	中石化	330	2012	2016	2036	20
中石化小计				960				
19	澳大利亚	Woodside	新奥	100	2019	2025	2035	10
20		ExxonMobil	浙江能源	100	2019	2020	2040	20
21		道达尔	广汇能源	70	2019	2020	2030	10
22			Clean 能源	5.3	2019			3（短期贸易）
23			TOP Speed 能源	0.16	2019	2020		2（短期贸易）
民企小计				275.46				
全国小计				5150				

表 2–12　　我国已签订进口 LNG 长协合同应执行合同量　单位：亿立方米

序号	气源	2019年实际	2020年	2021年	2022年	2023年	2024年	2025年
	长协小计	539	666	666	666	666	686	700
1	中海油	273	310	310	310	310	330	330
2	中石油	122	202	202	202	202	202	202
3	中石化	141	131	131	131	131	131	131
4	民企	2	23	23	23	23	23	37

三、两种情景下的我国天然气进口规模

上述分析的2025年前我国进口管道气、LNG长协合同贸易量是理论上的。也就是说，在国际地缘政治不发生重大变化、国内天然气消费旺盛且国内生产保持目前增速的情况下，理论上进口量可以达到，并根据“照付不议”合同上限可以扩大进口。这种情景可以称之为“乐观情景”，国内天然气消费在疫情过后全面恢复增长；相对的第二种情景称之为是“一般情景”，国内消费增长缓慢，同时鼓励国内天然气生产，抑制部分长协进口。

（一）乐观情景下我国最大进口规模为1998亿立方米/年

随着国内疫情好转，复工复产逐渐到位，国内经济逐渐恢复，在乐观情景下，国内天然气需求恢复到疫情前增长速度，消费量大幅增长。同时，国际天然气价格相对较低，那么天然气进口量激增，不仅可完成我国已签管道气和LNG长协贸易量，还可加大现货引进规模。这可能压缩国内高成本天然气生产。

乐观情景下，2025年我国天然气进口规模为1998亿立方米，其中：管道气和LNG长协引进量为1672亿立方米，LNG现货采购为325亿立方米（见表2-13）。其中：在长协进口规模方面，“十四五”期间，完全履行管道气进口和LNG进口长期合约，管道气长约供应量为972亿立方米、LNG长约供应量为700亿立方米。在LNG现货采购方面，“十四五”期间，我国三大石油公司保持2019年的实际贸易量，民营企业按2020年已建成LNG接收站能力785万吨（108亿立方米）引进。

表2-13　　乐观情景下我国天然气进口规模　　单位：亿立方米

气源	2019年实际	2020年	2021年	2022年	2023年	2024年	2025年
（1）长协小计	1049	1358	1358	1408	1478	1578	1672
进口管道气长约	510	692	692	742	812	892	972
LNG已签长约	539	666	666	666	666	686	700
（2）LNG现货量	284	325	325	325	325	325	325
中海油	92	92	92	92	92	92	92
中石油	69	69	69	69	69	69	69
中石化	57	57	57	57	57	57	57
民企	67	108	108	108	108	108	108
进口规模小计	1333	1683	1683	1733	1803	1904	1998

需要对现货LNG进口作必要的说明，现货LNG进口一般依据调峰需求，现货价格确定，灵活性强，难以预测其实际进口量。笔者的预测总体上是可靠的，一是未来中期我国天然气消费增速下降，估计完成长协进口合同量并保持国内产量增长是最可能情景，至少三大石油公司进口现货量会保持2019年实际量，最大可能是下降；二是民企长协LNG进口量不大，通过进口LNG

现货获利是必然趋势，其进口现货增量弥补三大石油公司进口现货的下降。因此，两相抵消，2025年我国现货LNG进口保持目前325亿立方米是合理预测。

（二）一般情景下我国天然气进口规模为 1782 亿立方米 / 年

一般情景可以定义为国内天然气需求减缓，进口商首先完成长协“照付不议”合同量和运回国外份额气，主要是长协进口量按照“照付不议”条款下限执行。

一般情景下，我国天然气进口规模为1782亿立方米/年，其中：管道气长协引进量为860亿立方米，LNG长协引进规模为596亿立方米，LNG现货采购为325亿立方米（见表2–14、表2–15）。

表 2–14　一般情景下我国管道气进口规模　单位：亿立方米

序号	气源	2019年	2020年	2021年	2022年	2023年	2024年	2025年
管道气进口合计		510	545	622	665	724	792	860
1	中亚A+B线			270	270	270	270	270
2	中亚C线			225	225	225	225	225
3	中缅管道			42	42	42	42	42
4	中俄东线			85	127.5	187	255	323

表 2–15　一般情景下我国 LNG 长协与现货进口规模　单位：亿立方米

序号	气源	2019年	2020年	2021年	2022年	2023年	2024年	2025年	2030年
（1）长协小计		539	569	569	569	569	586	596	596
1	中海油	273	267	267	267	267	284	284	284
2	中石油	122	174	174	174	174	174	174	174
3	中石化	141	112	112	112	112	112	112	112
4	民企	2	16	16	16	16	16	26	26
（2）现货小计		284	325	325	325	325	325	325	325
1	中海油	92	92	92	92	92	92	92	92
2	中石油	69	69	69	69	69	69	69	69
3	中石化	57	57	57	57	57	57	57	57
4	民企	67	108	108	108	108	108	108	108
（3）LNG进口量		823	894	894	894	894	912	922	922

管道进口天然气只考虑已签合同气量，根据管道气长期合同条款，考虑中亚线最低按不低于90%、中俄东线（380亿立方米）不低于85%考虑，2025年"照付不议"管道气执行量最少为860亿立方米（见表2-14）。

我国LNG长协合同条款基本是照付不议，调节余地非常有限。2019年，我国LNG长协实际执行量为LNG购销协议合同量的86%，"十四五"期间我国LNG长协合约进口规模参照2019年我国三大石油公司长协实际执行情况进行取值，即按LNG购销协议合同量的86%下限安排进口规模；民企近两年签订的合约相对灵活，"十四五"期间执行量按70%执行。2025年"照付不议"LNG执行量最少为596亿立方米（见表2-15）。

LNG现货参照2019年规模不再增加，预计2025年引进规模仍为325亿立方米。

第四节　国际环境深刻变化下的我国进口天然气策略

当前，全球政治经济环境正在深刻影响我国经济社会发展，世界经济已经衰退，逆全球化潮流涌动，以美国为首的部分西方国家对中国采取敌视态度。在正视这些不利因素的同时，应该看到，全球经济的发展不以人的意志为转移，在不发生大规模、全球性战争的情况下，业界仍看好国际天然气行业的长期发展态势。同时，我国已经启动发展国内、国外双循环的经济体系，预计"十四五"经济趋势依然向好，2035年我国天然气消费仍然可达6000亿立方米，比当前水平翻番。如何在新的国内国际经济环境下，保持我国天然气进口的安全性、稳定性、经济性、灵活性是本节所要探讨的问题。

一、深化与俄罗斯东部天然气合作

俄罗斯仍然是我国管道气合作较为可靠的伙伴，据可靠消息，新的中俄远东管道、中俄中线管道正在谈判中。

（一）中俄双方有深化能源合作的政治、外交、经济贸易基础

近年来，中俄两国领导人频繁互访，建立战略伙伴关系，又同时作为20国集团、金砖五国的成员国，更是促进了两国在能源等各领域的合作。

2018年，中俄贸易突破1000亿美元，在一些内部和外部因素的共同作用下，预计这一增长趋势将会持续。主要内部因素在于两国都坚持现有的政治路线，对加强两国的经济合作都保持高度的兴趣。影响俄罗斯经济的西方制裁和美国对华外交政策的施压是外部因素，它对于中俄两国加强合作产生了积极的影响。俄罗斯是世界上能源资源最为丰富的国家之一，而中国又是世界能源需求大国，双方拥有强大的互补性与互利性。能源合作成为中俄务实合作中成果最突出的领域之一。2018年，俄罗斯对中国的出口结构中，矿物燃料、石油和石油产品所占份额为71.6%，比上年增长了55.1%[①]。

中俄两国之间的能源合作不仅可以为中国提供稳定的能源进口，还可以为俄罗斯提供巨大稳定的能源收入，增加就业、带动远东及西伯利亚地区经济发展，因此俄罗斯越来越重视和中国的能源合作，视中国为其能源外交的重点目标对象[②]。

（二）俄罗斯天然气资源丰富，计划出口增量主要是“东向”出口增加

2020年4月，俄政府批准了能源部于2014年提出的《2035年俄罗斯能源战略》规划，按照该规划及目前的出口情况，到2035年俄罗斯天然气出口将增加1100亿立方米，向欧洲和独联体出口的总量变化不大，未来出口增量主要是面对“东向”亚太地区。向“东向”供气的项目有北极LNG-2项目和仍在规划中的中俄西线天然气管道（规划设计输量为300亿立方米/年）。另外，按照产量规划，萨哈林气区未来新增产量约80亿~100亿立方米/年，可通过新建LNG厂或建设管道向“东向”供气。这些项目基本能达到上述规划的“东向”1100亿立方米/年出口量[③]。

① 盛海燕．中美贸易摩擦中的中俄能源合作的新机遇与前景［J］．现代交际，（24）：70-71.

② 张莹莹．俄罗斯能源外交的新形势、新特点与新趋势［J］．商业经济，2020，521（1）：92-95.

③ 王素花，高书琴．俄罗斯天然气资源基础及出口潜力［J］．国际石油经济，28（6）：75-82.

二、防范中亚地缘政治风险以保持天然气合作长期稳定

目前，我国管道气进口主要来自中亚，至少“十四五”期间，中亚天然气仍将是左右我国进口气局势的决定性力量。但据近年相关事件观察和资料分析，中亚国家天然气生产与出口的局势日益复杂，应该予以警惕，及早应对。

中亚地区的传统天然气储量——这些天然气通常埋藏较浅且含硫较低——几乎已经耗尽，而计划用于补充供气出口的新气田的钻井难度和新增脱硫等工序使成本大增。中亚国家政府没有相应的财力和技术手段来开采这些储量，所以他们需要贷款，吸引外国投资者。但目前在天然气市场价格低迷情况下，开采规划无法实施。此外，中亚地区各国内部问题错综复杂，内政不稳，未来发展预期不够明朗，各种政治风险也会在关键节点对天然气生产与出口产生重大影响。其中，哈萨克斯坦总统和议会选举尘埃落定，但局势不稳。吉尔吉斯斯坦政局恶化，冲突加剧，同时该国反华势力抬头，中资企业成为被炒作的热点话题。土库曼斯坦经济恶化已造成政治动荡，周边安全形势不佳，中土天然气合作的挑战增大①。

针对上述局势，鉴于我国进口多元化的战略要求，稳定中亚天然气进口需要注重以下几个方面的工作：一是相关政府部门与企业应该积极探索能源换贷款等方式，借助亚投行、丝路基金等渠道，向中亚国家提供必要的贷款等金融支持；二是鉴于目前国际能源价格及供应形势快速变化的局面，可以考虑通过双边及多边的谈判，将中亚国家组成一个能够进行能源对话及多边合作的灵活对话机制，主要讨论依据国际能源形势的变化，合理调整天然气价格，既保证中亚国家稳定的外汇收入，也使我国进口企业能够接受合理的天然气价格；三是中亚天然气管线缺乏国家层面的多边安保机制和条约等法律保护手段，可持续运营已面临一定的潜在风险，应积极推进各方在利益共享、责任共担的基础上签署国家层面的多边安保条约。

中亚国家的经济支柱是能源出口，也表现出经济脆弱性，加之政治风险突出地体现在本币汇率持续大幅度贬值，这对我国企业在中亚的经营带来巨

① 马宏．俄罗斯中亚天然气对华出口让人欢喜让人忧［J］．中国石化，2019（1）：76-79.

大的风险。例如，中国石油天然气股份有限公司控股、香港上市的昆仑能源有限公司曾经是在哈萨克斯坦等中亚国家开展油气勘探开发等业务的主要平台之一，在哈萨克斯坦坚戈对美元汇率贬值22.9%的2009年，由于哈萨克斯坦税制改变等原因，其在哈国业务销量上升3.5%，利润则锐减91.4%。2015年，由于哈萨克斯坦央行改行自由浮动汇率制度并导致坚戈对美元大幅贬值，该公司蒙受汇兑损失18.81亿港元。

面对中亚货币的汇率风险，除开展“提前错后”等操作之外，从长期来看，中国企业应努力寻求更多地采用人民币计价结算，国内金融管理部门需要进一步推进相关金融基础设施构建①。

三、合理安排项目进度及规模以有序推进LNG接收站建设

依据2019年1月交通运输部组织编制的《全国沿海与内河LNG码头布局方案（2035）（征求意见稿）》，初步估计，2035年我国进口LNG总接卸能力可达3亿吨/年，相当于年进口天然气规模4000亿立方米，这还不包括近期新申请的LNG接收站项目。考虑到国内需求、国产气和进口管道气，无论如何这一LNG进口量太大了。

未来进口LNG所需市场空间主要取决于市场需求。在天然气市场年均需求增量为300亿~400亿立方米时，进口LNG新增1亿吨/年是可行的。而根据本书的预测，2019—2025年，我国年天然气需求增量不会超过200亿立方米。因此，2025年之前，通过新建或扩建现有LNG接收站达到1.5亿吨/年的总接收能力，基本可满足市场需要。之后若储气调峰问题仍然较为严重，2030年LNG接收能力将增至1.9亿吨/年，但天然气市场的服务基础将主要转向储气调峰。就目前LNG接收站新建项目进展而言，2025—2035年将有较多的新建LNG接收站项目投运，在投运之前应该重点落实市场用户规模，明确LNG资源外输路径，制定合理的销售价格机制。特别是调峰气价，需要进一步明确在LNG项目投运之前，要与采购用户签订具备法律效力的购销协议，以防LNG规模

① 梅新育．疫情阴影下的中亚经济与汇率风险［N］．第一财经日报，2020-7-16（A11）．

过剩形成市场压力[①]。

四、高度重视进口天然气资产组合配置

建设自有的海外天然气资产组合，应借鉴大型国际石油公司的发展经验，发挥中国石油企业的业务综合性优势，补齐在原料气供给、项目商务谈判、运输等环节的短板，力争实现产业链一体化发展或产业链中某些重要环节的协同发展，提高资源的国际运作能力。具体来说，就是制定适应自身特点的天然气进口贸易对策，实现管道气和LNG、长期贸易与现货合同、国内资源和国外资源的科学合理配置与布局。在中短期内，国际天然气市场特别是LNG市场，供给相对宽松，现货市场价格处于低位，国内管道气来源更为丰富。中国企业应统筹考虑国内外两种资源的配置关系、管道气和LNG配置策略，通过不同气源的竞争和价格制约，实现当前资源条件下的最佳效益。在国际LNG资源采购策略中注重以经济性为优先准则，灵活处置自有权益产量，积极争取进入LNG项目原料气供应环节，科学配置长期贸易和现货合同摊薄气价成本，实现资源掌控力度的逐步提高。

① 田祥，张志闯，袁永乐 . 中国大力进口 LNG 的潜在市场风险［J］. 国际石油经济，2019，27（6）：56-64.

第三章 “十四五”期间全国天然气管网发展与体制构建

当前，我国国家基干天然气管网基本形成，长三角、珠三角、环渤海地区形成了区域管网，全国绝大部分县级城镇已经通达管道天然气。“十四五”期间，我国各级天然气管道仍将持续发展，国家石油天然气管网集团有限公司（简称国家管网公司）将领导国家基干管网建设，重视互联互通工程，省级天然气管网重点在“镇镇通”。随着国家管网公司的独立运营，“十四五”构建现代天然气管网输送体系将取得重要进展，管网的第三方准入、管容交易机制逐步成熟，全国天然气统一调控框架基本形成，供应安全保障更为有力。

第一节 我国天然气管道规模与技术进展

我国大口径、高压力、长距离天然气输送管道建设始于2005年建成的“西气东输”一线。截至2020年，国家基干天然气管道总里程近8.1万千米，年输送能力基本能够满足我国天然气消费需求。与此同时，区域管道、省级管道初具规模。天然气管道输送与控制技术是支撑管道发展的重要因素。

一、各级管网建设初步成型

截至2019年底，国家基干管道总里程近8.1万千米，总输气能力超过3500亿立方米/年[①]。总体来看，国家基干管网基本形成，实现了“西气东输、北

① 高鹏，高振宇，刘广仁.2019年中国油气管道建设新进展［J］.国际石油经济，2020，28（3）：52-58.

气南下、海气登陆、就近外供"的供气格局。以压力指标统计，4MPa以上（包括三大石油公司骨干网络、油气田周边管道、省网、民营管道）总里程已达10万千米。随着中俄东线天然气管道于2019年底通气，我国四大进口天然气管道（东北、西北、西南和海上）全部贯通，一个"横跨东西、纵贯南北、覆盖全国、连通海外、资源多元、调度灵活、安全可靠"的天然气管网输送体系初具规模[①]。与此同时，我国区域性、省级天然气管网发展迅速，逐步完善。

（一）国家基干管网简介

目前，国家基干管网系统主要有3个，分别是"西气东输"天然气管网、陕京天然气管网和川气东送天然气管网。同时，它们之间由5条管道联络起来，构成了国家基干管网，实现各个方向的天然气安全输送。除此之外，还有约30条国家支干管道配合全国实现天然气的统一调配。

1. "西气东输"管网系统。

"西气东输"管网系统现有3条管道，分别简称为西一线、西二线和西三线，是我国距离最长、口径最大的输气管网系统，同时也是我国"西部大开发"时期的标志性工程，实现了我国管道建设史上的多个第一：第一次采用10MPa高压输送、全自动焊接、全自动超声波检测等技术；第一次采用内涂层减阻、干空气干燥等工艺；第一次在长江和黄河上完成长距离、高难度、大口径盾构、顶管和定向钻穿越，以及第一次应用卫星遥感选线技术和自动化控制系统[②]。

2. 陕京管网系统。

陕京天然气管网系统西起陕西省，东至北京市，主要承担着为首都供气的任务，目前已经建成4条管道，分别简称陕京一、二、三、四线。截至2019年，年输气能力已超过500亿立方米。

3. 川气东送管网系统。

川气东送天然气管网起自四川省达州市普光首站，止于上海末站，于2010年建成投产，是上海地区仅次于"西气东输"的又一大重要气源。它的

---

① 国家发展改革委，国家能源局．中长期油气管网规划［R/OL］．（2017-05）.https：//wenku.baidu.com/view/88ce2e3fbdd126fff705cc1755270722192e590f.html.

② 张国宝．筚路蓝缕——世纪工程决策建设记述［M］．北京：人民出版社，2018：11.

建成使川渝地区丰富的天然气资源得以外输，支撑了东部地区庞大的天然气消费市场。

除此之外，5条主要联络线也意义重大，它们将3个国家基干管网系统与各地区主干长输管道相互串联，实现了资源的快速转移。具体来看，靖边—榆林线（陕西省境内）连通陕京一线和二线；冀宁线连接“西气东输”与陕京二线；淮武线连通“西气东输”和忠武线；兰银线连通“西气东输”和涩宁兰线；中贵线（甘肃省中卫—贵州省贵阳市）在中卫与西一线、二线对接，在四川与川渝管网对接，在贵阳市与中缅管道对接。

（二）重点区域天然气管网简介

依托国家基干天然气管网，出于经济发展和供应安全互保的需要，京津冀、长三角、珠三角已经形成了互联互通的区域天然气管网。

1. 京津冀区域天然气管网。

京津冀区域天然气管网主要由陕京管网系统、大港—永清天然气管道、永清—唐山—秦皇岛天然气管道、冀宁线、大唐煤制气管道、北京天然气管网和在建的中俄东线天然气管道组成，供气能力约1100亿立方米/年，可接收中亚、俄罗斯等进口天然气，也可接收新疆地区、长庆油田等国产气，并配套建设有LNG接收站，大港、华北储气库群等储气调峰设施。京津冀地区天然气储运设施相对齐全，已经实现气源多元化。

2. 长三角区域天然气管网。

长三角区域天然气管网主要包括西一线、西二线上海支干线、冀宁线、江苏LNG外输管道、如东—海门—崇明岛天然气管道、角直—宝钢天然气管道、南京—芜湖天然气管道、常州—长兴天然气管道、川气东送等管道，总供气能力约600亿立方米/年，并配套建设有金坛盐穴储气库、刘庄油气藏储气库和江苏如东LNG接收站、启东LNG接收站、上海LNG接收站、浙江LNG接收站等储气调峰设施。区域内管道互联互通正在推进，浙苏联络线具备投产运行条件，浙沪联络线一期工程（桐乡—海宁—海盐）建成投产，浙沪联络线二期工程（海盐—平湖—上海金山）正在施工，沪苏联络线工程等待专项规划批复。

3. 珠三角区域天然气管网。

珠三角区域天然气管网主要包括西二线南宁支干线、广—深支干线、香港支线、珠海—中山南海天然气管道、南海南屏分输站—珠海临港分输站等天然气管道，以及广东LNG外输管道、广西LNG外输管道等天然气管道，并配套建设有广东大鹏、珠海、粤东、九丰等LNG接收站。

（三）省级天然气管网简介

省级天然气管网一般是指压力在4MPa及以上的高压管道及支线组成的区域输气管网，基本上由各地区的省级天然气管网公司建设及运营。一般而言，省级天然气管网公司可以理解为地方政府牵头、按照省级天然气资源调控平台来设计、在气源方和终端用户（城市燃气）中间开展运营的天然气管网企业，经营范围包括全省天然气基础设施投资开发、市场推广、产业培育等。截至2018年末，我国已有25个省份成立了省级管网公司，运营模式上有统购统销、代输或二者兼而有之。

北京和上海由于政策导向强、市场资源多、发展要求高等因素，已形成了强大的区域天然气管网。在市场经济活跃、消费能力充足的江苏和广东，也已形成了较为完善的省级天然气管网，基本实现了全省一张网，天然气覆盖率达到全国领先的地位。除此之外，浙江、山西、山东、河北、河南、湖北和重庆等省市因为有较多国家基干管网的优势，也建成了较大规模的省级天然气管网，同样基本实现了省内的天然气互联互通。另外，宁夏、海南、福建、辽宁和四川等省份达到了重点城市基本普及天然气的水平，并且正在进一步努力实现“全省一张网”的目标。而在西北、东北等人口密度底、经济发展慢、主干管网少的部分省份，天然气管道的建设速度缓慢，城镇天然气普及率有限，农村更是几乎未实现天然气的民用。

（四）境外进口气管道简介

境外进口气管道是指专门为我国天然气进口而在国外建设的管道。这些管道的高效安全运行是保障我国天然气供应安全的重要组成部分，有必要简要介绍。

1. 中亚天然气管道。

中亚天然气管道起于阿姆河右岸的土库曼斯坦和乌兹别克斯坦边境，经乌兹别克斯坦中部和哈萨克斯坦南部，从霍尔果斯连接西二线。该管道已经建成A、B、C三线，输气能力达550亿立方米/年。中亚D线天然气管道正在建设，设计输气能力为300亿立方米/年，有望在“十四五”末建成投产[①]。

2. 中缅天然气管道。

中缅油气管道以缅甸皎漂为起点，经若开邦、马圭省、曼德勒省和掸邦，从缅中边境地区进入中国的瑞丽，再延伸至昆明。干线管道全长为2520千米，其中我国境内1727千米，远期设计输量120亿立方米/年。

3. 中俄东线天然气管道。

中俄东线天然气管道境外起于俄罗斯“西伯利亚力量”管道，气源来自科维克金气田和恰扬金气田，沿途经过伊尔库茨克州、萨哈共和国和阿穆尔州等3个联邦主体，直达布拉戈维申斯克市的中俄边境，管道全长约3000千米，管径1420毫米。我国境内干线管道起自黑龙江省黑河市，途经黑龙江、吉林、内蒙古、辽宁、河北、天津、山东、江苏、上海9个省区市，止于西一线天然气管道上海市白鹤末站，全长3371千米。目前已完成的北段工程包括“一干三支”[②]，线路全长1067千米。中俄东线全部建成后，境内外干支线将超过8000千米。

二、天然气管道建设运营技术取得重大进步

近年来，中国油气储运技术水平迅速发展，在管道建设及油气输送方面取得了长足进步。管道施工技术和管道完整性管理技术等达到世界一流水平，特别是在大口径、高钢级输气管道建设方面，中国由追赶者变成了领跑者，奠定了中国油气储运行业的世界强国地位。

（一）管道设计、工程建设方面

首先是测量技术的巨大进步，在管道设计方面用卫星遥感技术替代传统的手工、机械丈量和现场踏勘，大大减少人工工作量，数据获得更加精准方便；其次是设计理论上的进步，基于应变和基于经济性的设计技术取得突破和应用；再次在大型储运设施设计工艺上取得突破，如冻土层施工、大口径

① 王小强，王保群，王博等．我国长输天然气管道现状及发展趋势［J］．石油规划设计，2018，29（5）：1–2.

② “一干”指黑河—长岭段，“三支”指长岭—长春支线、明岭支线（包括明水至哈尔滨段和兰西至绥化段）、大庆—哈尔滨支线。

油气管道设计，大型LNG储罐、油品储罐设计等，打破了国外的技术垄断[①]；最后在高效施工技术及装备方面，建立大口径管道高效施工技术体系，研发新型八焊炬内焊机、双焊炬外焊机、自调式对口器等装备，形成自动焊机械化流水施工方法。在定向钻穿越装备及技术方面，创新复杂地质条件定向钻穿越技术[②]，研制出高抗拉抗扭扩孔钻杆和轻量化扩孔机具，采用磁信号精控对接技术，定向钻穿越长度（2454米和2630米）2次刷新世界纪录。

（二）管道运行管理方面

在大型油气管网集中调控方面，创立单管道控制权互锁和主备中心实时同步技术，研发油气管网管控一体化平台，实现了对中国63%的主干油气管道实时监测和集中调控。在运行技术优化方面，创立管网和单管道独立运行的物理模型，利用管道内壁摩阻及管输效率自修正方法，研发在线仿真系统，提高了管网应急能力和运行效率[③]。

创建了具有中国特色的风险预控为核心的管道完整性技术体系，包括地质灾害、第三方损坏、管道本体缺陷3类危害的监测、检测及评价方法，实施80000千米管道完整性管理，高后果区风险控制率为100%。通过管理方式的变革，2006—2016年，每千千米管道失效频率从0.87次降至0.35次，是管道安全管理体系的重大进步。尤其是HAZOP分析得到广泛应用，全方位考虑设备、环境、工艺、安全、管理、人员对生产系统的影响，管道的风险分析系统化、结构化，为管道安全的持续改进升级提供支持。

（三）物联网技术在管道输送上的应用已经起步

物联网技术在管道输送上的应用在我国还处于起步阶段，正在建设的中俄天然气管道东线将是我国第一条智能化管道，这条管道的建成是我国管道产业正式进入“第三代”的标志。该管道是我国目前口径最大、压力最高的长距离天然气输送管道。作为我国首条第三代油气管道，本工程也是“智能管道”建设的试点工程，以“全数字化移交、全生命周期管理、全智能化运营”为目标，借助“移动端+云计算+大数据”和互联网+机组的“智慧工地”

---

① 孙今朝，高丽．油气管道储运技术发展及未来趋势［J］．科学管理，2018（11）：292-293.

② 陆江．水平定向钻穿越施工方法及其钻孔设备：CN201310217253.X［P］．2013-06-03.

③ 黄维和，郑洪龙，王婷．我国油气管道建设运行管理技术及发展展望［J］．油气储运，2014，33（12）：1259-1262.

建设，整合数据信息，搭建从监理到承包商、再到业主共享的全生命周期信息系统的智能综合应用平台，实现信息协同和流程协同，推进管道数据由零散分布向统一共享转变、风险管控模式由被动向主动转变、管道信息系统由孤立分散向融合互联转变，建成本质安全、高效运行的智能管道①。

第二节 “十四五”期间国家基干管网、省级管网发展趋势

一、“十四五”期间国家基干（跨省）管道

考虑到“十四五”期间国家经济增长的压力，尤其是目前国家基干管网（跨省）基本成型的现实情况，预计“十四五”期间国家基干管网的建设规模不会太大，青宁管道、新粤浙管道（或者西四线）、川气东送增输管道、北京LNG接收站外输管道、中俄东线（中段、南段）是重点，中俄远东管道、中俄中线管道如果谈判顺利，预计“十四五”期间开建。“十四五”期间国家基干管网进一步完善，50万人口以上的城市天然气管道基本接入，将为2030年实现“全国油气管网基础设施较为完善，普遍服务能力进一步提高，天然气利用逐步覆盖至小城市、城郊、乡镇和农村地区，基本建成现代油气管网体系”奠定坚实基础。

（一）山东青岛—江苏南京天然气管道（青宁管道）

青宁管道全长531千米，设计年输气量72亿立方米。该管道北起中石化集团青岛LNG接收站，南至川气东送管道南京输气末站，途经山东、江苏两省七地市15个县区，是国家确立的2019年天然气基础设施互联互通重点工程。项目预计2020年10月底全线贯通，达到投产供气条件。

青宁管道的建设将实现川气东送管道，山东和江苏省管网，青岛、天津

① 李元滢，李程，佟占伟．中俄东线建设带来的思考［EB/OL］．中国石油新闻中心，2018-11-06.http：//news.cnpc.com.cn/system/2018/11/06/001709697.shtml.

LNG接收站，金坛、文96、文23储气库等主要储运设施的互联互通，形成我国又一条东部沿海天然气大通道，可有效开展华北、华东两地天然气资源灵活调度和应急互保，提升我国东部沿海经济发达地区的能源安全保障水平。

（二）新疆煤制气外输管道（新粤浙管道）

新粤浙管道包括1条干线、6条支干线，管道总长度为8372千米，设计输量为300亿立方米/年。干线的起点是新疆木垒站，终点为广东省韶关站。6条支干线包括伊犁支干线、准东支干线、南疆支干线、豫鲁支干线、赣闽浙支干线和广西支干线。管道途经新疆、宁夏、甘肃、陕西、河南、山东、湖北、湖南、广东、江西、浙江、广西、福建13个省（自治区），59个地、州、市（省直管县市）。新粤浙管道将对提高全国天然气干线输气能力起到重要作用，同时对于满足中东部地区天然气需求、带动新疆和沿线地区经济社会发展具有重要意义。

（三）“西气东输”四线（西四线）

西四线起于新疆乌恰，经甘肃河西走廊，止于宁夏中卫，线路全长3123千米，其中甘肃境内1045千米，经过嘉峪关、酒泉、张掖、金昌、武威、白银等6市12县（区、市），路由基本与在役的西二线、西三线管道并行。管道口径为1422毫米，设计压力为12MPa，最大输气能力为400亿立方米/年。甘肃境内6个站场与西三线站场合并建设，项目总投资677亿元，计划于2022年投产运行。据业内人士透露，考虑到新粤浙管道、西四线路由基本一致，上游气源有限，两条管道只能“二选一”。2020年6月22日，新粤浙管道湖北潜江至湖南郴州段已经正式投产进气。

（四）北京LNG接收站外输管道

北京LNG接收站外输管道起自北京燃气集团南港LNG接收站，止于北京市城南站，途经天津、河北、北京，管道线路总长224千米，设计压力为10MPa。管道在永清联络站进行变径，上游管径为1219毫米，设计输量为6000立方米/天；下游管径为1016毫米，设计输量为3600立方米/天。该管道线路与原中石化天津LNG管道、原中石油港清三线、原中海油蒙西煤制气、中俄东线（长岭—永清）等多条管道并行铺设。外输管道与中俄东线在永清联络站互联互通；在天津静海县设置静海联络站，外输管道与中海油蒙西煤制气互联互通。该管道从2020年开始建设，预计2021年建成投产。

该管道是北京燃气集团保障首都天然气供应安全的重大举措，未来国家管网公司虽然将继续承担首都天然气安全供应责任，但北京燃气集团可以灵活运用国际现货市场，降低天然气供应成本。

（五）中俄东线天然气管道

中俄东线北段（黑河—长岭）已于2019年12月投产，中段（长岭—永清）和南段（永清—上海）分段核准、分期建设，预计“十四五”期间全面建成投运。

预计中国未来从中亚国家进口管道气的增幅不大，原因一方面是部分中亚国家储产量增长乏力，另一方面是中亚各国国内需求逐步扩大。俄罗斯作为世界天然气储量最丰富的国家，是中国管道气进口的长期重要来源，除中俄东线外，目前中俄中线和中俄远东天然气管道建设问题正在谈判。据公开资料，中俄中线计划从中国内蒙古入境，直接进入天然气需求快速增长的环渤海地区。中俄远东管道从俄滨海边疆区进入中国黑龙江。

二、“十四五”期间省级天然气管网发展趋势

当前，我国天然气区域管道互联互通发展迅速。一方面区域经济日益融合，另一方面，国家相继出台了环渤海区域、长三角区域和珠三角区域一体化发展政策，而能源尤其是天然气是区域一体化的重要支撑，这就需要将各省管道互联，实现区域天然气互通、供应安全互保。因此，“十四五”期间，区域管道将继续发展，国家管网公司是推动这一趋势的重要力量。与此同时，省级天然气管网公司在当地政府领导下，按照省级规划将持续推动天然气管道“县县通”“镇镇通”。

根据公开信息，结合业内专家的共识，考虑区域天然气管道互联互通对区域发展的重要作用，本书论述了“十四五”期间各区域天然气管道的发展态势，一并论述省级管道“十四五”期间发展态势。需要说明的是，本书区域、省级管道仅涉及4MPa以上的管道，部分管道是“十三五”规划未能完成的，部分管道按照《中长期油气管网规划》应该在“十四五”期间修建。

（一）环渤海区域（京津冀辽鲁晋蒙）

1.《环渤海地区合作发展纲要》对能源基础设施的要求。

2015年10月12日，国家发展改革委发布《关于印发环渤海地区合作发展

纲要的通知》（发改地区〔2015〕2310号），并印发《环渤海地区合作发展纲要》（以下简称《纲要》）。

《纲要》要求：协同推进交通、能源、水利、信息等跨区域重大基础设施建设，推动形成布局合理、功能完善、衔接紧密、保障有力的现代化基础设施网络体系，增强对区域合作发展的支撑保障作用。到 2025 年，环渤海地区合作发展体制机制更加完善，基础设施一体化水平迈上新台阶，统一开放大市场基本形成，合作广度深度明显拓展。因此，“十四五”乃至较长的时期，环渤海地区的天然气发展尤其是基础设施建设，应该以《纲要》为指针。

2. 区域（跨省）管道建设。

“十四五”期间，环渤海区域天然气管道建设将在初步网络化的基础上进一步提升协调能力，预计将有以下管道投入建设或完工。一是北京LNG接收站外输管道，进一步联通天津、河北、北京；二是中俄东线的长岭—永清段（天津段）；三是蒙西煤制气管道；四是中海油和中石化的两座天津LNG扩建项目的配套外输管线也会是“十四五”的重点项目。

3. 省、市级管道建设。

（1）北京市。截至2018年底，北京市天然气管网长度已经超过1.6万千米，覆盖北京市全部城区以及95%以上的远郊区县，年总供气能力达到410亿立方米。预计“十四五”期间，北京市将继续推动各区县天然气支线建设，满足更大范围的用气需求，估计将从陕京一、二、三、四线和大唐煤制气管道上寻找开口。

（2）天津市。截至2019年底，天津燃气管网总长度达到1.6万千米，其中高压管线总长度达到2417千米，实现了高中压管网对16个区县建成区和经济园区的全覆盖。预计“十四五”期间，天津市将按期建成津晋高压管道（蓟汕联络线—塘沽西外环段）、滨海新区天然气管道、塘沽西外环高调站、中石化常流门站等重点工程①。

（3）河北省。截至2018年底，河北省天然气管道长度超过5400千米。

① 天津市人民政府．天津市人民政府印发关于加快产供储销体系建设促进全市天然气协调稳定发展实施方案的通知［EB/OL］．（2019-02-18）［2020-05-20］．http：//wwwmain.tjftz.gov.cn/zmq/system/2019/03/19/010107924.shtml.

“十四五”期间，预计河北省还要继续进行的大型管网项目是中俄东线中段（河北段）、蒙西管道（河北段）和唐山LNG外输管道。秦皇岛LNG接收站如果获批，其配套外输管道也将会落地，同时省内配套支线也会大力建设。

（4）山东省。截至2018年底，山东省已建天然气管道长度达到 7000千米以上，覆盖本省所有地市。“十四五”期间，山东省已明确的重点项目将是中俄东线（山东段）、青宁线（山东段）和新粤浙豫鲁支线（山东段）。蒙西煤制气（山东段）和原中海油沿海天然气管网山东支线将是远期工程，可进一步提高省内外资源调动的灵活性。董家口—沂水—淄博、泗水—沂水、馆陶—聊城和曲阜—枣庄等区域输气管道也可能在“十四五”期间投产。另外，烟台浮式LNG接收站也正在规划中，其配套外输管道（含青岛支线和东营支线）规划应该会在“十四五”期间落地。

（5）辽宁省。截至2018年底，辽宁省已建成管道长度约4100千米。“十四五”期间，辽宁省已明确的重点项目有中俄东线（辽宁段）和兴安盟煤化电热一体化示范项目输气管道（辽宁段）。营口LNG接收站正在规划中，其配套外输管道有望同期投产。辽能天然气公司围绕“气化辽宁”进行战略布局，通过收购、新建等方式建设省级天然气管网公司，计划2025年实现管网“县县通”。

（6）山西省。截至2018年底，山西省天然气管道长度达到7700千米，其中国家基干管道及国家支干线管道长度达到1700千米，省级干线管道长度达到3200千米，省内支线管道为2800千米。预计“十四五”及较长时期，山西将加快煤层气气田与省级主干管网的联通；推进省内管道与国家基干管道之间、不同管输企业之间的互联互通、互补互融，协调系统间压力等级，实现管道双向输送，最大限度地发挥资源下载和上输能力；启动LNG储气设施外输管道与省内干线管网的连接工程，实现储备资源应急保障功能；加快推进省际联络线项目的实施，一方面建设山西与陕西两省之间的联络管道，实现延长油田天然气入晋；另一方面建设山西与中石化文23地下储气库、沿海LNG接收站之间的联络管道，更好地发挥储气调峰设施的资源串换能力。继续依托国家基干管网和煤层气产业基地，建成连接主要煤层气田的山西“三纵十一横”输气主干管网和支线输气管网，打通煤层气外输通道。

（7）内蒙古自治区。截至2018年底，内蒙古已建成投产天然气管道4000

千米以上，年总输气能力可达450多亿立方米。预计“十四五”及较长时期，内蒙古将加快完善区内天然气管网特别是在蒙东地区加快推进呼和浩特—张家口—延庆输气管道（内蒙古段）、包头—临河、察右前旗—丰镇等续建项目建设，开工建设建平—赤峰、大路—和林格尔等跨省区、跨盟市的天然气干线和支干线管道项目，适时推进讷河—阿荣旗、张家口至锡林浩特、乌兰察布—二连浩特、乌兰察布—桑根达来—锡林浩特、桑根达来—克什克腾旗、杭锦旗—银川天然气管道、呼伦贝尔—齐齐哈尔—哈尔滨煤制气和部分旗县天然气支线管道项目的前期工作。统筹利用天然气、煤制气和进口天然气等多种气源，逐步实现规模较大城镇和工业园区利用管道气，规模较小城镇和规模较大村庄利用LNG、CNG供气。

（二）长三角区域（沪苏浙皖）

1.《长江三角洲区域一体化发展规划纲要》关于能源基础设施要点。

2019年12月1日，中共中央、国务院印发了《长江三角洲区域一体化发展规划纲要》（以下简称《纲要》）。《纲要》规划范围包括上海市、江苏省、浙江省、安徽省全域（简称“三省一市”）。从行政区划来看，这也是我国通常所说的华东区域（以下“长江三角洲区域”和“华东区域”代表统一含义）。《纲要》规划期至2025年，展望到2035年。

从《纲要》的内容来看，天然气管网基础设施一体化是长三角区域一体化的重要内容和支撑。未来“十四五”期间和较长时期，长三角区域管网建设要继续以国家基干管网为基础，在加快省级管道建设的同时，重视区域省级管道互联互通，构筑区域环形管网。

2. 区域管道。

“十四五”期间，长三角跨区域管道主要有以下5条，一是青宁管道，主要跨越江苏省；二是新粤浙管道，主要跨越浙江省；三是川气东送增输管道，跨越“三省一市”；四是中俄东线，主要跨越上海市、江苏省。建成浙沪二期，启动苏、皖、闽管道连接项目前期工作。

3. 省、市级管道。

（1）上海市。截至2018年底，上海市已建成国家基干及市级主干天然气管道约900千米，输气能力约为490亿立方米/年。预计“十四五”期间，上海市天然气主干管网崇明岛—长兴岛—浦东新区LNG站管线工程将顺利完成。

同时，全面开展新一轮天然气主干网系统规划，加快上海天然气主干网2035年规划落地。在本市超高压“C”型管网的基础上，优化6.0MPa、1.6 MPa环网布局，建成“U”型管网，推进“O”型管网建设，及早实现南北平衡。此外，省际天然气的互联互通也会在长三角地区持续进行，上海市与长三角其他省市管道将进一步实现区域互联互通，供应能力进一步提高。

（2）浙江省。截至2018年底，浙江省已建设国家基干管道长度为1700多千米，输气能力为500亿立方米/年。省内干线已建成投产4条，管道总长度为1180千米，干线输气能力为 290亿立方米/年。浙江省规划形成全省一环网“县县通”的天然气供气格局。预计“十四五”期间将加快推进萧山—义乌输气干线项目，实现一环网闭环。加快建成舟山—宁波输气管道，启动杭甬复线项目，增强LNG管道输送能力。同时，舟山、温州、台州、丽水和衢州的下属县级单位还有个别地方无管道燃气供应，是支线管道建设的重点。同时，应全力推进浙沪联络线二期、浙皖联络线等省际天然气联络线项目。

（3）江苏省。截至2018年底，江苏省内建成国家基干管道、国家支干管道1300千米，省内干线管道400千米，省内支线管道约为1500千米。苏北尚有9个县未通管道气。“十四五”期间，江苏省将有序推进与长三角及周边区域天然气管道的互联互通，建设辐射周边省市的输气管道支干线，推动输气管道区域成网，提高江苏地区天然气资源调配和市场保供能力。加快推进中俄东线南通—苏州过江管道的建设，积极支持省沿海管道与中俄东线同隧道过江，加强苏南与苏中苏北管道联络。加快推进川气东送江苏配套管线吴昆管道、高淳—溧水管道建设。加快建设苏北苏中地区输气管道，在苏北苏中地区形成“一纵四横”多环网状区域管网，形成“一干多支”沿海管网布局体系。规划建设如东—常熟—太仓输气管线、如东—盐城—滨海输气管线、海安—泰州—江都管线、徐州支干线、淮安支干线等沿海管网省干线、支干线。统筹沿海LNG接收站配套联络线的规划布局。加快推进启通天然气管道、中海油江苏滨海LNG接收站配套输气管线滨海—盱眙项目的建设。规划建设江苏LNG外输复线（如东—泰兴）、华电赣榆LNG配套外输管道。

（4）安徽省。截至2018年底，安徽省投运国家基干管道950千米、省级主干管道220千米、省级支线管道1190千米。除黄山市外，其他15个地级市全部用上了管道气。按照2017年5月安徽省政府印发的《安徽省油气管网基础设施建设规划》，预计"十四五"期间，安徽省将继续着力构建"三纵四横一环" 省级天然气主干管网，即亳州—池州（西纵线）、宿州—黄山（中纵线）、淮北—滁州（东纵线）等3条纵向主干管道和颍上—蚌埠、合肥—叶集、庐江—无为等3条横向联络线，改造阜阳—宿州横向联络线，同时完善天然气支线管道布局。"十四五"期间初步形成全省南北互通、东西互联的一体化、网络化、智能化主干网架，基本实现天然气支线"县县通"，启动管道气和独立供气"镇镇通"工程。

（三）南部沿海区域（粤桂琼闽）

本书所指南部沿海地区包括广东、广西、海南和福建4个省份，是我国经济相当发达的区域之一，其中包括广州和深圳两个一线城市，广东、广西、海南和福建四大自贸区以及粤港澳大湾区，是中国的"南大门"。

1. 区域管网发展趋势。

"十四五"期间，南部沿海区域在各省规划天然气发展规划的基础上，结合《粤港澳大湾区发展规划纲要》《珠江三角洲地区改革发展规划纲要（2008—2020年）》，将重点发展西三线闽粤支干线、新粤浙天然气管道和粤东LNG外输管道、北海LNG粤西支线等区域天然气管道。

2. 省级管道。

（1）广东省。截至2018年底，广东省已建成天然气管道2340千米，其中国家基干管道1548千米、省级干线管道796千米。预计"十四五"期间及今后较长时期，广东省管网三期和五期、粤西天然气管道（广东段）、西三线闽粤支干线（广东段）、新粤浙天然气管道（广东段）段和粤东 LNG 外输管道（广东段）等是建设的重点。揭阳、汕尾、河源三个地级市尚未通达管道气，也是管道建设的重要方向。

（2）广西壮族自治区。截至2018年底，广西已建成天然气管道共计3240千米，其中国家基干管道1184千米、省级天然气管道2056千米。依据《广西天然气储气设施建设专项规划（2019—2025）》，2025年前，广西将加快配套建设规划LNG项目的外输管道，推动沿海LNG储备工程与3条已建的干线管网进行联通。具体是北海LNG粤西支线、柳州支线和新疆煤制气外输管道广西支干线。在"县县通"工程完成的基础上，实时启动广西天然气支线管网与区内的国家干线管网之间的互联互通，推动天然气支线管网在桂中、桂东、桂北等片区形成环网，实现管道多向输送，最大限度发挥应急和调峰能力。此外，防城港LNG和钦州LNG亦在规划中，其配套外输管道也有可能在“十四五”期间完成。

（3）海南省。截至2019年上半年，海南省已建天然气主干管道1604千米，其中国家支干管线 538千米、省级干线管道1066千米。全省环形输气管网已完成一半。“十四五”期间，海南省将继续建设琼粤天然气管线，进一步优化澄迈LNG和海南LNG仓储转运中心的外输管道。同时，加快建设环岛管网文昌—琼海—三亚输气管道工程，并由环岛天然气管道向中部市县城区延伸，通过儋州—琼中—万宁输气管道等工程实现定安、屯昌、琼中、白沙、五指山、乐东、保亭等城区的管道气供应。逐步提高全岛燃气普及率，实现管道气覆盖全省市县城区。

（4）福建省。截至2018年底，福建省已建各类天然气管道1740千米。预计“十四五”期间，福建省将按照“一张网、多气源、互联通、市场化”的海西天然气管网体系建设要求，加快推进海西天然气管网二期工程及支线管网建设，进一步覆盖内陆地区，加快实现天然气“县县通”；深入结合新型城镇化建设进程，加强城乡燃气管道和卫星站建设，提高县城及乡镇的天然气普及率。此外，宁德市、南平市、三明市没有管道气供应，应该是“十四五”天然气管道建设的重点。

（四）中部地区（豫鄂湘赣）

中部地区一般包括安徽省、山西省、河南省、湖北省、江西省、湖南省6个相邻省份，但安徽省和山西省在国家规划《长江三角洲区域一体化发展规划纲要》和《环渤海地区合作发展纲要》中分别划入长三角和环渤海区域，因此本节仅介绍河南省、湖北省、江西省、湖南省4个省份。该区域也是中央定位的全国重要先进制造业中心、全国新型城镇化重点区、全国现代农业发展核心区、全国生态文明建设示范区、全方位开放重要支撑区。该区域由多条国家基干管道穿越，城镇气化率较高。“十四五”期间，沿海进口LNG与西部管道气将在中部地区产生激烈竞争，由此推动区域管网进一步完善。

（1）河南省。截至2018年底，河南省已建成天然气管道总里程超过5600千米，其中国家基干管道1110千米、国家支干管道超过1210千米、省级支干线总里程3280千米。预计“十四五”及今后较长时间，河南省将依托现有的西二线，配套建成西二线鲁山—汝州、西二线平泰支干线禹州—许昌、西二线唐河—信阳等。依托新粤浙管道、西三线、鄂安沧管道等资源管道，配套建设新粤浙管道各分输站至三门峡、洛阳、平顶山、南阳、焦作、新乡等地的支线，西三线各分输站至南阳、邓州、新野等地的支线，鄂安沧管道濮阳分输站至濮阳的支线。加快储气库与省内管道连接线建设，提高全省应急调峰能力。

（2）湖北省。截至2018年底，湖北省内已建天然气管道4500千米，其中国家基干管道和国家支干管道长度超过2600千米、省级管网系统基本形成。依据《2019年湖北省关于促进天然气协调稳定发展的实施意见》，“十四五”及今后较长时期，湖北省将建设新粤浙管道湖北段、西三线湖北段、川气增产外输湖北段等国家干线管道，加快“四纵三横”天然气管网、储气设施建设和页岩气勘探开发，显著提高天然气供应保障和服务水平。到2025年，各类天然气管网里程有望达到7300千米。目前，神农架林区尚未通达管道气，应该是湖北省“十四五”期间天然气管道建设的重点。

（3）湖南省。截至2018年底，湖南省已建成各类管道1688千米，其中国家支干线339千米、省内干线230千米、支干线为877千米。预计“十四五”及今后较长时期，湖南省将重点建设西三线湖南段、新粤浙管道湖南段。省际联络线方面，贵州铜仁—湖南凤凰输气管道有望“十四五”后期开工。到2025年，湖南省将形成“多气源、四干、三环、多支”的安全供气格局，实现管道“全覆盖、县县通”。

（4）江西省。截至2018年底，江西省建成各类天然气管道3140千米，其中国家基干管道1340千米、省级管道 1800千米。预计“十四五”及今后较长时期，江西省将继续推进西二线湘潭支干线江西段、新粤浙闽浙支干线江西段和川气东送九江支线的建设，同时也将进一步加强省内管网的互联互通。此外，目前江西省还有39个县（市、区）通过槽车供应LNG或CNG，将是未来管道铺设的重点。

（五）西南地区（川渝黔滇藏）

西南地区包括重庆市、四川省、贵州省、云南省、西藏自治区共5个省区市。重庆市、四川省天然气管网发达，城镇气化率高。贵州省、云南省天然气消费起步晚，地形地貌导致管网建设困难，未来天然气消费发展空间大。

（1）四川省。截至2018年底，四川省共建成各类天然气管道9000千米。四川省由西部管网、南部管网和在建的北外环集输管道（一、二期投产，三期在建）形成了区域性管网。预计“十四五”及今后较长时间，四川省重点建设高石梯—磨溪地区天然气外输管道、铁山坡净化气集输管道、自贡—隆昌—荣昌—永川—江津集输气管道、川西—川东北联络线西段（元坝—德阳）输气管道、攀枝花—凉山天然气管道、元坝-阆中—南充天然气管道、通南巴龙王庙—草池首站集输管道等。

（2）重庆市。截至2018年底，重庆市建成各类天然气管道4600多千米，基本实现了市内外环网整体格局。预计“十四五”及今后较长时间，重庆市将继续联合四川省修建川渝大环线：贯穿四川省巴中市、广元市、绵阳市、德阳市、成都市、南充市、内江市，重庆市荣昌区、永川区、南川区、涪陵区、梁平区等。同时计划修建渝桂线和广西LNG外输管道，实现川渝天然气、广西LNG、非常规天然气等资源互供互保，实现多形式、多路线的天然气供应。此外，渝东北、渝东南的部分区域也有望开工建设输气管道。

（3）贵州省。截至2018年底，贵州省已建成各类天然气管道1024千米，国家主干管道主要包括中缅线、中贵线、渝黔桂线等。预计“十四五”及今后较长时间，贵州省将以中缅线、中贵线、桂渝线国家主干管道为主骨架，规划省级支线管网和市州“县县通”管网支线，打造相对独立但互联互通、调配灵活的省内燃气“三个层级”管网系统，形成“主干一横二纵、八条省级支线管网、九个城市高压环网”为主的省级基础骨架主网。其中，正安至习水输气管道、遵义至铜仁输气管道、瓮安至织金输气管道、遵义至毕节输气管道、都匀至铜仁输气管道可实现双向供气。同时积极开发省内非常规天然气，实现省内页岩气、煤层气和煤制天然气的资源共享。

（4）云南省。截至2018年底，云南省建成各类天然气管道1780千米，其中包括国家基干管道中缅管道（云南段），省内支线长 669千米。云南省整体管网尚不完善，在建及规划管线较多。预计“十四五”及今后较长时间，云南省将继续推进省内支干管道建设，重点实现西双版纳、昭通和红河3个地区的管道气供应。到2025年，全省16个州市中心城市通管道气，各类管道总里程达到4000千米，形成以中缅管道为主轴，由近及远逐步覆盖全省的天然气支线管网。

（5）西藏自治区。受地理位置等因素的影响，西藏一直未能实现与全国天然气管网的联通，气源主要依靠铁路及槽车运输。"十二五""十三五"天然气规划期间，国家有计划修建青海到西藏的天然气管道，但在2017年的《中长期油气管网规划》中没有提及。中长期看，西藏地区地广人稀，经济发展水平不高，用气量有限，没有行政要求，天然气管道不可能在"十四五"期间开工，预计会在拉萨周边建设小规模的输气管道。

（六）西北地区（陕甘青宁新）

西北地区主要包括内蒙古自治区、陕西省、甘肃省、青海省、宁夏回族自治区和新疆维吾尔自治区。由于内蒙古已经在环渤海区域论述，这里仅叙述其他5个省份。

（1）陕西省。截至2018年底，陕西省已建成各类天然气管道6790千米，其中国家级管道长度为2800千米、省级管道3990千米。陕西省属于我国天然气管网系统发达的省份，已形成"五纵两横一环"的主干管网骨架格局。预计"十四五"及今后较长时间，陕西省将继续推进新粤浙管道（陕西段），新建榆林—西安、西安—安康、关中环线等天然气长输管道，完善关中、庆南等区城管网，加大城市气化管道建设力度，加强地下储气库、液化站、市应急调峰站等储气调峰设施建设，形成"六纵两横一环"的管网体系，提高城市气化率，加快县区及重点镇气化步伐。

（2）甘肃省。截至2018年底，甘肃省内各类天然气管道长度达到5290千米以上，其中国家基干管道长度为 5176千米。甘肃省天然气发展依托"西气东输"干线管道走廊带，支线管道建设较少。预计"十四五"及今后较长时间，甘肃省会继续推进新粤浙管道（甘肃段）建设，并依据国家要求，着手其他国家基干管道的前期工作，加快陇东到兰州天然气长输管道规划建设，启动未能通达管道气的甘南藏族自治州管道建设。

（3）青海省。截至2018年底，青海省天然气管道总长度超过2700千米。青海省现有管道以涩北油田为中心，主要有涩宁兰（涩北—西宁—兰州）及其复线管道青海段、油田周边的输气管道、青海省东部地区通过涩宁兰沿线的支线管道，管道只覆盖格尔木周边和青海省东部经济相对发达的地区。预计"十四五"及今后较长时间，青海省将推进海北州海晏县天然气利用工程；筹划建设黄南州、海南州7县天然气利用工程，实现黄南州河南县、泽库县、同仁县、尖扎县，海南州贵南县、同德县、兴海县管道天然气供应。同时开展青藏天然气管道干线项目的研究工作，构筑以格尔木为枢纽的青藏高原油气供应网络；扩大天然气供应覆盖面，加快建设天然气输配管网和储气设施。

（4）宁夏回族自治区。截至2018年底，宁夏已建成国家天然气基干管道及省级支线3100千米。预计“十四五”及今后较长时间，宁夏会继续推进新粤浙管道（宁夏段）和西四线（宁夏段），构建“西气东输”战略通道，推进干线联络线、县域支线建设。主要工程有银川—石嘴山天然气管道、银川—石嘴山天然气管道复线、银川—吴忠天然气管道、内蒙古杭锦旗昂素镇—盐池县柳杨堡输气管道等。

（5）新疆维吾尔自治区。截至2018年底，新疆维吾尔自治区内各类管道总长度超过10000千米，是全国天然气管道最长的省区，北疆、南疆、东疆已建成区域性管网系统。预计“十四五”及今后较长时间，新疆将重点建设新粤浙管道（新疆段）、西四线（新疆段）等输气管道项目与沿线支线项目，完善南疆管网。

（七）东北两省（黑吉）

传统上东北地区包括黑龙江省、吉林省和辽宁省，但由于《环渤海地区合作发展纲要》中将辽宁省划入环渤海地区，因此，本区域仅论述黑龙江省、吉林省两省。

（1）黑龙江省。截至2018年底，黑龙江已投运各类天然气管道405千米。初步形成以哈尔滨市、大庆市、齐齐哈尔市为区域中心，辐射周边县市的黑龙江中部、南部、西部天然气供气格局。预计“十四五”及今后较长时间，黑龙江将根据与中石油签署的《“气化龙江”战略合作框架协议》（以下简称“框架协议”），在国家基干管线的基础上，规划增加14条国家级支线，全省除大兴安岭外的12个地市均实现国家管网接入。“框架协议”还规划了省级支线管道32条，除嘉荫等8个边境城市采用LNG点供外，其他市县均实现管网联通。

（2）吉林省。截至2018年底，吉林省投运各类天然气管道长度超过3000千米。预计“十四五”及今后较长时间，吉林省将围绕中俄东线推动省级干支线天然气管网建设，重点可能是尚未通达管道天然气的辽源、白山、通化、延边、白城市。梅河口—桦甸、吉林—延吉天然气支线管道等项目已完成核准，计划2020年开工建设。

三、我国天然气管道技术中长期发展趋势

（一）目前天然气管道建设与运营存在“卡脖子”技术

我国天然气管道建设与运营存在“卡脖子”技术现象仍十分突出，比较重要的有以下三方面：一是高钢级管材焊缝技术。近些年我国大规模使用X80级及以上的高钢级管道的焊缝安全问题日益突出。从中缅天然气管道事故、泰青威管道（起始于泰安市，经莱芜、淄博、潍坊、青岛、烟台，终至威海市，横跨山东半岛）事故等焊缝开裂事故来看，均是由贯穿焊缝纵断面的脆性断裂引起。这充分说明国内高钢级管道环焊缝焊接及检测方面存在严重不足。二是管道泄漏检测技术。目前对于小范围泄漏的检测与定位还没有足够好的办法，泄漏信号的精度处理还有待加强。三是智慧管道技术。目前，我国首个智能管道——中俄东线北段虽然已经投产运行，但在智慧建设过程中尚存在以下问题[①]：数据标准尚未统一，数字化移交存在不足，数据分析能力不够，数据模型耦合困难，商用软件仍在探索。

（二）中长期长输管网技术发展方向

科技创新始终是我国天然气长输管网健康发展的基石。从中长期看，除继续发展能够显著提高管输能力与效率的大管径、高钢级、高压力的管网外，还需要重点发展以下技术。

1. 广泛采用自动焊接技术。

长输管道铺设的距离长、焊接场所的环境条件较为复杂，因此焊接要对外界的各种因素有较强的适应性。20 世纪70 年代前，手工电弧焊接法始终是管道建设焊接的主要方法；80 年代开始，手工下向焊接工艺被引入，随后被广泛应用于我国各大相关企业当中；90 年代初，半自动自保焊接设备及工艺被引入；目前，全自动焊接技术在中俄东线建设中被广泛使用，提高了焊接

① 聂中文，黄晶，于永志，王永吉，单超，冯骋，孔芋丁. 智慧管网建设进展及存在问题［J］. 油气储运，2020，39（1）：16-24.

质量与速度，也降低了工作强度。因此，未来我国长输管道应该加强攻关力度，全面推动全自动焊接技术。

2. 物联网技术进一步融合。

物联网作为一项新兴技术，改变了传统的生产作业方式。一方面，现有管道SCADA系统、SIM系统、物采系统、工程管理系统等要融入新的管理体系，在大数据的支持下更好地发挥作用；另一方面，数据采集设备、数据处理系统、设备操控系统等硬件设施为适应智能化，在现有基础上仍需要技术攻关。只有解决了软件、硬件以及融合度这三个目标，才能真正实现“智能化”。

3. 风险管控技术。

包括：在役管道及储运设施的状态监测、检测、预警技术，以及各检测数据融合分析应用，实现智能感知。在自主通信的支持下，实现风险的自动处理。管道维护抢修技术实现智能化、自动化，设备升级适应管道高压力、大孔径、高钢级的需要。最终达到风险提前预警、研判准确无误、防控及时有效、安全全面受控的目标。

4. 设备国产化及节能技术。

近10多年来，国家与企业适时启动了关键设备与技术的国产化研究工作，初步完成干线天然气管道压缩机组和大型球阀、执行机构、流量计（超声波、涡轮）等5大类16种管道设备国产化研发工作。并试制国产RTU（远程终端单元）阀室PLC（可编程控制器）控制系统，国产SCADA（数据采集与监视控制）系统即PCS（过程控制系统）也投入运行，但设备运行的可靠性、经济性仍与进口品牌存在差距，需要继续攻关。仿真与优化类工控软件瓶颈突破难度较大，未来还有很长的路要走。节能技术、节能设备以及新的降耗运行模式的研究和推广将有更显著的环保和经济价值。

第三节 国家管网公司成立重塑我国天然气市场格局

对我国天然气行业未来发展的影响，最大、最深刻的当属国家石油天然气管网集团有限公司（以下简称国家管网公司）的成立。它打破了我国天然气行业占主导地位的三大石油公司上下游一体化运营的基本模式，实现了天然气主干管网的独立运营，搭建了我国现代天然气行业的基本框架，使我国天然气勘探开发上游行业、燃气配送下游行业不得不重新确立自己的运营模式。总体来看，国家管网公司的成立，将重塑我国天然气市场格局，市场主体应该充分认识这一行业改革的重大变化，调整自己的定位，共同促进天然气行业更快、更好地发展。

一、国家管网公司的构建和重要意义

（一）国家管网公司的组建历程与框架

2017年5月，中共中央、国务院《关于深化石油天然气体制改革的若干意见》印发，提出将分步推进国有大型油气企业干线管道独立，实现管输和销售分开，明确了干线管网独立的大方向。2019年“两会”刚过，中央全面深化改革委员会第七次会议审议通过了《石油天然气管网运营机制改革实施意见》，强调推动石油天然气管网运营机制改革，组建国有资本控股、投资主体多元化的石油天然气管网公司，至此国家油气干线管网独立的靴子正式落地。2019年12月9日，国家管网公司在北京正式成立，标志着我国深化油气体制改革迈出关键一步，为天然气全产业链按照市场化机制重新组合创造了条件。

国家管网公司的资产和人员主要来自三大石油公司的管网业务，其资产组成包括：三大石油公司全资和控股的天然气干线管网，即4MPa及以上的天然气管道及附属设施全部纳入国家管网公司；三大石油公司全资和控股的6.4MPa及以上的原油、成品油管道原则上全部纳入国家管网公司；储气库和LNG接收站部分纳入国家管网公司。

国家管网公司的估值预计在6000亿元至8000亿元，公司列入国务院国资委监管的中央企业序列，国资委、中石油、中石化和中海油持股比例可能分别为40%、30%、20%、10%。原中石油、中石化、中海油等管网都将纳入现有国家管网，实现全国管网的统一运行管理和生产调配。原中石油管辖80多条油气管道，管道里程约5.8万千米；中石化现有天然气、成品油和原油管道约70条，里程约2.4万千米；中海油现有天然气、成品油和原油管道14条，里程约0.2万千米。上述资产均纳入国家管网公司。为保证国家管网公司稳定运营，初步意向将储气库和LNG接收站部分纳入国家管网公司。目前三大石油公司在10多家省级管网持有股份，按照国有大型油气企业在省级管网公司中所持股权，全部纳入国家管网公司。

（二）国家管网公司成立的重要意义

客观上说，我国天然气长输管网能够达到目前的规模和技术水平，得益于天然气行业上下游一体化运营机制。有以下三点理由：一是能够在初步探明资源的情况下迅速决策管道建设；二是能集中使用资金；三是管道建设的人才、技术队伍、装备制造成龙配套。2017年前，我国年均建设大口径、高压力、长距离长输管道5000千米以上，位居世界第一。当然，这并不说明我国的天然气管网建设和运营体制是完善的。这也是国家决定成立国家管网公司的主要原因。

综合来看，成立国家管网公司有以下三个方面的重要意义：

（1）有利于国家基干管网统一规划，加快建设步伐。国家管网公司的成立，明确了我国国家基干管网建设的主体，这一责任将激励国家管网公司发挥“中国速度”“中国智慧”，加速基础设施建设，铺设更多的“地下油气高速公路”，消除油气输送瓶颈，让更多人享受到清洁能源。从某种角度来看，近几年我国长输管道建设迟缓与建设主体责任不明有很大关系。成立国家管网公司，不仅可以引入民营资本，拓宽管网建设的资金来源，还可以通过资本化、证券化的渠道，上市募资广泛引入社会资本，从而释放管网投资建设的巨大潜力①。

（2）有利于管网基础设施的公平开放。干线管网独立后，其他主体通过管网的公平开放进入市场的概率大增，管道将类似于高速公路，各资源供应商都可以利用管网剩余能力，生产或引进更多资源向下游市场供气②。资源供

① 吕红星.组建国家管网公司将对天然气市场带来深远影响［EB/OL］.https：//mp.weixin.qq.com/s?src=11×tamp=1564625670&ver=1763&signature=t5JLHCaBcZsbkHu5IzQmonxtb-Zb4oTDKpMQpugJEbGd0Y21ngcry2ijmss*0ZGMIx9HOmf-qlK5jHPLW33p*Ai**x38yM5AVIILPZf2Yqt-5wI6GWeUMWy9SQ-r-GBM&new=1.

② 周淑慧.干线管网独立对中国天然气行业的影响及相关建议［J］.国际石油经济，2019，27（6）：1-10.

给方、用户以及中介服务机构的数量增加，性质多元化。而现有三大石油公司由于干线管网被剥离，在市场上的垄断力和话语权得到一定程度的削弱，客观上提升了其他市场主体公平竞争的能力，市场竞争将更加激烈。

（3）推动我国天然气市场上下游企业充分竞争格局形成。国家管网公司的成立，将推动形成“X+1+X”油气市场体系，实现中间环节统一管网高效集输，同时极大激发整个社会投资上游的积极性，长期以来三大石油公司主导天然气勘探开发的局面将被打破，形成国企、民企、外企多元化竞争新格局。在天然气进口方面，国家没有设置准入门槛，继新疆广汇、新奥燃气之后，将有协鑫能源、华电集团、北京燃气等越来越多的三大石油公司之外的企业加入境外资源采购队伍，在沿海抢滩建设LNG接收站。

需要注意的是，鉴于地方管网公司扩张意愿强烈，伴随国家管网公司的成立，区域性垄断格局可能会被强化。省级管网公司和城燃公司借助管输优势或特许经营权优势，在特定区域形成新的“中型”或“小型”垄断市场，通过自有接收站进口LNG、自有管网输送、配送到下游自有终端，形成相对封闭的“自循环系统”，甚至可能会为了本区域管网利益给国家管网公司的建设运营和其他公司资源的准入设置障碍。这是制订国家管网公司具体方案时应考虑的问题，也是国家能源监管部门监管的重点领域。

二、国家管网公司成立深刻影响我国天然气现有利益格局

天然气管网改革是一项系统工程，会对产业链的各个环节产生影响甚至挑战。改革会涉及企业的经营权、决策权甚至收益权，会涉及资源、市场及管输协调以保障市场供应，会涉及管输分配机制、管网运营监管，还有国家管网的长期投资规划建设、调峰应急保供责任的落实和划分、长贸协定相关问题的化解等。

（一）激发天然气勘探开发活力，但现有格局长期不会有颠覆性改变

国家管网公司是国家能源系统基础设施共享平台，不再属于某家公司单独拥有和使用。油气生产商、城镇燃气商、燃气电厂、大工业用户、油气贸易商等天然气市场主体均可以共享这一平台。这必将极大激发国内天然气勘探开发活力，促使天然气供应多元化与市场化，表现在：一是国内投资天然气上游生产主体将增加，天然气产量更容易进入市场，促进国产天然气产量

上升，增强气源安全性；二是国外气源供应也将多元化，开放共享的LNG接收站与国家管网平台，可以助力天然气行业各种参与者根据市场变化签订购买国际天然气资源，对国际LNG价格判断更趋理性①。

实际上，近些年随着我国非常规油气政策调整，油气进口量扩大，三大石油企业外的资本已经进入油气领域。这里面包括3类：一是通过两轮页岩气招标进入的，有10多家；二是20世纪90年代以来投入煤层气开发的国内外企业，初步估计有上百家，比较知名的有山西蓝焰集团、山西能源煤层气投资、山西国化能源和亚美大陆等；三是通过在海外参股、收购油气资产或者进口油气的企业，大致有20家，比较突出的有振华石油、保利协鑫石油天然气、联合能源集团、中化集团、北京燃气、新奥集团、广汇集团等。总体来看，上述新进入油气行业的企业除在海外有所作为外，在国内油气勘探开发上尚处于初期阶段，新兴页岩气公司至今没有一家实现量产，部分企业已完全退出②。

干线管网独立运营的利好短期不应夸大。预计长期国内天然气勘探开发仍然是三大石油公司主导，原因主要有：一是上游天然气勘探开发属于高风险、高投入、技术密集行业，没有长期的资本、技术、人才积累难以涉足；二是有利区块已经掌握在包括延长石油在内的四大石油公司手中，大部分根据国家要求退出的区块商业前景不佳；三是现有的上游准入政策法规还需要修正。要修改1996年颁布的《矿产资源法》，这部法已经无法适应也无法调整目前的矿产法律关系。但这部法律地位很高，造成在前国土资源部尝试制定的很多油气矿权改革政策中都体现出了矛盾和纠结。此外，20世纪80年代以来，规范外资进入我国油气领域的法律法规仍以《对外合作开采陆上石油资源条例》和《对外合作开采海上石油资源条例》为主，外资进入油气领域需与三大石油公司合资合作。两个条例具有更高的法律效力，仍继续规范外资进入我国油气勘探开发领域的合资合作形式。外资独立进入油气领域进行勘探开发还面临资质问题，仍需配套规范性文件予以支持。

① 李科峰．国家油气管网公司成立带来天然气市场的变化与机遇［J］．天然气技术与经济，2019，13（6）：1-6.

② 徐沛宇．折腾7年一无所获，中国页岩气新势力集体折戟，慧聪网［EB/OL］.http：//info.chem.hc360.com/2019/07/181059713061.shtml.

（二）LNG扩大进口的同时加剧与管道气的供应矛盾

国家管网公司成立所带来的开放格局对LNG进口利好。由于当前国际LNG市场供应充裕，现货价格显著低于长协价格，管网开放将刺激更多的企业直接到国际LNG市场进行采购，甚至从自主进口逐渐扩展到在海外获取勘探开发区块、成立贸易公司等，过去几家企业主导进口的格局将迅速转向多头对外，从而会对国内市场秩序产生比较大的冲击。这种冲击可以分两方面：一是造成国内供给结构性过剩，导致过去三大石油公司签订的、价格相对较高的进口长协LNG和管道气面临无法消化的窘境。在国家管网公司成立前，至少中石油集团可以综合考虑管道气和进口LNG资源的比例，优化国内资源和进口资源。二是激化进口LNG与管道气的供应矛盾。大量进口 LNG 经过气化进入输气管道，或者以储罐和瓶组气化站等点供方式将供应范围进一步扩大，管道气将被压缩至中部地区。

缓解进口LNG与管道气的供应矛盾和竞争激烈程度，应发挥国家战略规划作用，引导和控制LNG接收站、运输船等基础设施建设，合理控制LNG与管道气市场供应范围，避免LNG接收站重复建设，以及LNG与管道气之间的过度竞争和供应矛盾，实现天然气资源协调分布。具体来看，通过控制从中亚经新疆至东部、中俄通过黑龙江至东南、中缅通过云南至川渝、海上登陆等天然气管网以及 LNG国内产业基础设施建设布局，平衡LNG资源流向，合理调控管道气与LNG市场供应范围，推动进口LNG、管道气之间的资源协调发展。

（三）促进储气设施独立运营，保供责任要加快理清

国家管网公司的成立，也意味着以地下储气库为代表的天然气储备设施必须加快独立运营的步伐。一方面，地下储气库具有一定的垄断特性，独立运营有利于核算其监管价格；另一方面，在天然气交易中心和管容交易平台购买天然气和输送能力的客户，需要交易储备能力以平抑价格波动，保证平稳供应。通过独立运营，有利于提升储备能力，有利于强化储备战略思维，促进地下储气库业务建设主体多元化和市场化运作，整体推进地下储气库建设步伐。

国家管网公司成立后，以三大石油公司为绝对主体的保供模式同时被打破，上游企业没有管网的绝对控制权，运行协调难度加大。同时产业链整体盈利能力下降，以中石油为例，管道业务曾是天然气业务中效益最好的环节，2013—2018年，管输业务年均利润总额占产业链整体利润的77%，进口

天然气亏损通过管输费用平衡后，整个天然气板块一直处于盈利状态。未来较长时期该板块将处于亏损状态，尽管中石油在国家管网公司中仍然占有一定股份，但进口气销售亏损通过管输收入来弥补的方式将难以为继，加之油价大幅下降，中石油是否有能力完成“发改能源规〔2018〕637号”文件规定的储气能力目标值得思考。

保供责任的落实问题应该在国家层面很好地解决。首先，由于油气田大部分储气设施和进口合同保留在上游，理应由上游承担“发改能源规〔2018〕637号”文件要求的大部分储气责任，国家管网公司将按照管输服务合同的约定提供日常管输服务，承担油气管道的运行调度责任，同时国家管网公司在应急保供中承担协调资源的责任；其次，鉴于国家管网公司将划走部分原三大石油公司的地下储气库和沿海LNG接收站，理应承担一定的储气责任。需要说明的是，在天然气市场化定价机制完全建立之前，中间贸易商在经营获利的同时，也应承担一定的保供责任。

（四）省级管网公司极有可能纳入国家管网公司，加强监管十分必要

《石油天然气管网运营机制改革实施意见》对地方管网作出了方向性表述——鼓励地方以省级管网资产入股国家管网公司，积极引导和推动省级管网公司以市场化方式融入国家管网公司。至于如何操作，正在进一步研究。从目前实际情况以及改革趋势来看，国家管网公司成立后，未来能够真正单独存在的省级管网公司会很少，很有可能按照“全国一张网”的思路，省级管网公司逐步以市场化方式融入国家管网公司。至于具体方式，则会根据各地实际情况有所差别，其中涉及国家和地方政府、国有资本和社会资本、三大石油公司等多方面、多角度的博弈问题。

由此看来，未来成熟时期的国家管网公司将是伸展到省级支线管网以上，资产规模达上万亿元，以国家管网公司调控指挥中心为中枢，通过区域调控中心、省调控中心等调控机构输送全国管道气资源的庞大垄断企业。通常情况下，高度垄断极易带来效率低下、价格扭曲和权力寻租。因此，对国家管网公司的运营必须严格监管，事先用制度堵住漏洞。

建议基于国家管网公司公用基础设施企业的定位，首先应将其基准收益率限制在合理水平，国家能源监管部门严格核定管输运价率，对各项成本进行严格监审并向社会公开；其次，在强制性公平开放政策下，应保证管输

容量分配的公平、公开、公正，强化运行监管与信息的及时披露，接受政府和社会的监督，防止在容量分配方面产生权力寻租。此外，在原有三大石油公司一体化运营模式下，管网建设和运行属于集团内部决策，出现矛盾在企业内不同部门间协调相对容易。国家管网公司独立后，上、中、下游均为不同利益主体，届时各方之间的协调工作量将非常大，互相推诿扯皮现象恐怕难以避免，改革初期一定程度上可能会影响管网的建设进程，上、中、下游可能需要较长的磨合期。因此，需要国家相关部门主导，建立高效的议事制度、顺畅的沟通协调机制和督察督办工作机制①。

第四节　以国家管网公司为主体构建现代天然气输送体系

根据国际经验，现代天然气输送体系的基本特点是管网的独立运营，管网企业（承运商）与各类需要输送天然气的主体（托运商）签订输气合同。管网企业只承担输送天然气的义务，不拥有管网中的天然气。因此，以欧美为代表的天然气管网企业普遍建有管容交易平台，管输费需要监管机构核准，至于能否实现全国天然气的统一调配，各国具体情况不同。

国家管网公司的成立，为建立现代天然气输送体系建立了制度基础。未来5年，管容交易如何做。输气合同包括什么内容。全国天然气统一调配如何运作，都是需要解决的关键问题。既然我们要建立现代天然气输送体系，那么必须借鉴欧美的经验，少走弯路，尽早成熟。

一、以欧美为代表的现代天然气管道输送体系的基本特点

（一）以法律为准则推动管网独立，路径略有不同

1. 美国法律上强制要求管网与其他企业所有权拆分，由联邦和州两级政

① 周淑慧．干线管网独立对中国天然气行业的影响及相关建议［J］．国际石油经济，2019，27（6）：1-10.

府监管。

20世纪70年代开始，美国天然气管网建设进入平稳发展期。本土48个州全部通气，并实现了天然气管网的互联互通，为其国内天然气市场改革创造了有利条件。

美国天然气管网的改革发展过程主要可分为3个阶段。第一阶段：根据FERC436号令，鼓励管道公司公开、无歧视地准入，向第三方提供运输服务。第二阶段：随着改革的进行，436号令的不彻底性暴露出来，存在着管道公司自营业务的捆绑销售模式（管网企业仍然与上游生产企业可能是一个企业集团），阻碍了市场的有效竞争。1992年FERC发布636号令，强制要求实施管道第三方准入，完全解除天然气管道运输与销售的绑定关系。第三阶段：将天然气管网业务从上、中、下游一体化经营的油气企业中分离出来，组建若干家油气管网公司，并建立对油气管网的政府监管制度，推进管道运输服务独立。

美国政府规定，一切需要管输服务的企业都有权进入管网，在运输容量有限而要求提供运输服务的企业过多时，则按比例分配运输容量。政府设立专门独立的能源主管部门和能源监管机构，各州也设立相对独立的监管部门，形成了联邦与州两级层次鲜明、职责清晰的管理体制，有效保证政府能源政策的落实①。

2. 欧盟管网拆分三种模式，各国据国情选择。

欧盟也试图按照美国、英国的模式实现各国天然气管网的所有权拆分。1998年5月的第一道天然气改革指令 98/30/EC和2003年第二道天然气改革指令2003/55EC（态度升级为“强制”层面）效果并不理想，尤其是遭到天然气进口大国德国、法国的抵制，认为这样的政策将削弱它们与天然气出口国的谈判能力，不利于天然气供应安全。在妥协的基础上，欧盟于2009年发布了第三道天然气改革指令2009/73/EC和管网准入的715/2009 号条例，明确推出天然气生产业务与输气业务“有效拆分”三种方案，供成员国根据国情自行选择转化为国内法，即所有权、经营权和财务权的拆分。目前，欧盟国家天然

① 邓心茹．天然气管网改革的国际经验与对策研究［J］．天然气技术与经济，2017，11（4）：58-62.

气管网基本实现了所有权、经营权拆分。

（1）英国——所有权拆分。英国天然气市场化改革较早，它完全参照了美国的模式。20世纪80年代，英国全国性干线输气网络基本形成，政府开始推动天然气市场竞争改革。这就首先要求管网独立运营，英国主要借鉴美国天然气管网改革的经验。

1982年通过的《石油天然气法》，取消了英国天然气公司（BG）购买天然气供应全国天然气输配的优先权，允许第三方进入 BG 的天然气输送管网。1985年再次修订《天然气法案》，强化了第三方进入管网的条件。1995年，英国第四次修订《天然气法案》，核心是确立天然气市场进入的准则及推动天然气行业各领域的竞争。1996年，作为唯一管道运输商的 BG 公司制定了《天然气管网准则》，规定了管网使用者的权利与义务、管道公司的运行方式和保持管网系统平衡的手段，保证了天然气管网的稳定运行。根据《天然气法案》要求，BG公司逐步将其勘探开发、长输与配气、天然气销售业务拆分成3家独立的公司。

（2）法国——经营权拆分。所谓经营权拆分（一般称为“独立系统运营商”），即一体化能源企业仍可以保留输气网络的所有权，但需设立一个独立的公司全权负责输气网络的运营，可以理解为法律上的分离。这方面以法国为典型。

法国目前有2家天然气长输管道运营商，其中一个是GRT gaz公司，法国Engie集团（Engie集团是垂直一体化能源公用事业企业，在法国天然气市场上占据主导地位，并且拥有欧洲最大的天然气管输网络）拥有其75%的股权，剩下的25%股权由公共财团拥有。GRT gaz是法国最大的天然气长输管道运营商，拥有3.2万千米的天然气管道，控制着法国近87%的长输管网（主干管道），并且向近50家批发商供气①。

需要说明的是，所谓管理权拆分模式可以理解为财务上的分离（一般称为“独立输气商”），即能源公司仍可以拥有并经营输气网络，但输气网络的管理必须交给拥有独立管理权和决策权的附属子公司。这种模式不利于天然气市场竞争，已经没有欧盟国家采用。

---

① 吕淼．欧洲天然气管网基础设施运营与监管［J］．能源，2019（9）：66-71.

（二）大型管网公司普遍合资、合作建立管容交易中心

1. 美国。

1996年，美国州际天然气管道协会（the Interstate Natural Gas Association of America，INGAA）发布跨州管道商业标准，建立了管容交易一、二级市场机制。一级管容交易市场的交易主体是管道公司与托运商，管道公司公布管道容量等信息，托运商报价，管道公司把管容出售给中标的托运商；二级管容交易市场主体是托运商，管道公司仅是中介。

美国大型管道公司均设有管道调控中心，并自建或参与投资、运营管容交易平台。例如，美国加利福尼亚州最大的天然气和电力联合企业PG&E公司，2002年开始逐步建立天然气管容、储气能力和不平衡气量的在线交易平台INSIDEtracc，开展市场化交易等多种服务。用户可通过该平台提交天然气管容交易指令、储气能力交易指令、不平衡气量交易，也可查询交易合同、管容使用情况、天然气运输和存储量报告。

2. 欧盟。

欧盟能源监管机构推动建立管容市场交易机制，实现第三方准入。欧盟有3个主要的管容交易平台，由多家管道公司共同投资。通过跨国（欧盟层面）和国家管容交易平台，欧盟实现了管容的高效利用，以及管道与上下游的有效衔接。Prisma是欧洲大陆最主要的天然气管容交易平台，由欧洲主要管道企业联合投资设立。RBP是对欧洲所有管道公司和承运商开放的天然气容量交易拍卖平台，由奥地利管道企业经营。ICE Endex是伦敦洲际交易所和荷兰Gasunie管道公司共同建立的欧洲大陆能源交易所①。

（三）利用管容交易必须签订输气合同

1. 美国。

欧美天然气市场成熟国家用户使用输气能力必须与管道公司签订运输合同，也叫合同运输。合同运输是指客户签订合同购买一段时间内一定数量的管输能力（也称“固定能力”），并且无论是否使用这些能力都支付相关费用，而管道运营企业要确保客户预定的管输能力得到满足。

① 王亮，焦中良，高鹏，赵永亮.中国天然气管网“管容交易+调度运行”一体化模式探讨[J].国际石油经济，2019，27（8）：17-26.

美国FERC要求，建设新的天然气运输管道时必须要有长期输送合同作为支持，合同期限最长可达15年。当合同期满时，客户可以选择重新签订合同，但是通常重新签订的合同期限比原来的要短。这些属于管容交易的一级市场。如果某一条管道的能力已经被预定的输送合同占满，则新客户只能排队等候，直至现有用户放弃其签订的管输能力，或者是通过管道扩建及新建管道的方式预定。采取合同运输方式的管道设施要按订单建设，即只有在客户愿意签订合同为新能力付费的时候，新管道才会开始建设。当然，还有另外一种运输方式——普通运输方式，这是指在管道建设前并没有签署购买合同的运输方式，客户（托运人）无权获得稳定和预先规定的输送能力，这种方式较少被采用①。

二级市场出售一级市场退回给管道运营企业预定的能力，或者旧有管道的管容交易。通过一种被称为“开放期”的拍卖程序，管道运营企业在市场上重新出售这部分被退回的能力。在“开放期”，管道公司依据竞标者所提出的合同期限长短来决定究竟将管输能力卖给谁，竞标的胜方往往是能够提供最长期限的客户。

未被利用的管输能力可以采取两种方式予以出售，一种方式为，如果已签约的运输能力在一定时期内被闲置，则管道运营企业就可以按照“可中断”原则出售这部分能力，这种服务方式也被称为可中断服务；另一种方式为，如果因为季节性使用波动或者是经济处于低迷等原因，造成客户预先可以判断其在几个月甚至几年内不会使用签约能力，则客户自己或委托管道运营企业可以按照固定期限，在二级市场上出售这些能力。类似这样的二级市场在北美发展很快，并且起着非常重要的作用，既可以为客户提供有价值的管道服务信息，也可以向市场提供新管道能力需求和经济可行性的信号。

美国对管道运营企业及其客户之间的权利和责任划分也很清楚。首先，管道运输企业负责经营管道系统，并有权收回其为建设、运行和维护设施所付出的成本；其次，客户有权使用管输能力，并承担相应的管输用费。客户购买的能力可以自己使用，也可以在自己认为适当的时候出售（临时出售或永久出售）这些能力。这种分配可交易、长期的管输占用权会迫使现有持有

---

① 吕淼 . 美国天然气管网基础设施运营与监管经验［J］. 能源，2019（7）：65-69.

人不断面临持有这些权利的边际成本，因此，想要增加管输能力的客户有两个主要选择，一是为新建的管输能力承诺长期付款，二是从持有人手中购买现有管输能力占用权。最后，有效的管输能力交易存在许多买方和卖方，并且要有信息公告或其他公布机制来提供透明度，否则二级市场的出价很难做到合理。

2. 欧盟。

目前，很多欧洲国家天然气管网运营方式采用“入口/出口”（Entry-Exit，E/E）模式。在该模式下，管道运营企业需要在公开的交易平台上公布所有站场的进气或分输能力以供客户进行预订。对客户而言，根据管道运营企业公布管网中各个站场的进出气能力，他们可以通过选择进气点和下载点并预订进出气能力来形成一份输气合同（一份合同中可选择多个进气和分输点），预订的进气量和下载量必须保证总量相等以确保整个系统的物理平衡。客户有更多选择，将不同的气源的天然气输送至不同的市场，灵活性显著提高。

天然气管网输送业务流程一般包括以下内容：

（1）获取资质。天然气销售商需要从监管机构获取相应的执照，然后才可与管道运营企业及其他市场参与者进行相关商业行为。

（2）预定输气量。天然气销售商与管道运输企业签订输气合同，预定相应站场在特定时间段内的进气量及下载量（实际的日指定量应不大于预定的气量）。欧盟现已开放了预定输气量的二次交易平台，如果客户预定的输气量与其预期的日指定量差距较大，可以通过二次交易平台将其预定的输气量进行交易。

（3）协商日指定。客户必须在前一天向管道运营方通报其第二天的输气计划，明确说明每个站场每个小时的进气和下载计划，从而使管道运营企业能够及时制定相应的运行方案。一般情况下，客户进行日指定之后至该日6点之前的几个小时内，有权根据实际情况对日指定进行一次变更。

（4）日指定审核确认。管道运营企业对客户提交的日指定进行审核，确保指定量与其之前预定的管道输气量无冲突，并检查管道工况是否具备输送条件；同时还需要与上下游进行沟通，保证顺利交接。在审核结束后，管道运营企业会及时通知客户审核结果，告知其日指定被接受或者驳回。

（5）保持系统平衡。保证注入和流出管网的天然气总量相等，保持管网进出平衡，管道运营企业引入了相应的措施对系统进行平衡。其主要方法是对实际输气量与指定量存在较大偏差的用户进行经济性惩罚，用以支付管道运营方在维持管网的合理管存或调用储气库注采气时产生的成本。

（6）计费。在输气工作完成后，客户需按照管道运营企业开具的费用清单支付管输费。管输费的组成一般有以下几个部分：一是站场进气/分输能力的预订费用；二是针对实际输送气量的计费（热值计量）；三是当指定量超出之前预订的站场进气/分输能力时，如管道运营企业安排了输送，则需要收取相应的惩罚性费用；四是用户数据管理及维护的费用；五是平衡输气系统所产生的费用①。

（四）管容交易与调控有机结合更有利于管输业务的开展

欧美国家的管容交易平台一般由各管道公司投资组建子公司专业化运营，管容交易中心与调度中心一般是管道公司下属的两个不同的运营单位。从托运商提交计划到调度、确认计划、报告的日指令调度流程中，管容交易与调度运行密不可分，管道公司具有天然优势开展管容交易业务。例如，意大利SNAM公司的调控中心和管容交易中心既各负其责，又有机衔接，调控中心主要负责管道生产运行，侧重于内部运营优化；管容交易中心主要负责管容高效利用和市场化交易，侧重于与管道上下游之间的有效衔接。管容交易中心先将管容交易数据推送至调控中心，调控中心据此进行管容物理平衡；平衡结果实时反馈给管容交易中心，管容交易中心在此基础上履行交易，并形成交易数据指导调度运行，因此两者的结合更有利于管输业务的开展。

（五）国家石油公司垄断环境下天然气集中调控是普遍模式

北美油气工业发展的历史上没有国家管网公司，因此也没有国家调控中心，各管道公司分别对所属管道进行相对集中调控运行。而欧洲国家，以及沙特阿拉伯、俄罗斯这些原有和一直存在国家石油公司的国家普遍实施油气资源的统一调控。总体来看，集中调控有利于提高管输效率，降低管输费用，对保障供应安全有益。

① 吕淼．欧洲天然气管网基础设施运营与监管［J］．能源，2019（9）：66-71.

1. 法国燃气公司——国家范围之内的统一调控。

法国燃气公司（GDF）调控体系分3级：第一级为国家级调控中心，负责发布指令，可具体到开关每个天然气管道阀门；第二级为 4个大区级调控机构，主要负责天然气管网的监控；第三级为 40 个小区级应急机构，负责天然气管网的应急与维修。

GDF国家级调度中心职能：签订和管理运输与管网互联协议，天然气流动方向和数量管理，短期和中期天然气运输和消费预测，协调和管理LNG终端进口与天然气储存，协调液化天然气接收终端和地下储气库运作，为天然气销售部门提供技术支持。

2. Gazprom国家统一油气调控模式。

俄罗斯天然气工业股份有限公司（Gazprom，以下简称俄气公司）管理着国家绝大部分长输管道、地下储气库、城市燃气业务。俄气公司设置了独立的中央运行与调配局，作为其生产指挥机构的日常单位。该局指挥其他各局所拥有的生产单位，包括气田、储气库、管道等。调度生产的指挥系统分4级，分别为设立在总部的总调度中心，设立在欧洲和俄罗斯境内的3个调度中心，设立在各气田、储气库、管道等地区公司总部的调度室，以及各地区公司下属的气田净化厂、管道等分公司子调度室。

总调度中心参加总部所有各局的工作计划会议，参加制定气田、储气库、管道等的中长期规划，参与产运销的年度、季度计划的编制，负责下达月度计划、日指定。总调度中心和国家气象局建立合作，对天气情况进行分析，作出生产应对方案，纳入生产计划和平衡方案。负责定期编制采销平衡表，发往总部各局。月度计划和日指定由总调度中心直接下达到各气田、储气库、管道地区公司调度室。气田、储气库、管道地区公司调度室接收月度计划和日指定后，负责运行方案的编制，上报总调度中心审核（总调度中心有权修改地区公司的运行方案）。调度系统的第四级——地区公司下属的分公司子调度室负责操作执行。

3. 沙特阿美公司国家统一油气调控模式。

沙特阿拉伯石油公司（以下简称阿美公司）石油计划与运行部（OSPAS）实施对计划与运行、上下游衔接与协调的核心业务管理。

OSPAS 主要由油气运行与协调中心构成，实质上是公司上、中、下游生产的总调度中心。这个中心实行每年365天、每天24小时值班，是阿美公司生产运行的核心。中心秉承“从井口到船上”的全流程管理理念，对整个公司的油气开发、炼制、运输和销售、船运以及发电等各项业务实施监视、控制、协调、指挥。

阿美公司上、下游油气生产的规划、月度计划，乃至24小时调整的生产日指定，每条指令均从这里发出，动态地实施油气经营优化分析和产、运、销调整。正常生产期间，OSPAS 对各油气田、管道、炼厂、码头等关键流程与数据进行监控，具体操作由各单位现场控制室执行；对关系到上、下游连续生产的现场关键阀门，只有OSPAS可以操作控制。东部到西部的主干线管道是该国最重要的管道，在现场泵站专门设置了控制室，在OSPAS指导下开展工作。同时，OSPAS 承担着重要的油气计划制订和执行协调任务，可以直接与上游油田、中游管道、下游用户（包括炼厂、船运、电厂及其他油气用户）联系，可以随时调整油气生产量。调度人员主要是监视各业务区块生产的重要数据，并对关键节点进行控制，例如，天然气网络中，OSPAS 主要控制上游进气量和下游给用户分输量，分输计划量直接由调度员在 SCADA（监视控制与数据采集）系统中设定；原油网络系统可以直接调整上游处理量和下游罐区量等。

二、构建我国现代天然气输送体系的基本要素

国家管网公司的成立，使我国天然气行业中游输送环节一步实现了所有权独立运营。这至少比欧盟多年天然气行业市场化改革更为积极。目前业界关心的主要问题是：（1）国家基干管网是一种什么样的运作模式。会不会建立一个管容交易平台？这个平台是不是与上海石油天然气交易中心，或者重庆石油天然气交易中心共同运作？（2）国家基干管网天然气统一调度，省级天然气管网如何协调？与所谓的国家石油天然气调度中心的关系如何？（3）国家管网公司垄断了基干管道，甚至控股大部分省级天然气管网，如何监管其公平开放，降低管输费，避免其实际被三大石油公司控制？等等。

本着上述问题，近一年多来，业界专家提出了许多观点，如陈正惠等①、王亮等②，其基本思路是遵循国家管网公司的定位，借鉴欧美国家对天然气管网垄断环节改革的经验。本书同意上述观点，并在此基础上加以深化。

（一）建立管道容量（管容）交易平台——第一支柱

国家管网公司的核心服务能力是管输能力，或者说是管道容量（简称“管容”），这也是客户所需要的管网公司的商品。在国家管网公司独立运营的前提下，必须建立管容交易平台，让客户或者说是托运商在公开、公平、公正的规则下得到所需要的输送能力。这也是现代天然气输送体系的国际经验。

1. 建设、完善管容信息发布平台。

近几年，国家相关部门多次发布文件，要求管网基础设施信息公开。最近的是2019年5月24日国家发展改革委、国家能源局、住房城乡建设部、市场监管总局发布的《油气管网设施公平开放监管办法》（发改能源规〔2019〕916号），其要求公开油气管网设施基础信息、剩余能力、服务条件、技术标准、价格标准、申请和受理流程、用户需提交的书面材料目录、保密要求等。相关信息发生变化时，油气管网设施运营企业应当及时更新。

从实践上看，三大石油公司以及部分省管网公司虽然都建立了自己的信息发布平台，但存在的问题也不少，主要是信息更新不及时，尤其是剩余能力没有一个标准，而且申请作为合格用户的手续相当烦琐。总体来看，这个信息公开还是初步的，对于国家管网公司的运作是远远不够的，应在现有制度的基础上，进一步提高油气管网设施公平开放相关信息的透明性、实时性、实用性。针对位置、设计管输能力、运营管输能力、计划输气量、可用管输能力、可中断输气能力等内容的管输能力，以及承运商名称、是否为关联公司、费率、合同生效日、是否为双边谈判费率等客户信息，建立更加直观的公示模式，进一步探索解决设施运营企业和用户之间信息不对等、协调烦琐等问题。

---

① 陈正惠，马昌峰，程民贵，郑双喜，魏繁．中国天然气管网管理体制改革之管见——“管道＋调控中心”模式［J］．国际石油经济，2018（12）：1–11.

② 王亮，焦中良，高鹏．中国天然气管网“专业化管理＋区域化运维”模式探讨［J］．国际石油经济，2019（10）：33–43.

2. 建设管容交易一、二级市场平台。

根据国际经验，管容交易主要涉及管容高效利用与分配，以及上、下游的衔接。管容交易需要两个平台：一是管容信息发布平台，将管容信息全部在平台公开发布；二是覆盖管容交易的一、二级市场平台，其中一级管容市场交易是管道公司把管容出售给托运商，二级管容市场交易是托运商之间进行被释放的管容、不平衡气量的交易[①]。

首要的问题是管容交易中心建在哪里，有观点希望它建立在天然气交易中心，理由是在天然气交易中心完成量和价格的交易后，可相应配套管容。这有一定的合理性，但显然混淆了管容交易中心和天然气交易中心的功能。

与天然气交易中心的功能不同，管容交易中心的交易对象为管输能力，不是实体商品，而是管道公司的核心服务能力，需要通过专业化的调控平台和管容交易平台一体化运作来实现。天然气交易中心是天然气商品交易的重要市场化机制，是交易合同约定的天然气所有权发生转移的地点，既可以是实际的管道交汇点、LNG接收站，也可以是得到广泛认可的虚拟交易地点。建立天然气交易中心的目的是形成具有国际影响力的中国天然气市场价格指数，这需要交易主体多元化和具有国际影响力的交易规模。

国家管网公司是未来全国天然气统一调度中心，管容交易与调度运行紧密衔接、高度一体化运作十分必要，这也是欧美发达国家管网公司均设有调控中心和管容交易中心的主要原因。国家管网公司设立管容交易中心有以下两个理由：一是管网通过管容交易中心向托运商公布可用管容能力，从技术层面看，可用管容能力与管网布局、维检修安排、事故应急、是否有配套的储气调峰设施等密切相关，而且年度、季度、月度、每天或小时的管容能力各有不同，还存在可中断/不可中断模式，即最终的管容能力需要通过调控中心平衡后才能给出；二是托运商通过管容交易中心提交日指令后，调控中心核实可用管容是否满足日指令要求，调控中心还需根据计划协调管网管存、储气库注采和LNG外输等辅助调控措施来满足日指令，这些动态数据直接影响到托运商的日指令实施效果。因此，以国家管网公司为主组建管容交易中

① 王亮，焦中良，高鹏，赵永亮. 中国天然气管网“管容交易+调度运行”一体化模式探讨[J]. 国际石油经济，2019（8）：17-26.

心更为合理，操作性更强。

其次是管容交易中心如何运作。依据国外成熟天然气市场的经验，国家管网公司一级管容交易以竞拍交易方式提供可中断和不可中断的日度管容、月度管容、季度管容和年度管容交易，以“先到先得”的方式根据指定的进气点和下气点提供管容服务。二级管容交易以场外交易方式、订单邀请方式和“先到先得”方式提供日度管容、月度管容、季度管容、年度管容和灵活时长管容等交易。

（二）通过国家管网公司实施全国或区域天然气管网集中调控——第二支柱

1. 集中调控符合油气行业特点，有利于国家管网公司顺利运作。

油气管道运输担负着连接上下游、沟通内外部、提高产销效率与效益的重要任务，而集中调控有利于提高管理水平，降低管理成本，增加经济效益，保障安全生产。这已经为国内外油气生产企业的理论和实践所证明。当然，客观上说，这种模式不利于管道的公平开放，这也是国家管网公司成立后要加强监管的重要原因。

在国家管网公司体制下，集中调度还具有以下优势：一是规避资产重组难题，从业人员稳定。尤其是省级管网公司从业人员与资产归属无须重大调整，有利于行业稳定和平衡各方关系，避免各主体间管网业务重组到国家管网公司涉及的资产、人员、管理、文化融合等难题。二是实现资源与市场就近配置，提高行业效率。天然气在各管道公司间自由流动，通过国家油气调控中心优化整合，相互串换就近供应，降低管输能耗，提高运输效率。三是集中调度系统资源，提高应急响应水平。发挥集中力量办大事的优势，有利于特殊时期的应急管理，最大限度地利用调峰设施等资源，应对紧急事件。四是兼顾利益实现功能，化解改革矛盾。既实现独立国家级管网公司“管住中间”的功能，又保留了各管道投资主体尤其是省级管网公司关注的相关权益，有利于投资主体多元化，避免高度集中带来的新垄断问题①。

① 陈正惠，马昌峰，程民贵，郑双喜，魏繁．中国天然气管网管理体制改革之管见——“管道 + 调控中心”模式［J］．国际石油经济，2018（12）：1–11.

2. 中石油集团有油气管道集中调控的成功实践。

在国家管网公司成立前，中石油集团已经实现了油气管道的集中调控，实体是北京油气调控中心（以下简称调控中心）。调控中心于2006年5月8日正式成立，2007年3月18日揭牌运营。

调控中心的重点工作有以下6个方面：一是对油气管道进行远程监视与控制，统筹优化管网运行；二是协调突发情况的应急响应；三是对所有生产与经营数据进行汇总分析，为管理决策提供信息支持；四是负责自控、通信、节能、计量等专业技术归口管理；五是对区域分控中心和省网调度室的建设与运行进行指导、监督和专业化管理；六是为油气生产企业提供调控业务技术咨询和调度执业资格认证培训服务。总体来看，调控中心是中石油集团公司油气资源调动、管网安全高效运行的核心单元。

截至2017年底，集中调控运行的长输油气管道总里程超过5.7万千米。其中，天然气管网超过3.7万千米，年输气能力超过1800亿立方米，贯通中亚、塔里木、青海、长庆、西南几大气区和25个省份1000多家大型用户，惠及近5亿人口。

中国石油油气管网管理体制实行“北京油气调控中心+区域管道公司+区域天然气销售公司（省级天然气销售公司）”模式。

区域管道公司主要根据市场需要和中国石油总体规划开展管道设施投资建设和安全维护（包括实施扩能改造工程），相互间互联互通，打破物理界限，建立资源双向调度通道。管道设施建成后，所有站场的关键设备、所有向用户分输的计量数据和控制阀门都经数据接入和联合调试，一并纳入北京油气调控中心系统，接受北京油气调控中心远程调度控制。区域管道公司受托输送天然气，管输价格大致按运距在公司间分摊，相对固定且接受国家监管，按量获取管输收益，多输多收。

区域天然气销售公司（省级天然气销售公司）负责天然气市场开发与营销管理、资源平衡、产销衔接、输销衔接和管网规划运行具体衔接协调等工作。区域天然气销售公司的上级单位天然气销售分公司统一委托管道公司将天然气输送至指定的门站，根据管输定价按量付费。

3. 建立国家级天然气管网调度运行中心，逐步调控至省级管网。

依托已经划归国家管网公司的北京油气调控中心建立国家级天然气调度

中心，符合我国政府建立国家管网中心的目标，经济技术上可行。

（1）国家天然气调度中心组建与职能。国家天然气调度中心职能可以简单概括为：管输共享平台，连接供需两端，负责统一调配油气管网输送能力，统筹产、运、销、储、贸各环节。根据管输使用者的需求时间、需求地点优化管网运行，就近最优输气，实现多气源、多用户、多管道系统的统一平衡、统一调控功能，兼具公平开放监督，与国家监管协同互补，牢牢管住“中间”环节，同时通过调运获取收益。

（2）逐步将省级管网公司纳入调控范围。省级管网公司改革方向将主要有三种可能：一是成为国家管网公司控股的子公司或参股子公司，二是成为国家管网公司省级分公司，三是仍然单独存在。省级管网公司未来上述三种改革模式或方向中，成为国家管网公司控股子公司或省级分公司的优点是：有利于减少中间环节，有利于形成“全国一张网”，有利于统一规划、调度和协调①。

从目前实际情况以及改革趋势看，国家管网公司成立后，未来能够真正单独存在的省级管网公司会很少，或多或少地都得与国家管网公司沾上关系，很有可能按照“全国一张网”的思路，省级管网公司将会以市场化方式融入国家管网公司。至于以什么样的市场化方式，则会根据各地实际情况而有所差别，其中涉及国家和地方政府、国资和社资、三大石油公司等多方面、多角度的博弈问题。

省级管网公司纳入国家管网公司后，按照“全国一张网”的理念优化布局，在国家管网公司天然气调度中心统一管理调配下，强化统一指挥、宏观集中调度，在具体调度运行上统一指挥上设置区域调控中心、省调控中心等调控机构。国家管网公司调控指挥中心负责监控国家级、区域级管道系统。分控中心负责本区域调控工作。

（三）建立“区域化运维”中心，支撑“全国一张网”规模经济效益

区域化运维是以保障管网安全高效运营为核心目标，以先进的自动化、信息化和智能化手段，完善的运维作业文件，完备的专业作业机具，综合素

① 刘满平．国家管网公司成立后省级管网公司改革的三条路径［J］．中国石化，2019（9）：74-75.

质过硬的专业队伍为基础，对区域运维中心管理的空间范围进行科学划分，整合运维资源，提升运维能力，优化运维机构布局，统一运维技术和管理标准，构建精干高效、管理规范、响应及时的专业化管道运维体系，有效降低管理成本、资金成本、人员成本、备品备件（集中仓储模式）、检修、试验等运维成本，全面提升运维质量和运营效率。

1. 建立“区域化运维”中心的必要性。

国家管网公司的成立，也是对全国油气管网统一建设、运营、维护的要求。在建立全国油气管容交易集中、调控集中的基础上，建立国家管网公司主导的、区域化的运维中心必须提上议事日程。一方面，这是“全国一张网”运营的要求；另一方面，这是全面提升运维质量和运营效率的要求，因为将来区域和省级管网公司极有可能在国家管网公司统一调控下运营。

建立“区域化运维”中心可以有效抵消运维机构重复设置、管输环节供气成本居高不下的问题。当前，三大石油公司、省级管网公司甚至地级管网公司和城市燃气公司根据各自的需要，分别设置自己的管道运维企业，导致同一区域内运维人员总体规模过大、运维机构总体效率偏低、运维机具设置总体过于冗余、总体运营成本过高、管输环节供气成本居高不下，不利于中间统一管网高效集输运行和天然气资源配置效率的提高。

建立“区域化运维”中心可以提高管网建设和运营水平。由于大部分地方管网企业建立时间较晚，且运营主体不是管道专业运营企业，缺乏专业人才、专业技术和运营经验，造成管道建设和运营水平整体较低，未来不利于国家管网公司高质量、高水平建设和高效安全运营。例如，绝大多数省网公司尚不具备智能检测的技术能力，管道本身安全缺乏有效检测手段。

2.“区域化运维”的国际经验。

从国际经验看，英国国家管网公司作为长输管网运营商，处于垄断地位。公司工程建设项目由总部集中管理，天然气管输专业板块下设1个调度中心、1个运维中心和7个区域分部。其中，运维中心除了为国家管网公司运营的长输管网提供运维服务外，还负责英国所有区域管网的安全、发展、维修和日常运营管理，7个区域分部能够保障英国各区域管道设施运维问题的即时响应和有效解决。

意大利SNAM公司拥有境内95%的长输管道，是欧洲最大的天然气长输管道公司。该公司将总部定位为业务协同与决策中心、业务管理与控制中心，采用集中建设、集中调控、统一管容交易、集中共享服务的管理模式。在管网管理方面，设立8个区域中心负责所辖区域内大型设备的管理维护。

美国金德尔摩根公司是北美最大的能源基础设施公司。该公司对工程建设、企业发展、调度管理也采用总部集约化管理，实现管网的统一规划、建设、调控与运营。公司下设北方分公司、西部分公司、南方分公司等地区公司，负责辖区内小型工程项目建设、支线管道调度及管道的维护抢修及运营等工作，施行专业化、精细化管理和高效的标准化运营。

无论是国家管网公司，还是处于充分竞争市场的管网公司，大部分均建立了统一规划、统一建设、集中调度、集中科技研发等专业化管理能力和区域化运维的管理模式，将专业化管理和区域化运维两个维度有机结合，通过协同效应、共享效应和规模经济，降低企业乃至行业的运营成本。这些模式和做法可为我国天然气管网管理模式和发展方向所借鉴[①]。

3. 区域运维中心的有效管理半径。

区域运维中心的有效管理半径是指其可有效管控的管网空间范围，其管理半径不能过大，过大的半径超出了其管理能力，造成管网管控盲区；管理半径也不能过小，过小则造成相邻区域运维中心管控范围重叠和工作界面模糊，甚至因同一区域内运维中心重复设置，产生运维责任主体不清和运维效率低下的后果。

区域运维中心的有效管理半径与区域内管道总里程、管道并行情况、站场数量和类型、智能化水平、专业化管理能力、交通依托情况、经济水平和人口密集度、矿产采空区和地质灾害高风险区分布情况等因素密切相关。其中，有效管理半径与管道长度、站场数量和类型、经济水平和人口密集度三个因素负相关，即管道总里程越大、站场数量和类型越多、经济水平越高、人口密集度越大、矿产采空区和地质灾害高风险区越密集，运维管理的复杂性和工作量越大，有效管理半径越小；有效管理半径与管道并行长度、管道智能化水平、专业化管理能力、交通依托条件等4个因素正相关，即管道并

① 王亮，焦中良，高鹏. 中国天然气管网“专业化管理＋区域化运维”模式探讨［J］. 国际石油经济，2019（10）：33–43.

行长度越长和并行管道条数越多、管道智能化水平越高、专业化管理能力越强、交通依托条件越好，管理效率越高，有效管理半径越大。

结合国内外管网运维情况，初步估算：西部地区，单个区域运维中心的有效管理半径为600千米左右，例如新疆地区管网可考虑设置两个区域运维中心进行管理；中部地区，单个区域运维中心的有效管理半径为450千米左右，如湖南、湖北两省管网可考虑设置一个区域运维中心进行管理；东部地区，单个区域运维中心的有效管理半径为300千米左右，如浙江和上海两地管网可考虑设置一个区域运维中心进行管理。各区域精确的有效管理半径需要建立模型并结合行政区域划分测算确定。

第四章　天然气储备规模再思考与市场化运营体制构建

天然气消费的季节性差异客观上要求建立调峰储备。根据国际经验和我国相关文件的规定，天然气调峰储备一般分为4级，分别是地下储气库、沿海LNG接收站、需求侧LNG、CNG 储配中心和管道的互联互通。

近些年，尤其是2017年冬季的所谓“气荒”，使全社会意识到加快以储气库为主体的天然气调峰储备的迫切性。的确，我国储气库建设相对需求严重不足，盐穴、含水层建库技术刚刚起步，沿海LNG接收站布局亟待调整，互联互通能力需进一步加强。但是不是短期有资金、有技术、有库址建设昂贵的储气库？是不是所有用户都是保障的对象？需要认真思考。客观上说，要保证所有用户极端气象条件，甚至一般冬季情况充足的天然气供应，在我国不可能，即使像美俄这样的天然气生产和出口大国也不现实。因此，我国天然气保供应要树立底线思维，规范一般冬季和极端条件下究竟保证谁的供应、量是多少、时间多长、基础设施建设应该达到什么程度。这就需要天然气行业监管部门制定保供“标准”，并通过法规颁布，由行业市场主体实施。这也是我们重新思考天然气储备规模供应安全的主要原因。

当前，国家允许天然气储备通过提供储气服务和经营调峰气盈利，服务价格与销售价格实行市场化定价。因此，必须探讨天然气储备的市场化运营模式，这也是本节的重点任务。

第一节　我国天然气储备现状及存在的问题

一、地下储气库、地方政府与燃气企业储备建设进展缓慢

20世纪70年代，我国尝试利用大庆油田的枯竭气藏建设储气库。90年代初，随着陕京一线贯通，如何保证首都供气安全成为重要任务，建设储气库正式被提上日程。2000年，大港油田的大张坨储气库顺利落地，由此拉开了我国大规模建设储气库的序幕。根据中国石油经济技术研究院的数据，截至2019年底，我国已建成14座储气库（群），共计27座储气库，其中枯竭油气藏型储气库24座、盐穴型储气库3座，库容达508.31亿立方米，储气能力约190亿立方米，目前工作气量约110亿立方米，占2019年天然气消费比重的4%。

就欧美发达的天然气市场来看，它们的储气库工作气量与年天然气消费量的比值一般在10%以上[①]。因此，一些国际能源组织把这些长期发展所形成的经验数据作为标准向世界推荐，如欧盟就曾经要求各成员国储气库工作气量必须达到年消费量的14%，国际天然气联盟（IGU）推荐为12%。从天然气市场相对成熟国家运行的经验看，结合国际能源组织要求，我国储气库工作气水平确实不足。这可以看作导致近年来我国冬季天然气消费相对紧张的主要原因。

2018年4月，国家发展改革委发布了《关于加快储气设施建设和完善储气调峰辅助服务市场机制的意见》（发改能源规〔2018〕637号），规定了供气企业、县级以上地方人民政府和城镇燃气企业不同的调峰储气指标。其中要求2020年前城镇燃气企业要形成不低于其年用气量5%的储气能力，县级以上地方政府也要形成不低于保障本行政区域日均3天需求量的储气能力。而根据国家发展改革委于2019年8月19日召开的储气设施建设督查电视电话会议信息，部分地方政府由于无力投资，将自身的指标压力传导给城燃企业，而全国城燃企

① European Commission. The role of gas storage in internal market and in ensuring security of supply［R］. Brussels：EC，2015.

业目前储气能力约占年用气量的0.55%，与国家要求的目标还有不小的差距[①]。

二、地下储气库建设亟待加快技术创新

我国地质条件复杂，建库选址难，盐穴型、含水层储气库建设技术亟待创新。

（一）地质条件复杂，建设周期长

与美国气藏埋深浅、密封性强、不含酸性气田、储层单一、构造简单、无断层、渗透率高的地质条件相比，我国油气地质条件大都复杂，优质大型库址资源极度缺乏，因此规模选址难度很大。按区域来看，中西部地区大型气藏库源区埋藏深、构造复杂，东北地区中小型气藏库源区断块多、密封性差，东部沿海地区缺乏油气藏目标且品位差。[②]按类型来看，油气藏型储气库多具有埋藏深度大、储层物性渗透率较低、流体关系复杂的特点。盐穴型储气库以陆相盐湖沉积盐层为主，夹层多、品位低。在一定程度上，我国的储气库选址难度不亚于勘探一个新的油气田。

复杂的地质条件，导致我国储气库建设选址难、设计难、施工难、建设周期长、建设投资大。就以扩容达产的时间为例，我国最早投运的大港储气库库群经历14个注采循环，达容率才到60%左右；呼图壁、相国寺、苏桥、陕224、板南等储气库已经历3~4个注采周期，目前尚未达容达产，预计要实现达容达产至少还需2~3个注采周期。

（二）油气藏储气库建设技术领先，含水层和盐穴型储气库建设技术亟待提高

通过多年努力，我国枯竭油气藏储气库建设技术相对成熟，部分领域达到甚至超过了国际先进水平。在储气库开发技术方面，通过调研国外先进技术，结合中国油气钻完井与地面工程建设技术特点及其设备能力，摸索形成了一整套因地制宜的储气库建设工艺，比如储气地质体动态密封理论、储气库高速注采不稳定渗流理论与模型、超低压储层钻井防漏堵漏技术、储气

① 熙时君．城燃储气能力仅0.55%？发改委召开储气督查总结会，如何收场［OL］．［2019-08-21］.https：//mp.weixin.qq.com/s?__biz=MzUxMDk3NDk3OQ%3D%3D&mid=2247485982&idx=1&sn=45d366af7fca25a5055c903194c840fa&scene=45#wechat_redirect.

② 杨漾．中国石油将新建23座储气库，形成六大区域储气中心［N］．澎湃新闻，2019-01-15.

库固井工艺和注采工艺技术。这些技术的运用，大幅度降低了储气库断层与盖层的泄漏风险，增强了储气库注采和防漏堵漏能力，提高了井筒的注采安全，节约了开发成本。①

在运营管理方面，我国研发出了全生命周期的安全风险管控体系、复杂盐层条件下的储气库建设与安全控制技术、储气库群调峰优化运行模式等重要成果。由于这些模式的加成，我国的储气库群成功实现了三维实时监测预警、风险实时评估等功能，并通过注采能力优化与井网优化设计相结合的方法，形成了地质—井筒—地面—市场—管道协同的调峰运行模式。

此外，我国在注采核心装备的国产化之路上也取得了可喜的成绩。不仅研制出了压力等级为40MPa的大功率高压、高转速往复式注气压缩机组，成为除美国以外世界上第二个具备制造同等级压缩机技术的国家，还首创了水下爆燃制管和振动模态无损检测技术，制造了中国最大口径、最高钢级的双金属复合管，研制了井下泄漏定位检测装备等，实现了核心装备国产化。

但是，我国盐穴型、含水层储气库的建设技术相较于国外仍有不小的差距。其中，盐穴型储气库的建设经验已经初步掌握，但相应的建库技术尚不完善。盐穴型储气库选址的地质条件虽没有油气藏型复杂，但由于深层高温岩层蠕变的影响，钻完井的难度更大。随着近些年科研力度加大，盐穴型储气库在溶腔及造腔、注采方案设计、钻完井工艺、稳定性分析、密封性能分析等方面的理论和关键技术方面有了一定的突破。②含水层储气库研究刚刚起步，国内尚没有建设实例，有待在理论、技术方面加快探索。

三、沿海LNG接收站普遍罐容不足

（一）我国已投运沿海 LNG 接收站 22 座，预计“十四五”期间还有 16 座投运

2006年，我国建成第一座深圳大鹏LNG接收站。10多年来，通过多元主体的共同努力，到2019年底已投产22座LNG接收站，总接转能力约为7665万

① 丁国生，魏欢．中国地下储气库建设 20 年回顾与展望［J］．油气储运，2020（1）：25-31.

② 于春雷．试析地下储气库建设技术研究现状及建议［J］．化学工程与装备，2018（11）：102-103.

吨/年（青岛董家口接收站和天津南港接收站二期扩容虽还未完成，但2019年接收能力均已达600万吨/年）。在投运的接收站中，三大石油公司控股的有16座，接转能力共计6570万吨/年，总占比高达86%，其余6座为地方国企和民企控股。

国际LNG资源充足，国内需求旺盛，促使多元投资主体加快LNG进口步伐。相关公开资料显示，预计“十四五”期间还有16座LNG接收站投运，总接转能力达4650万吨/年。届时，我国沿海LNG接收站将达38座，合计接转能力近1.6亿吨/年（2240亿立方米/年）。

（二）以往的LNG接收站建设理念忽视了其调峰作用，导致普遍罐容不足

深圳大鹏LNG接收站建成投运以来，评估建设LNG接收站项目的重要考察指标是落实长期资源和用气市场。这种要求是建立在LNG产业传统的链系特点及交易刚性基础上的，也是过去几十年来LNG产业界的通常做法。从优化投资与储备效用的角度看，按照LNG接收站周围市场容量的一定比例建设接收站是不尽合理的，因为LNG接收站不仅投资巨大，而且忽略了LNG作为一个气源接入口的特点，即LNG接收站可以一边输出，一边接入新的供应来源；这种锁定资源和市场相匹配的项目开发思路，在政策层面上限制了LNG接收站作为储备和调峰设施的开发建设，表现形式是储罐少、罐容低。

相比而言，日本、韩国LNG接收站注重罐容建设。以2017年为例，日本共有LNG接收站34座，总有效罐容为1820万立方米，平均有效罐容为54万立方米，最大一个接收站罐容为266万立方米，Sodegaura接收站拥有35个储罐。凡是燃气公司主导建设的LNG接收站，其罐容与设计规模之比均在0.26之上，高于电力公司的对应参数，这主要是因为发电用气相对稳定，所需要的调峰规模较小，而燃气公司需要利用扩大罐容保证调峰需求量。

截至2017年底，韩国共有LNG接收站6座，总有效罐容为920万立方米，平均有效罐容为153万立方米，最大一个接收站为336万立方米，Boryyeong接收站拥有20个储罐。韩国政府规定，燃气公司需要储存天然气消费量20%的LNG作为战略储备。由于本国天然气资源缺乏，且没有建设地下储气库的条件，因此韩国LNG接收站承担了包括基荷供气、调峰、事故应急和战略储备等多种功能。

我国LNG接收站罐容普遍偏小，目前22座LNG接收站总有效罐容为990万立方米，平均有效罐容为45万立方米，最大罐容仅96万立方米，一般2~3个罐。总罐容和年接收规模的比例仅在0.13立方米/吨。

（三）LNG接收站大部分位于冬夏季峰谷差较小的珠三角和东南沿海

LNG接收站“南多北少”的供应格局与天然气消费格局不匹配，长江、淮河以南LNG接收站接转能力超过全国总接转能力的70%，而环渤海地区冬夏季峰谷差较大，LNG接收站反而较少。

四、储气行业尚需探索合理的商业模式

长期以来，由于国内没有实现冬夏气价峰谷差和调峰气价，与管道捆绑建设的配套储气库的经济效益主要通过管道运行整体效益体现，也就是说，储气库作为长输管道的配套工程，储气环节发生的投资、成本费用与管道的经济效益捆绑测算，相应的储转费计入管输费中一并收取，但储气库真正的经济价值无法体现[①]。由国家财政资金建设的6座储气库（呼图壁储气库、相国寺储气库、苏桥储气库群、双6储气库、板南储气库群、陕224储气库）由于不能与管道项目挂钩，国家和公司层面也缺乏相关的效益保障机制支持，其投资的运行成本面临无法回收的问题。在当前天然气价格走低、企业整体效益下滑的形势下，储气库运营面临着巨大压力，直接影响建设方的积极性和效益[②]。

早在2016年，国家发展改革委在《关于明确储气设施相关价格政策的通知》（发改价格规〔2016〕2176号）文件中就提出，储气服务价格由储气设施经营企业根据储气服务成本、市场供求情况等与委托企业协商确定，储气设施天然气购进价格和对外销售价格，由市场竞争形成。但文件只是原则上明确了储气设施价格市场化政策，缺乏可操作性的配套文件，在居民生活和采暖用气价格严格管控的价格双轨制下，上述规定的实际意义不大。

2017年，国家重新核定管输费之后，与管道捆绑的储气费从管输费中

① 徐博，张刚雄，张愉等．我国地下储气库市场化运作模式的基本构想［J］．天然气工业，2015（11）：102-106.

② 张刚雄，陈建军，郑得文，刘峰，赵凯，胥洪成，魏欢．中国储气库建设与发展策略思考［J］．国际石油经济，2016（12）：28-33.

剥离。由于气价市场化改革尚未完全到位、现行价格难以反映天然气的时间价值、相关政策实施细则尚未出台等因素影响，储气库的经营模式仍在摸索之中。

五、加快管网互联互通势在必行

天然气产业是典型的网络型经济，虽然当前世界LNG生产与贸易发展很快，但绝大部分天然气仍然依靠管网输送。随着全球范围内几次大规模供应中断事件的发生，互联互通作为提高天然气供应安全的重要手段，已被越来越多的国家所重视。

“十三五”以来，国家有关部门多次发布政策文件，强调要求形成多元主体参与管网建设，完善管网布局，加强衔接互联，总结起来主要是以下两个核心：一是主干互联、全国覆盖。加强干线系统内、干线系统之间、相邻省区市的联络线建设，补齐跨地区、跨省调配短板，实现全国主干管网全覆盖、全联通，形成坚强有力的基础管网格局。二是区域成网、广泛接入。加快区域管网和支线管道建设，全面实施互联互通工程，打通用气“最后一公里”，实现全国主干管网及区域管网互联互通。

就具体实施过程来看，2018年出台的互联互通总体方案是以各公司已建天然气管道为主，结合管网规划，重点加强环渤海地区天然气管网互联互通、沿海LNG资源和管道气资源互联互通。2018年完成了40多处互联互通工程，大大提高了环渤海地区天然气应急保供能力，缓解了该地区供气瓶颈问题。2019年中国继续加快互联互通工程建设，累计建成29项互联互通重点工程，新增供气能力共5000万立方米/日，其中“南气北上”约3000万立方米/日、“东北入关”约2000万立方米/日，有力促进了天然气产、供、储、销体系的建设。

总体来看，由于体制约束、规范缺失，我国天然气管网基础设施的互联互通仍处于初级阶段，部分天然气市场相对发达地区的区域管网互联互通进展缓慢。以长三角区域市场为例，目前正在推进的天然气管网互联互通项目有浙苏联络线（嘉兴—苏州）、浙沪联络线（桐乡—上海金山）和沪苏联络线（上海青浦—苏州）等，但截至 2019 年末，仅有浙苏联络线具备投产运行条件，浙沪联络线一期工程（桐乡—海宁—海盐）建成投产，浙沪联络线二期工程（海盐—平湖—上海金山）尚未完工，沪苏联络线工程尚未完成专项规划批复[①]。

随着国家管网公司的正式成立，管网基础设施互联互通有望加快推进。第一，互联互通的政策标准将会进一步规范。从供应安全的角度、从成本效益的角度建立互联互通的标准，同时也明确谁应该成为互联互通的发起人。第二，互联互通的利益分割将会进一步清晰。在互联互通实际完成后，有关费用的结算问题，至少是主干管网部分将会得到合理的解决。第三，互联互通的操作指南将会进一步统一。关于管输权责、操作技术、执行合同、争议处置、计费方式等问题，相信国家管网公司会结合各方主体的利益和责任，制定详细具体的操作性文件。

六、天然气储备制度建设需要深化

（一）没有专门的法律规范天然气储备制度

天然气行业的管网和配送领域是典型的自然垄断行业。国内铁路、民航、电力、电信等自然垄断行业均有专门的法律，以规范政府和市场主体行为，保护公众利益。相比国内外及其他行业，我国天然气行业立法明显滞后，表现如下：一是资源法规虽相对健全，但市场法规相对缺乏，有的已与市场经济发展不相适应；二是有关天然气立法的基本原则、制度、规定分散在宪法、矿产资源法及其他条例规章或政策性文件中，没有形成完整的法律体系；三是立法上的不足，往往需大量的政策性文件弥补，缺乏透明度，稳定性也不够，容易形成部门之间职能交叉和“国家利益部门化、部门利益法规化”的情况。

天然气储备涉及国家供应安全，理应在法律层面规范市场主体的责任，但目前仅仅是依靠国家的政策文件，约束力不强，相关规定调整过于频繁，而已有的法律，即《安全生产法》《环境保护法》《环境影响评价法》主要是对调峰储备体系建设过程中的安全生产以及环境影响作出规制，也就是一个专门规制，对于天然气调峰储备的特殊性尚未考虑其中；已有的行政法规主要是《城镇燃气管理条例》和《特种设备安全监察条例》，该类法规仅仅

① 苗启新，靳熹．长三角区域天然气一体化的现状及建议［J］．上海煤气，2020（2）：8–11.

对于城镇管网方面进行了一些规定，并没有考虑到调峰储备体系建设过程中的具体问题；观察现有的行政规章，虽有专门针对调峰储备进行的规制，但是其规定分散，不成体系，主要是对各个部门分配监管和主体责任，同时也存在相互矛盾和重复规定的问题。除此之外，行政规章的级别效力较低，其制定程序和颁布都不及法律严苛，所以不可避免地存在调节力度不够、政策落实效果不佳等问题。

（二）天然气调峰储备主体责任划分需要法律支撑

在天然气调峰储备过程中，对责任主体的明确至关重要，这直接关乎调峰储备体系构建的成功度以及调峰储备能力的高低，进而对社会稳定产生影响。我国天然气调峰储备法律制度目前对主体责任的划分大致存在如下问题：首先，对于天然气调峰储备体系主体的划定没有层级较高的法律进行统一的规划和协调，致使在发生天然气调峰储备主体责任纠纷时缺乏相对完备的考察依据。其次，目前对天然气调峰储备主体责任的规制主要是由部门规章进行调整，由于部门规章的层级较低，能够颁布的部门较多，在没有进行统筹化的协调规定时，就容易造成规定的累赘甚至矛盾现象出现。例如，根据《天然气基础设施建设运营管理办法》[①]规定，城镇天然气经营企业应当承担所供应市场的小时调峰供气责任，由天然气销售企业以及城镇天然气经营企业在天然气的购销合同中具体协商，以确定各自的日调峰供气责任。而《城市燃气设计规范》中的规定是，将天然气作为气源时，城镇燃气季节性不均衡以及日不均衡进行平衡时，是由气源方进行统筹调度来解决的。从两个文件可以明显看出其对日调峰供气责任的界定并不完全一致，在实际操作中则普遍存在争议，上、中、下游之间互相推诿现象严重。最后，在进行天然气调峰储备主体责任规划时，现有的调峰储备方面的行政规章进行的规定主要是笼统的承担调峰储备责任的主体，没有考虑到调峰储备设施建设过程中的主体责任，没有对天然气调峰储备进行阶段的划分。因为不同的阶段需要具备的资质条件有所区别，在建设阶段所需资金和技术要求相对于运行阶段更加严苛，所以二者对主体的规定是存在差异的。

① 天然气基础设施建设与运营管理办法（发展改革委令 2014 年第 8 号）。

七、储气设施公平准入仍存在制约

自2014年国家能源局印发《油气管网设施公平开放监管办法（试行）》[①]以来，储气设施的公平准入就受到了市场各方的强烈关注。由于LNG接收站靠近用气市场，加之国际LNG现货资源价格波动频繁，尤其是夏季价格大大低于沿海省份门站价，众多燃气企业希望进入该市场。2014年，中石油陆续向上海申能、新奥和广汇能源等民营企业开放了江苏LNG接收站剩余能力租赁，但此后并没有在全行业形成规模。客观上说，一方面是三大石油公司面对国际LNG贸易“照付不议”合同的巨大压力和国内增长趋缓的用气市场，不希望其他资源冲击市场；另一方面是LNG接收站作为调峰的重要工具，一旦大规模出租，会降低保供的操作灵活性，尤其是中石油、中石化保供压力大，沿海LNG接收站的调峰能力是其重要工具。

2019年，国家发展改革委、国家能源局、住房城乡建设部和市场监管总局联合发布《油气管网设施公平开放监管办法》[②]，为提高油气管网设施利用效率、促进油气安全稳定供应、规范油气管网设施开放行为、维护油气管网设施运营企业和用户的合法权益，做出了法律规范上的进一步努力。该办法明确要求拥有天然气管道、LNG接收站、地下储气库的企业，在具备剩余能力的前提下，应将基础设施无歧视地向第三方公平开放。但最重要的是，在剩余能力上，此文件并没有详细说明基础设施的计算标准，只是模糊地说由运营企业自己“科学计算”，缺乏操作细节。

2020年4月，国家能源局发布《关于做好油气管网设施剩余能力测算相关工作的通知（征求意见稿）》[③]，为规范油气管网设施运营企业剩余能力测算工作，提升油气管网设施公平开放服务水平，就包括油气管道、LNG接收站、储气库等在内的油气管网设施剩余能力测算原则和程序做了具体规范。目前，国家管网公司已就基础设施的资产划分持续开展工作，相信在储气设施彻底划分清晰后，再加上剩余能力的细化，第三方公平准入储气设施将变

---

① 《油气管网设施公平开放监管办法（试行）》(发改能源规〔2019〕916号)。

② 《油气管网设施公平开放监管办法（试行）》(发改能源规〔2019〕916号)。

③ 国家能源局关于对《关于做好油气管网设施剩余能力测算相关工作的通知（征求意见稿）》公开征求意见的公告，http：//www.nea.gov.cn/2020-04/14/c_138974511.htm.

得更为规范、便捷。

八、国际政治经济环境深刻变化亟须建立战略天然气储备

不同于天然气季节性调峰储备，战略天然气储备主要是应对长时期、大规模的天然气供应中断。我国对于战略天然气储备有过多年的讨论，但没有具体的实施。即使近两三年，我国天然气对外依存度已经超过45%，也没有将此事提上议事日程。一方面，全球天然气供应充足，国际政治经济形势相对缓和；另一方面，建立季节性调峰储备的任务尚未完成，有更多的资金投入战略天然气储备建设。

2020年初的全球新冠肺炎疫情的持续蔓延，严重冲击世界秩序和国际格局，导致极端民族主义、民粹主义以及一系列动荡甚至失控的出现，中国有可能成为一些国家转移国内失望和愤怒的头号标靶，或面临比疫前严重得多的国际政治风险。因此，加快天然气战略储备建设，已到了时不我待的关键时刻。

在加快建立季节性调峰储备的同时，考虑建立天然气战略储备十分必要。一是天然气对外依存度越来越高。不断增长的进口量意味着天然气消费日益依赖于进口气来源国和海陆运输线，而这些地方和运输线大多数位于世界上最脆弱的地方，容易出现战争、禁运、严重灾害等情况，有可能造成供应短缺或大规模中断。二是建立天然气战略储备可使我国在天然气进口中由被动变主动。天然气进口价格受供需、国际局势等因素影响，如果没有强大的天然气储备能力，即使我们预测到价格的变化方向和幅度，也做不到低价时买、高价时不买或少买，更可能会给国际大公司及大资本操纵和炒作以可乘之机，令我国天然气采购议价陷于被动。三是建立战略天然气储备可以平抑大规模供需波动。2019年底中俄东线北段投产，而2020年初的疫情导致下游市场需求乏力，将压力完全抛给了进口方，又由于储气能力不足，给上游和刚刚成立的国家管网公司造成巨大的压力。与此同时，中海油也以“不可抗力”为由告知其供应商——壳牌和道达尔，无法履行部分LNG进口合同，但这一请求遭到拒绝。

第二节 对建立我国天然气供应安全标准体系的再分析

国家要求把天然气打造为"主体能源"，这一目标大概在2035年前后实现，天然气消费总量为6100亿立方米[①]。届时，天然气在一次能源消费中占比将达17%左右，与石油在目前一次能源消费占比18%大体相当。业界许多专家认为，我国天然气产量很难突破3000亿平方米，这也意味着天然气对外依存度有继续扩大的趋势，进口绝对量将进一步增长[②]。同时，随着天然气消费总量的扩大，季节性调峰储备规模也要相应扩大。那么这个储备规模到底要多大？应对季节性调峰储备的工具到底包括什么？需要建立一套什么样的体制机制来保障供应安全？储气库应该作为调峰工具，还是作为战略储备工具？上述问题，欧盟国家有过较为深入的研究和经验，应该作为借鉴。

一、欧盟国家天然气供应安全标准体系的基本框架

首先需要说明一下，将欧盟作为我国供应安全对标基准，主要基于以下5点考虑。第一，欧盟国家天然气发展初期行业结构与我国相似，市场主体主要由一家或者少数几家垂直一体化公司经营，在欧盟3个指令（98/30/EC、2003/55/EC、2009/73/EC）要求下，逐步在垄断环节推行协商性或强制性第三方准入机制，并逐步对垄断企业控制的生产、销售业务与输气、储气业务的管理权、经营权、所有权拆分。我国天然气市场开放正在遇到类似问题。[③]第二，欧盟国家天然气市场改革法律法规相对健全。每次改革都制定专门的法

① 中国石油经济技术研究院 .2019 世界和中国能源展望［R］. 北京，2019.

② 陆家亮，唐红君，孙玉平 . 抑制我国天然气对外依存度过快增长的对策与建议［J］. 天然气工业，2019（8）.

③ IAN CRONSHAW，JACOB MARSTRAND，MARGARI–TA PIROVSKA，et al.Development of competitive gas trading in continental Europe［EB/OL］.IEA，2008.http：// www.iea.org/publications/free new Desc.asp? PUBS ID= 2025.

规，颁布的法律阶段性明显。在供应安全方面，欧盟也制定了专门的法律。如欧盟理事会指令2004/67/EC——有关保障天然气供应安全的措施，[①]欧洲议会和欧盟理事会指令（EU）No994/2010——关于保障供应安全的措施与废止指令2004/67/EC[②]。第三，欧盟国家与我国同属于北半球，气候相近，天然气消费冬夏季都有峰谷差问题（如英国峰谷差为4，我国华北地区为3.5）。第四，双方都有较大的天然气对外依存度，2018年欧盟总体对外依存度达73%，而我国达45.3%。第五，欧盟虽然国家众多，但供应安全是在统一领导下进行的，相关法令已经被纳入各国法律，加之各国管道互联互通，市场主体可在整个欧盟范围内交易天然气。因此，可将欧盟看作一个整体，而其中某个国家则可看作我国某个省或自治区。

（一）保障供应安全的原则和责任划分

欧盟供应安全体系集中体现在（EU） No 994/2010指令中（以下简称“指令”），主要包括以下5个方面：一是要制定供应安全的具体标准。二是责任明确，除强调主管当局、供应企业的责任外，还特别强调需求侧的责任。三是要求制订预防行动计划和应急计划，前者避免陷入危机水平，后者分级应对危机。四是所有标准、计划、评估等有负责机构制定、检查，并要求按时完成、定期更新，如预防行动计划、应急计划每两年更新一次；长输管道运营商应最迟于2013年12月3日前，在成员国之间的所有跨边界互联上建立永久双向能力。五是强调成本效益原则，任何应对危机的措施都要进行经济测算，从中选优。

在责任划分方面，“指令”指出：供应安全是天然气生产、进口、配气企业，成员国（特别是其主管当局）以及欧盟各自范围内的共同责任。主管当局监管供应安全主体履行相关责任，负责风险评估，制订预防行动计划和应急计划。各成员国主管当局应密切合作，共同防止供应中断并减少由此造

① http://eur-lex.europa.eu/legal-content/EN/TXT/?qid=1509884163589&uri=CELEX:32004L0067.

② European Commission. REGULATION （EU） No 994/2010 OF THE EUROPEAN PARLIAMENT AND OF THE COUNCIL of 20 October 2010 concerning measures to safeguard security of gas supply and repealing Council Directive 2004/67/EC［EB/OL］https://ec.europa.eu/energy/en/consultations/consultation-revision-regulation-eu-no-9942010-concerning-measures-safeguard-security.

成的损害。

（二）规范“受保护用户”，确立“供应标准”

“指令”实质上认为，只要能够保障“受保护用户”的供应安全，那么整个天然气市场就达到了安全，其他用户不在供应安全的范畴中。“指令”专门对危机情况下受影响最大的“受保护用户”进行了界定：一是家庭用户；二是连接到配送管网或长输管网的中小企业、公共服务用户，且上述两类用户天然气消费量不超过终端消费总量的20%；三是为家庭供热且无替代燃料的用户。

“指令”规定，各国主管当局应要求承担保供义务的主体（在各国略有不同）在下列3种情况下，确保“受保护用户”供应：一是20年一遇的7天极低温度；二是20年一遇至少30天特别高需求；三是一般冬季条件下，单一最大天然气基础设施中断最少30天。

“指令”明确了为“受保护用户”的所需储备可以是储气库工作气、进口气、LNG储备和国内生产，并不特别强调地下储气库在储备中的作用。

同时，“指令”要求各国主管当局切实明确下列两项标准：一是只有经过风险评估，才能加大供应标准天数或施加特别义务；二是不得规定配送企业为履行其义务的储备必须储存于本国领土内。

（三）确保能在需要时将天然气送达“受保护用户”的“基础设施标准”（N-1标准）

这一标准衡量天然气基础设施运营商是否有能力在采暖季将“受保护用户”需要的天然气输送到位。这条标准借鉴了美国、加拿大2003年大停电事故和2009年俄乌天然气危机教训，主要检验一条，即最大的能源供应通道中断，其他基础设施是否有能力将“受保护用户”需要的天然气输送到位，也就是所谓的“N—1标准”，以检验确保安全供应的基础设施能力。

“指令”要求，各成员国主管机关应确保采取必要措施，确保某一国家或者区域在单一最大基础设施发生中断时，其余基础设施能够满足20年一遇某日特别高的天然气需求。

N—1标准公式如下（4-1），计算区域结果大于或等于100%符合指令要求，否则就需要修建管道连接到新的供应源：

$$N\text{-}1[\%]=\frac{EP_m+P_m+S_m+LNG_m-I_m}{D_{max}}\times 100,\ N\text{-}1\geqslant 100\% \quad (4\text{-}1)$$

表 4-1　　N-1 标准参数的含义

参数/（10^6m^3/天）	含义	参数/（10^6m^3/天）	含义
D_{max}	20年一遇某日极高天然气需求	S_m：最大技术采气能力	指所有能够输入计算区域的日最大采气能力
EP_m：输入点技术能力	所有边境输入点能够输入计算区域总量	LNG_m：最大LNG气化技术能力	所有能够输入计算区域日最大LNG气化能力
P_m：最大技术生产能力	所有能够输入计算区域生产设施日最大技术生产能力	I_m：单一设施最大供应技术能力	指输送到计算区域单一基础设施最大日供应能力

“指令”指出，如果需求侧在供应中断情况下能够替代部分供应，则公式变形为

$$N\text{-}1[\%]=\frac{EP_m+P_m+S_m+LNG_m-I_m}{D_{max}-D_{eff}}\times 100,\ N\text{-}1\geqslant 100\% \quad (4\text{-}2)$$

Deff：Dmax一部分可在中断情况下通过需求侧满足的供应。

“指令”指出：N-1标准由长输管道运营商负责执行，并应在规定时间在成员国之间的所有跨边界互联管道建立永久双向能力。

（四）对欧盟国家天然气供应安全标准体系的基本评价

“指令”自2010年10月公布实施以来，欧盟各国相继将其纳入国内法。虽然有些国家根据自己国内环境对“指令”要求有所变通，但也在“指令”范围内，或者已经报告欧盟委员会。

“指令”对供应安全标准体系的主管当局、监管当局，以及实施主体都有明确的规定。“供应标准”充分考虑了不同区域的季节性、风险特点，供成员国选择。“基础设施标准”考虑了最大设施供应中断的情况，符合历史经验，为必要的互联互通提供了指导。

“指令”并没有强调储气库的特殊作用。进口能力、国内生产能力、LNG接收站气化能力都是调峰的重要工具。

“指令”建立了动态的检查机制，也就是依据供需变化调整储备变化，以达到既能保证供应安全，又经济效果较佳。

二、建立我国天然气供应安全标准体系初步思考

前面论述了欧盟天然气供应安全标准体系的基本框架。本书借助这样一个较为成熟的标准，来探讨我国天然气供应安全标准体系（以下简称“标准”）的相关问题，也就是我们国家的季节性调峰“标准”。按照欧盟的经验，首先应该通过法律来规定供应安全的基本条款。2020年4月10日，国家能源局就能源法公开征求意见[①]，这预示着酝酿多年的能源大法即将落地。这份征求意见稿“第四章能源供应与使用、第六章能源安全、第九章监督管理”对我国未来天然气供应安全体系的建设具有重要的方向性意义，但不具体，未来还要在相关的石油天然气储备法中进一步明确。本书拟就这一“标准”做些初步探讨。

（一）“标准”制定的6大基本原则

一是坚持确保居民用气、兼顾其他用户的原则。居民用气是民生工程，也是民心工程，在极端条件下（极端气候、重大技术故障、地缘政治风险等）也要全力保障；公服事业单位、供热企业一般没有替代燃料储备，储备的安全性、经济性差，也需要尽力保障。

二是坚持有“受保护用户”的企业为保供第一责任主体的原则。根本原因在于这样的企业最了解“受保护用户”的季节性调峰用气量、用气特性，而《中华人民共和国突发事件应对法》要求的“属地管理”体制也利于第一责任主体应对突发事故、事件。

三是坚持有利于促进天然气基础设施建设原则。“标准”是天然气供应安全达到的最低要求，还应采取法律、行政和经济手段激励管道跨境、跨省建设，管网互联互通以及多层次的储备体系构建。

四是坚持成本效益、循序渐进原则。天然气供应安全设施投资巨大，并最终形成管输费、储转费由用户“买单”。因此，应在“标准”的基础上充分评估风险，循序渐进推进建设。

五是坚持“标准”实施与天然气行业市场化改革同步推进原则。“标准”的实施立足于天然气价格的市场化，天然气储备、管网独立运营，以及

① 《中华人民共和国能源法（征求意见稿）》公开征求意见。

相应的管理体制和运营机制改革，不宜单独冒进。

六是立法先行原则。天然气供应安全是国家社会、经济、能源安全的重要组成部分，制定、颁布、实施“标准”不仅涉及保供经济利益的调整，更是社会、政治责任的担当，必须通过立法才能增强“标准”的强制性。

（二）确定“受保护用户”类型

依据上述原则，可将3类用户确立为“受保护用户”：一是居民和公服用户；二是连接到配送管网或者长输管网的中小企业；三是附带为居民和公服用户供热的热电联产企业。但后两类纳入“受保护用户”范围要根据当年调峰总气量受到一定限制，主要原因是考虑到储气库和沿海LNG储罐的容量。需要说明的是，由于像北京、上海这样的城市天然气供应中断的政治、社会和国际影响大，可以适当扩大“受保护用户”范围。

以上确立的“受保护用户”主要是城镇燃气企业的客户，也就意味着城镇燃气企业理应承担保供第一主体责任。以下3个原因必须推动我国保供责任主体的转换：一是随着国家管网公司的独立运营，三大石油公司再不可能有效调度天然气资源；二是城镇燃气企业最了解“受保护用户”用气量、用气特性；三是从欧美国家的实践看，天然气市场化改革后，国家也通过立法明确有“受保护用户”的供应企业担当保供责任。四是从《城镇燃气管理条例》第17条规定看，“燃气经营者应当向燃气用户持续、稳定、安全供应符合质量标准的燃气”。显然，承担供气义务的首要主体应该是下游城镇燃气企业。作为对当地市场的用气规模和调峰、保供需求深入了解的燃气企业与上游企业签订供气合同，不仅能够更为准确地确定上游企业的义务，而且有利于稀缺储气库资源的高效利用。在合同机制下，调峰气价确定非常重要，既是对上游企业储气成本的合理补偿，也是对下游企业的必要约束。

需要指出的是，完成这一主体转换的前提是加快储气库和沿海LNG接收站的独立运营，在此基础上推出储气产品，在国家监管下制定储气产品价格，并优先向有“受保护用户”的城镇燃气企业销售，“剩余”部分可通过出租、拍卖等多种方式满足其他用户的需求。

（三）构建供应和基础设施两个“标准”

1. 供应标准。

供应标准指衡量保供第一责任人是否在冬季采暖季到来前为“受保护用

户”储存一定调峰气量的标准。这方面要考虑不同地区用气结构、气候条件的差异，建议东北、西北6个月采暖期区为一组，中西部和环渤海4个月采暖期区为一组，依据年平均特别高天然气需求天数确定储存天数。也就是说，有“受保护用户”的供应商应该在取暖季来临前，通过地下储气库或者沿海LNG接收站储罐储存上述特定天数的天然气。

这里一个关键的问题是，在满足“受保护用户”后的季节调峰量是否还有富余能力销售？也就是其他用户的冬季天然气供应如何解决？根据历史数据分析，我国冬季区域间可相互补充调峰气量相当可观，近几年包括储气库、沿海LNG接收站罐容、气田和需求侧储备的调峰气量一般在400亿立方米以上，实际调峰用量也就150亿立方米左右，以往的短期供应紧张主要在于互联互通能力的不足。因此，不在“受保护用户”范围的发电、工业燃料和化工用户基本可以通过市场化手段购买到冬季生产用气需求。

2. 基础设施标准。

基础设施标准指衡量天然气基础设施运营商是否有能力在采暖季将“受保护用户”需要的天然气输送到位的标准。其基本原理是在假定全国或某省市最大的天然气供应渠道中断，其他基础设施输送能力能否满足20年一遇某日特别高的天然气需求（N–1标准）。笔者认为，可以通过验证来分析是否可以按照欧盟的方法。

（四）通过典型实例来验证“N–1 标准”对我国的符合性

能否通过相关数据验证全国乃至各省份天然气基础设施的“充分”和“短缺”问题，并在此基础上考察相关区域的储备情况？笔者为此详细测算了2017年北京、上海、天津、河北、山东、辽宁、广东7省市，以及京津冀、长三角、川渝3个地区的“N–1”情况。

1. “N–1标准”测算步骤。

步骤1：分析国家或者区域的基本情况和特点，选择“N–1标准”评估策略。例如可以从区域的管网结构、储气设施、跨区域输气入口、LNG设施等角度进行分析。对于产气区可以采用公式（4–1）进行评估，而对主要天然气消费区域则可以采用公式（4–2）进行评估。

步骤2：收集数据，对步骤1中分析的情况进行详细数据收集。包括公式中需要用到的参数，如区域最大输入能力的单个基础设施的分析。

步骤3：进行“N–1标准”测算。根据步骤2收集到的数据进行汇总和测算，可以得到各区域的“N–1标准”测算结果。如果“N–1标准”测算结果大于100%，则说明该区域供应能力达标，互联互通能力充足，低于100%则需要增加新的供应渠道。

步骤4：根据测算结果分析“N–1标准”改善途径。如果一个地区的测算结果不达标，那应该分析影响“N–1标准”达标或者提升“N–1标准”能力的因素与途径，这可以根据步骤2收集指标的途径进行反向分解，归因分析，找出影响“N–1标准”不达标的归因，并且从这些归因上找出最大的潜在瓶颈，并指导予以改善。例如，可以加强区域合作，建立区域联络线，提升本区域的“N–1标准”。

2. 全国及典型区域“N–1标准”测算结果分析。

笔者以2017年全国及部分省市天然气数据为例，来分析全国及典型省市的基础设施储气安全情况。之所以选择2017年作为测算样本，是因为该年出现了特殊情况——中亚“减供事件”，曾造成了短暂的“气荒”。

表 4–2　　2017 年全国及典型省市基础设施“N–1 标准”测算

单位：万立方米 / 日

区域	年消费（亿立方米）	日最高需求	输入区域总量	日最大生产技术能力	日最大采气技术能力	日最大气化技术能力	单一最大日供应能力设施	“N–1标准”测算结果
全国	2370	92400	14600	46700	5000	22000	14000	80%
北京市	160	14000	13000	0	0	0	4850	58%
山东省	110	4700	1900	120	0	1200	1200	43%
天津市	75	3100	1650	160	3080	0	600	138%
上海市	70	3000	14000	60	0	1200	4600	355%
河北省	96	4500	13600	470	1000	4200	13000	139%
广东省	195	6200	4400	2800	630	6500	3200	283%
辽宁省	56	2700	5100	360	700	5000	5000	228%
京津冀	330	21600	13600	630	4080	4200	13000	44%
长三角	227	13500	17500	80	1500	6200	4600	153%
川渝	330	10000	6800	10500	1400	0	4000	147%

注：（1）所有数据精确到百万位；

（2）日最大生产、采气、气化技术能力在实际数据基础上增加 10%。

将表4-2中的“N-1”系数汇总成图（见图4-1）。

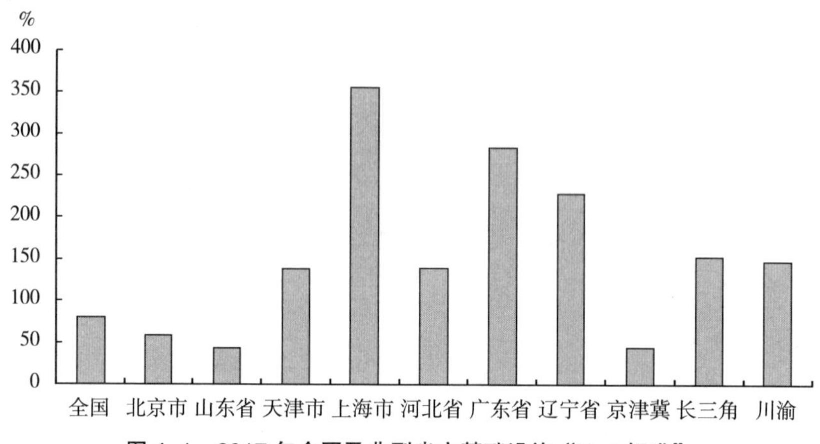

图4-1　2017年全国及典型省市基础设施“N-1标准”

不难发现，不符合“N—1标准”的北京、河北、山东等省市和京津冀地区每到冬季都出现供应紧张问题，相反，符合“N—1标准”的其他省市和区域供应相对宽松，这也是我国实施天然气基础设施互联互通工程、要求冬季“南气北上”的理论基础。

（五）简要的结论

（1）如果以储气库工作气量占调峰储备的比例来衡量我国调峰储备，并与国际一般经验数据对比，则显然是不足的。笔者认为，我国要达到那样的标准5—10年都不可能。这并不是说不需要建设储气库，而是要从经济技术上全面考虑。最重要的是，储气库是应对大规模供应中断的工具。

（2）国内生产、跨境管道、沿海LNG接收站、需求侧储备都是调峰工具，一般调峰需求下作用并不比储气库差，尤其是缺乏储气库资源的国家。

（3）严格划分“受保护用户”对我国供应安全意义重大。一方面，减轻储气库建设的压力，避免储备过度造成的资源浪费；另一方面，促进企业储备的有效实施，促使其他用户到市场上寻求储备，从而为建立储备市场化运营奠定主体基础。

（4）重新核算我国天然气调峰储备需要的量十分必要。要充分考虑我国南北方差异、东西部差异、产地与消费的差异、重点城市与一般城市的差异；要把“受保护用户”所需要的调峰量作为最低基准，财政上要给予资金支持，监管上要严肃问责。

（5）跨境、跨区域、跨省以及省级管道的新建，要充分预测是否能够达到“N–1标准”。目前，欧盟新管道建设首先要测算“N–1标准”是否满足要求。我国管道建设考虑的因素更多，包括能源转型，发展清洁能源、低碳能源，以及支撑经济发展，“N–1标准”也应该成为一个重要的影响因素。

第三节　加快我国各类天然气储备设施建设

在构建我国现代天然气储备市场的过程中，体制机制建设固然重要，但完善的储备设施是根本，充足的储备是基础。安全、经济的地下储气库是首要发展目标；沿海LNG接收站灵活性高，但更应该向环渤海地区倾斜；LNG、CNG投资小，适宜日、小时调峰，地方政府和燃气企业应该加快发展；在国家管网公司的统一规划下，加强管网的互联互通能力，可以有效地利用我国南北温差大的特点，统一调配全国资源。

一、以技术创新推动地下储气库建设

按照“发改能源规〔2018〕637号”的要求，上游企业尤其是三大石油公司应承担地下储气库建设责任。即使国家管网公司成立后，大部分储气库也可能留在上游，同时上游企业仍然拥有绝大部分油气田，可为枯竭型油气藏地下储气库提供最优良的库址，上游企业还具备修建地下储气库的经验和技术，理应长期承担建设地下储气库的责任。其中，中石油和中石化将是主力军。

2019年1月，中石油在其2019—2030年地下储气库建设规划部署安排会议中提出，未来10年，中石油将建立东北、华北、中西部、西北、西南、中东部6个区域储气中心，按照“先东后西、先易后难”的布局原则以及“达容一批、新建一批、评价一批”的工作部署，扩容在役的10座储气库（群），新建23座储气库，充分挖掘储气库建设潜力，加快推进储气库建设。

中石化计划在河南省濮阳县及周边区域落实储气库库址16个，落实库容556亿立方米。“十四五”期间，中石化还将在该区域规划新建5个储气库。

（一）重点仍然是推进气藏型储气库建设

气藏型储气库建设投资相对少、调峰规模大、技术配套齐全，一直是我国储气库的主要建库目标。目前，我国气藏型储气库共23座，占储气库总数的90%；设计工作气量为160亿立方米，占总工作气量的89%。

（1）东部地区包括东北、华北及中东部3个主要天然气消费区，3个地区2018年天然气消费量及调峰需求占全国总量比例超过50%，需求巨大。近期采取储气库与LNG调峰并重，同时加大有利建库目标的筛选及勘探，中远期调峰手段逐渐转向以储气库为主、LNG为辅。

东北地区未来10~20年重点筛选气藏型储气库，在满足本地区调峰需求的基础上，增加工作气量，通过中俄东线、秦沈线将富余气量调往华北地区。华北地区筛选大型储气库存在一定难度，可选优质库址少，面对巨大调峰缺口，一是加快推进在役库达容、沿海LNG扩增接收能力，二是利用管网互联互通，将东北、中西部、西南地区富余气量调入。中东部地区油气勘探程度较低，应重点在河南、江苏、浙江筛选可靠盐穴及含水层目标。

（2）中部调峰枢纽区包括长庆和西南气区，地处“西气东输”、陕京线、中贵线等重要天然气长输管线枢纽，气藏资源丰富，重点筛选气藏型储气库，加快推进调峰气田建设。

（3）西部战略通道区气源多、人口少，适宜建库的油气藏资源丰富，在满足本地调峰需求基础上，应充分考虑管道余量及管输经济性，在青海、塔里木、新疆等油田优选大型气藏型目标作为调峰兼战略储备库，即和平时期满足正常调峰需求，保证气库正常运转，富余工作气量用于应对进口管道气突发中断、管道检修及战时储备。

（二）加快攻克“瓶颈”技术

我国枯竭油气藏型地下储气库技术相对成熟。要在缺乏枯竭油气藏的主要城市附近建设地下储气库必须突破含水层储气库技术，因为总能够找到含水层；要实现储气库的快采，适应天然气储备市场化运营，必须进一步发展盐穴储气库技术。

总体来看，在地下储气库分技术领域，还有以下技术瓶颈需要解决：

（1）在地质与气藏工程方面，亟须解决4项关键技术问题：储气库地应力耦合地质建模技术；复杂岩性储层注采渗流机理评价技术；储气库气井注采地层不稳定流动分析方法；储气库扩容达产阶段运行指标优化设计方法。

（2）在钻完井方面，亟须解决4项关键技术问题：气藏储气库防漏治漏技术；气藏型储气库水平井优快钻井技术；气藏型储气库老井利用评价与改造技术；储气库钻完井导向与检测关键装备。

（3）在注采井工程方面，亟须解决4项关键技术问题：储气库井完井方式优选与工艺参数优化技术；注采井完井管柱优化设计技术；注采管柱在高速气流作用下的失效机理与控制技术；储气库井监测技术。

（4）在地面设施方面，亟须解决3项关键技术问题：采出气高效处理技术；进口压缩机配件国产化技术；国产压缩机的现场应用研究。

（5）在完整性技术体系方面，亟须解决4项关键技术问题：管柱适用性选材及优化设计技术；建设期井筒质量控制技术；运行期井筒完整性技术；完整性管理体系。

二、在协调资源调控的基础上加快建设沿海LNG接收站

2019年1月，交通运输部组织编制了《全国沿海与内河LNG码头布局方案（2035）（征求意见稿）》（以下简称“方案”），“方案”指出了我国沿海LNG接收站设施布局与消费格局不匹配、综合储运能力不足、普遍调峰能力有限等问题，对2035年前我国沿海LNG接收站进行了初步规划，由此可以判断我国2025年、2035年沿海LNG接收站前景。

依据“方案”，2035年环渤海、长三角、广东广西三地重点布局13处具备储运能力的重要LNG港口，预计泊位共34个，接卸总能力达到1.65亿吨；全国沿海区域布局一般港口21处，预计泊位25~26个，接卸能力为8200万吨；布局7处应急调峰储备港口，通过中转储运方式保障城市天然气消费的应急调峰需要。初步估计，2035年我国LNG总接卸能力可达3亿吨/年。结合LNG接收站项目进展，以平均超过1200万吨/年的增长速度计算，“十四五”结束时，我国沿海LNG总接卸能力有望达到1.6亿吨/年。

依据笔者掌握的材料，2035年前，已经明确的在建和拟建的沿海LNG接收站共22座（见表4-3），总计接卸能力6950万吨/年。但大部分接卸能力仍在长三角和南部沿海，其中长三角占9座，接卸能力为2800万吨/年；南部沿海9座，接卸能力为2350万吨/年；环渤海地区仅有6座，接卸能力为1800万吨/

年，仅占2035年新增能力的26%。这种局面一方面表明，我国长三角和南部沿海地区天然气消费仍然具有较大的潜力；另一方面表明，LNG接收站建设单位忽视了环渤海和东北地区天然气季节性调峰巨大需求。虽然未来天然气管网互联互通将进一步完善，"南气北送"将更为顺畅，但输送费用必须考虑。因此，国家应该统筹规划，以更优惠的条件核准在环渤海和东北地区建设沿海LNG接收站。

表 4–3　　2037 年前我国在建和拟建沿海 LNG 接收站

区域	所属企业	接收站名称	设计能力/（万吨/年）	项目阶段	投产年份/年
长三角	中石化	浙江舟山	600	拟建	2023
	中海油	江苏盐城	300	在建	2022
	华电	江苏赣榆	300	拟建	2024
	申能	上海LNG接收站	300	拟建	2025
	协鑫	江苏如东	300	拟建	2025
	协鑫	浙江嘉兴LNG	100	拟建	2025
	江苏国信	江苏如东	300	拟建	2023
	浙江能源	浙江温州	300	在建	2023
	浙江能源	浙江舟山	300	拟建	2037
南部沿海	中石油	广东揭阳	300	拟建	2026
	中石油	福清LNG	300	拟建	2029
	中石油	粤西LNG	300	拟建	2028
	中石油	深圳迭福北接收站	300	拟建	2028
	中海油	福建漳州	300	在建	2023
	粤电	惠州LNG	300	拟建	2025
	华瀛	广东潮州	150	拟建	2025
	华丰	广东潮州	200	在建	2023
	广州燃气	广州南沙	200	拟建	2024
环渤海	中石化	烟台龙口	300	拟建	2027
	中海油	南山龙口	300	拟建	2024
	河北新天	曹妃甸LNG	300	在建	2023
	北京燃气	天津LNG	400	在建	2024
	太平洋油气	山东日照	300	拟建	2029
	湖北能源	山东滨州	200	拟建	2037

注：（1）中石油寰球工程公司蔡国勇整理；

（2）部分接收站延迟到 2037 年，但变化较大，统一按照 2035 年前处理。

三、加快地方政府与城燃企业天然气储备建设

在推动我国天然气储备设施市场化建设过程中，地方政府和城燃企业扮演着极其重要的角色。各方参与者如何明确责任、履行义务，政策如何支持是解决当前困境的重要考题。

“发改能源规〔2018〕637号”对县级以上地方政府、城镇燃气企业在2020年前储备建设的要求显然是日调峰和小时调峰，这是充分考虑了当前三大石油公司拥有绝大部分建设地下储气库技术、资金、资源的现实。从长期看，像北京燃气、重庆燃气、新奥燃气等都具备建设大型储气库的经济技术实力。2018年10月，我国首个燃气企业独资建设的储气库——港华金坛储气库在江苏常州顺利投产，目前已建成3口井，储气量近1.5亿立方米，工作气量逾8800万立方米。

（一）不同调峰储气设施的适应性

多位学者、专家都对不同调峰储气设施的经济性和适应性进行过研究[①]，认为不同调峰储气设施的储气规模、调峰能力、建设成本、运行成本、地质条件的优越性各不相同。本书仅将其结论总结如下：

（1）枯竭油气田型储气库是单位调峰成本年值最低的一种调峰储气设施，虽然其调峰储气能力大，但其初始投资也相对较大，更加适于用作国家级储气调峰设施来使用；

（2）LNG 储罐单位调峰成本年值虽然相对高于枯竭油气田型与含水层型储气库，但其具有储存供应能力大、建设速度快、造价低、机动灵活等特点，且在供气区域范围内选址建站相对比较容易，不会受地理地质条件的限制，在城镇燃气调峰储气设施的选用中可以推广；

（3）CNG 储罐作为调峰储气设施时，其单位调峰成本年值相对较高，更适于特殊情况下的应急气源保障；

（4）村村通项目的建设中，可以利用 LNG 压力储罐作为调峰储气设施配合燃气管网来进行平稳供气。

---

① 张伟，张增刚．不同调峰储气设施的经济性与适应性研究［R］．中国燃气运营与安全研讨会（第十届）暨中国土木工程学会燃气分会 2019 年学术年会会议论文，2019：166-174.

因此，从中期看，地方政府和城镇燃气企业应该以投资LNG 储罐、CNG 储罐为主，来完成自己的调峰储备义务。

（二）创新融资模式

LNG 储罐、CNG 储罐投资虽然比储气库少，但对一般城镇燃气企业、经济不发达地区的地方政府而言，仍然有不小的经济压力，要通过创新融资模式来解决资金来源问题。

1. 独资建设运行模式。

储气设施的建设方在资金、技术条件允许的情况下，无论其在建设区域是否取得燃气特许经营许可证，都可以通过政府的相关审批程序，自行建设调峰设施，并与其他需要的企业签订《储气调峰设施租赁协议》。如果建设方在建设区域内持有燃气特许经营许可证，除自身需承担的调峰气量外，调峰设施内尚有余量，并有管网与其他燃气公司相连，可与其他燃气公司签订《储气调峰设施租赁协议》，储气价格和租赁费用均由双方协商确定。

2. 政府独资建设运行模式。

在用地规划、财政条件允许的情况下，县级及以上人民政府可通过统筹规划，在行政区域内自行投资建设LNG、CNG储气设施。储气设施的规模，可以根据本行政区域内的燃气消费量以及燃气公司的储气需求来确定。建成投产后，与燃气公司签订《储气调峰设施租赁协议》，租赁给燃气公司使用，租赁价格由政府与燃气企业协商确定。

3. PPP投资建设运行模式。

由政府和社会民营资本按照一定的比例，共同出资建设储气调峰设施，建成投产后，由燃气公司和政府合作经营。例如，吉林省政府与长春燃气共同出资组建的吉林天然气调峰有限公司，于2014年9月建设LNG储罐两座，可存储600万立方米天然气。该装置可为整个长春市提供3天的紧急天然气供应，同时也可作为长春市的调峰气源使用，该装置的建成大大提高了长春市天然气的保供能力和调峰能力。湖北省政府也与江汉油田共同投资，在江汉油田发展储气库。

四、替代燃料储备与应急预案并重

为应对短期性供应紧张的情形，加快建立小时、日调峰设施，逐步发展月度调峰、季节性调峰能力，在工业燃料、供热部门、发电部门推广替代燃料方案。为应对长期供应紧张的情形，除了开展传统的LPG、轻质油、清洁煤等替代燃料的长期储备建设，也要开展生物质燃料等新型替代燃料的储备潜能挖掘。生物气在改善农村人居环境、推动生态循环农业建设等方面都具有重要的意义，应加大我国粮食主产区（秸秆资源）、东北和西南林区生物质资源的利用。据不完全统计，以我国农村每年产生秸秆等农业废弃物约9亿吨、畜禽粪便等垃圾约30亿吨测算，考虑一定的开发利用率，预计2035年生物气产量潜力可达300亿~500亿立方米[①]。

建立响应机制应对需求侧的紧急情况，并建立区分不同情况的较长期供应中断的应对举措，结合实际需求，利用递减、关停用户气量等非市场手段应对供应紧急事件。

第四节　构建我国天然气储备市场化运营体制机制

当前我国已经实现国家基干管网的产权独立，储气费从管输费中剥离，国家允许储气库通过提供储气服务和经营调峰气盈利，服务价格与销售价格实行市场化定价。受气价市场化改革尚未完全到位、现行价格难以反映天然气的时间价值、相关政策实施细则尚未出台等因素影响，储气库的经营模式仍在摸索之中。笔者认为，既然我国确立了天然气行业市场化改革的方向，那么欧美国家储气库行业管理运营的经验可为我国储气库公司运营模式的建立提供重要的参考。建议积极完善我国天然气产业市场化运营环境，通过提高储气库的盈利能力来促进我国储备调峰能力的建设。

需要说明的是，我国天然气储备虽然涉及多个方面，但储气库的运营

① 陆家亮，唐红君，孙玉平．抑制我国天然气对外依存度过快增长的对策与建议［J］．天然气工业，2019（8）．

模式是核心，其他储气产品可以作为灵活性工具，与储气库产品组合供客户选择。

一、国外天然气储备市场化运营的基本经验

与管道运营机制改革一致，欧美国家也要求储气库独立且市场化运营，并通过法律予以强制执行。为实现储气库的盈利，运营企业都创立了自己的运营模式，或者说是盈利模式。总结起来，大概有以下四个方面：

（一）建立和不断完善储气产品，在此基础上增加多种服务

欧洲国家的储气设施运营商为了销售他们的储气产品，初期普遍采取把注气、采气能力和储气容量进行捆绑销售，一个单位就是一个标准单元（SBU）。这些SBU经常以专门的储气库限制条件为基础，如果将储气能力（注气、采气、储气容量）进行单独销售，那么储气运营商将存在经营风险，因为在先卖出某一个能力再接着卖出剩余两个时，后两个储气指标可能对于客户来说是没有用处的。总体来看，SBU透明性高，简单且操作性好，为储气产品推向市场提供了极大的便利。

如德国Haidach储气库的产品就是典型（见表4–4），该储气库推出了两种产品，分别是PACK和PART，PART是灵活性最高的产品，而PACK的注气和采气速率比更高。此外，其还提供了ADD产品，允许储气客户通过在PACK产品的基础上分别附加注气速率、采气速率和工作气容量来优化客户的PACK产品。

表 4–4　德国 Haidach 储气库早期提供的储气产品

PACK	（a）注气速率	10.00 千瓦时/小时
	（b）采气速率	10.00 千瓦时/小时
	（c）工作气容量	22000.00 千瓦时
	可用储气单元	180375 束
	最小预订数量	2000 束
ADD	（a）注气速率	在PACK产品基准上增加 2.0%
	（b）采气速率	在PACK产品基准上增加2.0%
	（c）工作气容量	在PACK产品基准上增加8.0%

续表

PART	（a）注气速率	10.00千瓦时/小时
	（b）采气速率	10.00千瓦时/小时
	（c）工作气容量	4000.00千瓦时
	可用储气单元	37740束
	最小预订数量	1000束

资料来源：Ramboll Oil & Gas.Study on natural gas storage in the EU［R］. 2008.

随着储气市场的发展，客户对储气产品的灵活性要求日益提高，储气运营商推出更多的注气、采气能力组合，并将注气、采气能力单独销售，极大地方便了储气客户。

储气市场发展到现在，欧美一些较大的储气运营商实际上都在经营“虚拟储备”。这里的“虚拟储备”不是一个纯粹财务上的概念，而是将多种物理储气设施通过虚拟的方式组织起来，当成一个单独的储备设施，然后提供SBU服务，从而为客户提供个性化的储备产品（为客户进行定制）。在早期，储备客户需要找多个储气运营商来满足其灵活性需求，在虚拟储备条件下，仅需要与一个储气运营商进行交易就能够优化投资组合。

这里以法国Storengy储气公司的产品为例。2017—2018年储气产品销售季节，公司推出了PITS产品和PEG产品，这两种产品与储气库群相关，也与LNG接收站产品相联，加之相关服务，如UIOLI（不用即放弃）、流动附加、流向反转、转换服务等，形成了品种繁多的产品组合，基本能够满足客户多样化的需求。

美国储气库公司一般都拥有固定储气、可中断储气和寄存/暂借这 3 类基本服务。固定储气服务即储气库在注气期接收用户来气并注入储气库，储存至采气期采出并交付给用户的服务。无论用户是否使用，储气库公司均需要为用户预留约定的储气和注采能力，而用户需要根据预订量缴纳预订费，根据实际使用量缴纳使用费。用户在签订固定储气合同时，需要约定最大储气能力、最大日注气量、最大日采出气量 3 个参数，据此计算服务费用并按月缴纳。可中断储气服务是储气库公司在任意一天接收客户来气注入或从储气库采出并交付用户的服务。可中断用户无需缴纳储气和注采能力的预订费用，仅根据实际使用量缴纳使用费，因此服务优先级低于固定储气服务。寄存/暂借服务是储气库公司根据用户的要求，在合同约定日期范围中任意一天接收用户来气，储存一定时间后（通常不超过 30 天）再根据用户要求采出并交付的服务。寄存气体如未在规定时间全部采出，剩余部分将归储气库公司所有。暂借服务则是用户先在合同约定的下气点接收储气库公司交付的天然气，一定时间（通常不超过 30 天）后再归还。暂借气体如未在规定时间内足额归还，剩余部分将被视为销售给暂借用户，储气库公司将按合同事先约定的价格向暂借用户收取销售价款，这一价格通常会明显高于市场气价。

（二）依据储气设施的竞争状况设定费率

储气服务费用与管输费分离后，便出现了储气价格及其形成机制问题。欧盟和北美等国在确定储气费率时，通常按服务成本法或成本加成法制定。储气最基本的功能是调峰，天然气峰谷价差是储气有偿服务的基础。

为推动储气市场发展，制定公平合理的储气费率十分重要。从欧美情况来看，它们在拍卖市场或者竞争性较强的市场采用市场费率，同时，考虑到特定地区需要鼓励建设储气设施，因市场竞争不充分，监管机构在考察相关用户利益的基础上也可以批准协商型费率，美国在这一点上较为明显。

2000年以来，受FERC和州监管的新、扩建储气库中的70%左右执行了市场型和协商型费率。市场型费率分两种情况，在美国储气市场工作气份额10%以下的储气库运营商可以自由决定储气费率，工作气份额占10%以上的储气库运营商必须每5年向FERC报告其市场状况，由FERC核定其费率的合规性，执行监管的市场型费率。以上两种费率均要求通过一定方式公布单位储气费用、单位工作气能力、单位采气能力、单位注气能力等关键信息，由储气库用户选择[①]。

（三）建立市场化工作气量分配机制

欧美储气设施工作气量分配已经形成了两级市场。第一级市场由储气库运营商提供，其用户主要是天然气用户，如城市燃气公司、工业用户、发电厂、化工用户等，其购买储气容量的目的主要不是为了交易性盈利，而是为了满足生产经营和稳定供气需求，其次是满足部分纯粹利用储气服务进行交

① Denise Parrish. NATURAL GAS TARIFF STRUCTURE Deputy Administrator［R］.ERRA Tariff/Pricing Committee meeting September 24–25，Riga，Latvia，2009.

易性盈利交易者的交易需求。第二级市场则是一级市场交易者在符合法律规定的前提下，将自己拥有的多余储气库容量进行买卖或者租借。

1. 一级市场。

一级市场又包括两种情形：一是新建储气库的工作气量分配。在美国，通过“开放季”确定工作气量的分配。当储气库公司计划新建储气库时，通常会采用“开放季”这一形式寻求潜在客户并分配库容。经FERC批准后，储气库公司公开发布新储气库项目的“开放季”通知，说明新建储气库的基本情况，包括地理位置、储气库与周边州际和州内管线的连通情况、储气库总库容、工作气量和垫底气量、项目预计投产时间、达容达产进度安排等，并据此测算项目总投资和储气服务费率。潜在用户根据自身需求及价格承受能力向储气库公司提交储气服务预订申请，申请中包括需要订购的储气能力和注采能力、服务起止日期、用户交气点和提气点等信息。“开放季”结束之后，储气库公司根据预订情况分配储气库库容。当总预订气量超过储气库工作气量时，储气库公司根据事先公开的公式计算每一份预订申请的现值，并根据其在总现值中所占的比例来分配库容。同时，多数储气库公司为已有用户提供了优先续约权，确保其在同等条件下可以优先获得正在使用的储气服务，满足一定服务时间的用户可以自动获得优先续约权。二是原有储气库工作气量的分配。在法国，超过 90% 的储气库工作气量基于“存储容量权利”进行分配。所谓“存储容量权利”是以容量大小和供应能力来表示的，拥有有效的最终用户群的供应商可获得优先使用权。独立运营储气库每年都会对“存储容量权利”进行评估。权利分配自每年4月1日起开始生效，并在7月1日和11月1日进行审核，根据供应商产品组合的变化来作出相应调整。

2. 二级市场。

自20世纪 90 年代以来，美国许多地下储气库的运营逐渐与天然气交易挂钩。天然气放松管制将储气库的主要用途从输气量管理（满足市场的季节性需求差和调峰等）转向金融管理，即管理价格风险或降低天然气价格[①]。欧盟储气二级市场的发展较有特色。在二级市场，储气能力可以以捆绑式单

① 丛威，洪波，裴国平，王宇 . 欧美储气库独立运营商业模式相关经验借鉴［J］. 中国能源，2014，36（5）：29-33.

元出售，也可以单独以空间、注气和抽取权出售。储气运营商为潜在的客户建立了网络平台，购买和出售储气能力的客户可以在平台上竞价储气能力。Store-x就是一个储气能力电子交易平台，可以允许整个欧洲的相关客户进行储气能力交易。交易方式包括拍卖和即时交易等，平台也可以介绍有关客户直接与储气商联系。据统计，目前大约有800个客户登记参与平台交易。

（四）储气设施信息公开是市场化运营的基础

公开透明的储气设施信息能够保障客户准确优化自己的组合，保证储气市场的有效性。目前欧盟共有54个储气库运营商，其中德国14个，奥地利、荷兰和英国多于4个，其余国家只有1~2个。与管网设施要求类似，各储气系统运营商须公开相关设施信息。为了统一信息公开内容和获取的方式，欧盟储气系统运营商协会开发制定了一个储气库信息公开模板。模板开发遵循三个原则：更加方便获取信息，尊重商业模式和监管条件的多样性，储气系统运营商网站现有信息更接近市场[①]。储气系统运营商基于自愿原则，最大限度地在其门户网站（或其他合适方式）显著位置（如主菜单和子菜单）公开相关信息，访问者通过主题词和具体内容的超链接很容易获得必要的信息。模板要求储气库运营商应公开的信息包括：通信、服务及设施、用户准入条件、储气容量交易规则、储气服务费率、遵循的法律文件与直属监管机构、维修计划等内容[②]。

二、我国天然气储备市场化运营体制构建

（一）储气设施必须独立运营

以国家管网公司成立为契机，三大石油公司应一并实现天然气储备设施的独立运营，成立储备气公司。未来省级或者独立储气设施拥有者都可以成立独立运营的储备公司，并将部分LNG接收站和LNG储备库纳入其中，实行统一调控、统一规划。

成立独立运营的储备气公司有以下4个原因：一是管道和地下储气库在

① GSE. Gas Storage Transparency Template ［EB/OL］. http：//www.gie.eu/index.php/maps-data/gse-transparency.

② 周淑慧，张墨翰，郭海涛，梁严. 欧盟天然气基础设施信息公开情况及对中国的启示［J］. 国际石油经济，2017（12）.

天然气供应系统中所发挥的作用并不相同，前者是为了解决天然气生产与消费在空间上的矛盾，后者则是为了解决天然气生产与消费在时间上的矛盾，因而通过管输费回收储气调峰成本存在很多弊端。二是在投资筹措上，将储气库定价从管网定价中分离出来，允许扩展多元化的投资渠道，这样既能更好地筹集资金和分散风险，又可以保证储气库建设项目的盈利及良性发展。三是制定不同的服务准则和标准。在天然气的产业链上，要将管网输送、配送、储气等环节分开，形成不同的服务准则和服务标准，这样才能更有利于产业链合理的发展。四是有利于完善市场监管。政府要在储气环节的服务定价、投资布局还有市场准入等方面，加强对储气库经营商经营行为的监管，从而为天然气稳定供应创造良好的市场环境。

（二）重点关注城燃企业需求，可以利用多种模式深度参与

城镇燃气需求量具有明显的季节波动性，是调峰需求最大的用户。储气设施的运营主体应加强对城燃企业的关注，根据其需求开发出多样化的服务。美国管道/储气库一体化公司在储运分离之后，推出了同时包含储气和管输两部分服务的无通知输气服务，用户只需签署一份合同，即可以享受"管输+调峰"两项服务，同时在日输气量上有了更大的弹性，减轻了小型燃气企业生产运行和管理上的负担，受到市场的欢迎。另外，美国储气库公司还吸引当地燃气企业以长期预订、合资共建等多种方式深度参与储气库项目，既提前锁定了市场需求，也降低了储气库公司的投资风险，起到了利益共赢、风险共担的作用。我国城镇燃气企业面临着销售量 5% 的储气能力考核要求，与储气设施合资合作的需求更加迫切，储气设施运营企业应紧密结合城镇燃气企业需求设计服务类型，吸引客户以合资合作、长期租赁等方式深度参与储气项目，从而降低运行风险，提高投资收益①。

三、我国天然气储备市场化运营机制构建

（一）设计储气产品，开发多样化的服务类型

从国外的实践来看，我国储气库市场化运营初期还不易将注气、采

① 粟科华，李伟，辛静，寇忠．管网独立后我国储气库公司的经营策略探讨［J］．天然气工业，2019，39（9）：132–139.

气和工作气单独销售，必须采取包括注气、采气和工作气的捆绑标准单元（SBU）来销售储备产品。在设计SBU时，主要需考虑3大关键点。一是要充分考虑储气库的物理和技术条件；二是要划分比较小的单元，以适应客户不同组合的需要；三是必须将LNG储备统筹考虑，也就是一开始就以"虚拟储备"产品为出发点，主要原因是沿海LNG调峰能力已经在发挥重要作用，而这一点不同于20世纪欧美开始设计储气产品的环境。

应该根据市场发展不断调整SBU的组合，以适应客户持续增加的多样化需求。根据城燃、工业、发电等不同客户的需求特点，开发出多样化的服务类型，如固定储气服务、可中断储气服务、寄存/暂借服务等。位于上海、重庆石油天然气交易中心周边，与多条国家干线管道相连的储气库还可以开发出仓储、现货/期货交割、贸易撮合、质押融资等多样化的服务内容。

（二）"十四五"建立储气设施的"租赁库容"模式

依据国际经验，可能有3种储气设施运营模式由我国企业选择，分别是"峰谷气价""租赁库容""独立仓储"[①]。

"峰谷气价"主要采用捆绑式销售模式，储气库公司（财务独立）作为统购统销主体，完全从上游买来，对下游进行自主销售。资源采购、储气库注采运行、调峰气量的销售均由同一家专业化单位运营。天然气资源采购与销售采取峰谷气价策略，实现天然气的低采高卖，从中赚取差价并盈利。

"独立仓储"模式下，储气库公司的运营完全独立于产业链中的其他主体，也就是储气库所有权独立。储气库实行公平准入原则，保留大多数库容用于季节调峰，客户可以通过买断或租赁方式获得库容。储气库作为独立运营主体，主要承担储气责任，安排注采气窗口期，不涉及天然气的采购与销售，储气调峰责任由其他主体承担。

由于地下储气库和LNG接收站主要掌握在三大石油公司手中，所以选择推荐"租赁库容"模式的理由主要是针对三大石油公司。

1."租赁库容"操作模式。

（1）地下储气库、LNG资产仍属原有企业，但财务独立，由三大石油

---

① 刘剑文，孙洪磊，杨建红.我国地下储气库运营模式研究[J].国际石油经济，2018，26（6）：59-67.

公司的销售企业租赁使用。天然气销售企业负责采购天然气资源注入储气设施，并向储气设施运营企业发出采气指令。储气设施配合上游主体进行调峰，基于储气设施运营成本，仅收取注采费用。

（2）如果储气设施有富余库容，可对外租赁。第三方主体竞价租用储气设施，产生容量费，按租赁主体实际注入的资源核算使用费及注采费，产生的资金由储备气公司收取。

（3）储气设施运营企业要与各具有储气调峰责任的企业签署固定的调峰需求量。储气库作为运营主体，主要承担储气责任，不涉及天然气资源的采购与销售（见图4-2）。

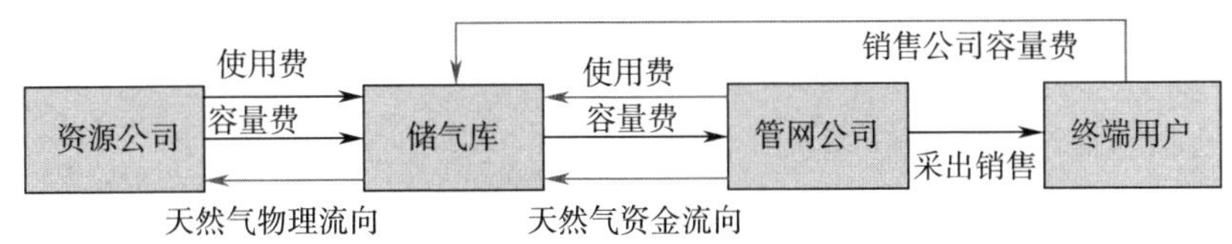

图 4-2 地下储气库的“租赁库容”模式示意图

2.“峰谷气价”模式已经落后现实要求。

一是虽然可以实现储气设施的财务独立，但仍然采用“一部制”的定价机制，财务不透明，不利于国家监管；二是自主统购统销资源与原有的专业销售公司业务冲突，重新组织一套班子费时费力；三是不能租赁富余库容，影响企业效益，也与储气设施第三方准入政策不符。

3.“独立仓储”过于超前，“十四五”期间难以实施。

一是储气设施企业完全独立于产业链其他主体不符合政策要求，三大石油公司承担建设储气库的主要责任，需要完成国家调峰储气指标；二是我国储气设施不足，竞价租赁或者买断获取储气库容量权可能导致储气价格大幅上涨；三是我国储气设施尤其是地下储气库还处于发展阶段，地下储气库投资大，技术要求高，需要油气上游公司的大力支持。另外，枯竭油气田矿权属于油气田企业，地下储气库一旦实现产权独立，很难获取枯竭油气田矿权。

（三）构建储气交易平台

如前所述，随着我国天然气供应能力增长、消费需求进入新常态，冬季供应紧张的局面将逐步缓解。也就是说，三大石油公司可以拿出一定的储气库容供第三方租赁。此外，一些省级政府和大型燃气企业也正在建设储气设施，其库容具有应对季节性调峰的能力，并面向广泛的客户需求。因此，建立储气交易平台，能够汇集储气能力，汇通各方信息，有利于储气能力的有效使用，实现储气企业盈利。这对总体上促进我国储气设施建设是有利的，既是欧美天然气市场成熟国家的基本经验，也符合我国政策要求。

根据国际经验，储气交易平台一般与管容交易平台共同建设，这应该是全国性的储气能力电子交易平台，也可以在天然气交易中心建设储气交易平台，也不反对各个大的储气公司单独构建。总之，初期的交易平台可以是多样化的，数量也不应该限制，市场机制会作出最佳选择。交易方式包括拍卖和即时交易等，同时为交易者提供天然气市场的信息。平台也可以介绍有关客户直接与储气运营商联系。

1. 交易平台交易机制。

在这个平台上，可以按照相关管理机构的"交易原则"出售和购买储气容量；也可以这样说，交易平台把储气能力的供需方结合在一起，他们可以签订购销合同，并在实际地点进行交割。交易平台本身不提供任何储气容量，也不参与签订任何购销合同，更不负责合同各方的联络业务。

2. 交易平台登记规则。

首先，要求申请人（自然人或法人）提供完整、准确的信息；法人登记还要求登记被授权的自然人；在登记时，每个参与方都授予一个用户名和密码，用户名不能侵犯第三方权利，也不能违犯公共政策；另外，相关人员必须遵守规定的"交易原则"。其次，无论是自然人还是法人，登记参与交易的必须是能源公司，并且必须遵守相关法律和有关维持商业运作的规定；相关材料提供后，经交易平台确认，并为合格的交易人发出函件。最后，没有合理的理由，交易平台不能拒绝为有关方登记。这些合理的理由包括部分申请方的技术、财务和安全问题。登记的结果也是在交易平台和参与方之间建立一种合同关系，允许参与方按照相关规定参与储气交易。

3. 储气交易有关方式。

（1）主方式。这种方式主要包括邀请发盘和要约。在邀请发盘中，卖方有义务在其中详细说明其真实完整的、完全由自己控制的容量权利。同时，还应该标明容量权交易的一般和特殊条件，也包括在有关储气准入协议中第三方的特别要求。卖方应该确定投标方有效接受的招标喊价期。由投标方签署的要约是限定性的，同时投标方应该提供邀请发盘中要求的有关信息。在将成交信息通知交易平台的过程中，投标方应该注明接受是在邀请发盘的有效期内。

（2）拍卖。卖方有义务在其中详细说明其真实完整的、完全由自己控制的容量权利，同时还应该标明容量权交易的一般和特殊条件，包括规定一个最小价格幅度。这种发盘是限制性的，拍卖方应该确保所交易的能力由自己完全控制。卖方应该确定一个有效期，有效期一旦确定不能更改。卖方可以指定一些买方参与竞拍，但随后可以增加竞拍者。另外，竞拍者有义务提供卖方在要约中要求的信息。

（四）规范储气库信息公开内容

储气库的公开准入有必要规范其信息公开内容，信息公开可从以下几方面考虑。

一是储气库基本信息，包括储气库名称、位置、类型，连接储气库的管道名称（也可包括相连的接收站名称，这样可实现复合多层次的储气调峰能力），设计工作气量、储气量，注气和采气能力，最大日注气能力和输出能力；

二是准入要求及标准，包括接入气质要求、计量标准、储气服务产品、经价格主管部门核定的储气服务价格表；

三是储气容量分配信息，包括容量指定与分配方式、容量超限及中断限制信息、容量分配表，至少应包括用户名称、各用户已分配容量、剩余容量、已分配容量合同期限等；

四是储气服务标准合同，并向国家能源局及其派出机构备案；

五是滚动更新储气库剩余容量预测信息，做到时段与容量信息的匹配。

信息公开透明性要求不是一步到位，而是伴随整个天然气产业的发展和改革逐步推进和完善的。各类基础设施运营企业与政府应该共同努力，充分发挥各自的职责和特长，彼此密切高效协作，积极尝试、不断推动公平开放工作。

四、配套改革措施

（一）按计划落实天然气能量计量

能量计量是指以天然气热值作为计量计价依据，这种计量方式相较于我国目前采用的体积计量，更能体现不同天然气的品质差别，并且也是国际主流的天然气计量方式。2019年5月印发的《油气管网设施公平开放监管办法》，已明确提出“于本办法施行之日起24个月内建立天然气能量计量计价体系”。据此推算，“十四五”期间，天然气能量计量计价体系应该会逐步成熟，从国家基干管网和省级管网试点，逐步推向城市管网。值得一提的是，以笔者的认识，考虑到国家管网公司会独立承担中游管输任务，并且相关仪器的成本昂贵，所以能量计量可能只会涉及上下游企业与国家管网公司的贸易，其他环节大概率仍维持现状。

我国目前的储气服务也是按体积计量计价，在为单一用户单一气源服务时尚可正常运行，而当面对诸多客户、不同热值的气源同时进入储气库时，将难以满足市场需求。因此，未来的储气库运营商应尽快完成从体积计量到热值计量的转变，在储气服务合同中对气质、注采能力分配等关键参数作出明确规定，进一步细化服务细则，才能适应未来市场发展的需求。

（二）做好对储气库注采能力的管理和经营

我国储气业务市场化运营是必然趋势。考虑到我国储气调峰需求的发展前景，我国储气库运营企业需要做好对注采能力特别是采气能力的管理和经营：应合理确定储气库现有注采能力，测算储气库在不同注采速率下的持续注入/采出气量，为注采能力经营提供基础；在储气服务合同条款中，应增加对日可用注采能力和小时可用注采能力的规定，并与库存气量挂钩，避免用户恶意囤积或超量注采影响其他用户的利益，确保用户间公平；应密切跟踪市场需求，提前安排新增注采能力建设，在注采能力满足平稳注采需求后可以利用富余能力开发出附加服务，如允许用户短时间内高速采出等，从而更好地满足不同类型客户在高峰期的调峰需求，进一步提高经营效益。

（三）重视智慧储气库建设

经过多年投入，我国储气库信息化系统建设标准高、覆盖面广，设备设施先进，基础设施良好，所有井站采用光缆传输通信，实现了视频监控和周界防范，基本实现了数字储气库。储气库生产管理全部采用自控系统管理、控制，自动化程度的提高在一定程度上节约了劳动力，提高了生产效率和管理水平。

未来较长时期，我国要高度重视智慧储气库建设。重点包括：

（1）基础设施方面：全面建设和完善信息基础设施、数据采集设备以实现生产工况的“全面感知”。

（2）自动控制方面：深入研究储气库生产各环节的特点和规律，充分应用采集实时、历史、预警数据，进行大数据分析，建立生产（故障）模型，实现生产全过程的自动控制。

（3）系统建设应用方面：深化数字储气库应用，按照物联网建设要求，研究开发相关智能储气库子系统，包括智能气藏管理系统、智能注采井管理系统、智能产量管理系统、智能生产运行指挥系统、智能应急管理系统、集输管网智能调峰系统、专家辅助系统等。

（四）解决地下储气库垫底气问题

垫底气是储气库建设中的最大问题。除非遇到大规模供应中断情况，垫底气并不具备采出价值。近几年，国家在多个文件中要求对垫底气实施财政补贴。2020年4月10日，国家发展改革委、财政部、自然资源部、住房城乡建设部、国家能源局又发文强调这一问题[①]，“在准确计量认定的基础上，研究对达到储气目标的企业给予地下储气库垫底气支持政策”，目前关键的问题是政策落实。笔者认为，应该由国家建立相关产业基金，参与储气库的建设，负担垫底气的部分成本。同时，储气库的建设单位也应该积极与上游沟通，在天然气价格处于波谷时期，加大垫底气的注入，尽量减少沉没成本。

（五）深化“一带一路”能源合作，构建中国天然气供应安全新框架

在天然气供应日趋全球化的今天，天然气与国家战略、政治经济和军事外交紧密地交织在一起。为此，天然气供应安全必须做到三个方面：一是天然气资源必须满足经济社会需求；二是天然气资源供应必须持续；三是天然气资源价格必须可承受。这就需要贯彻落实总体国家安全观，必须既重视内

① 《关于加快推进天然气储备能力建设的实施意见》（发改价格〔2020〕567号）。

部安全，又重视外部安全[①]。尤其是在我国对外依存度还可能扩大的情况下，必须高度重视外部供应安全。因为外部环境变化所导致的大规模供应中断是国内一般调峰储备甚至战略储备难以应对的。

（1）加快中印、中韩日跨国管道布局和建设，构建中国天然气供应安全新框架。从长期看，还要考虑布局建设中印天然气管道。进口中东LNG资源可绕过政治敏感的马六甲海峡。布局建设中韩日跨国管道的主要目的在于增强中日韩三国与俄罗斯的天然气价格谈判优势。中国作为管道天然气过境国，对亚太地区天然气供需市场的影响力将进一步增强。

（2）构建境外资源供应共同安全体系。综合发挥中国在需求端（消费增量、贸易流向两大主体）和供给端（资本输出、技术输出、基础设施建设三大主体）的优势，加大与“一带一路”沿线国家天然气上、中、下游多方位合作，加大合作领域和深度，包括天然气勘探开发、管道建设、LNG 港口和工厂建设、LNG 运输船制造和海运能力建设等，全面降低境外资源采购成本，提升议价能力，打通安全通道。

（3）提升亚太天然气贸易主导权。联合日本、韩国、印度、新加坡等亚太地区国家，合作建立亚太地区天然气贸易的定价规则，制定亚太地区天然气贸易的价格基准，彻底打破亚洲溢价的局面。同时，在“一带一路”倡议的天然气合作层面，逐步将人民币结算扩展至“一带一路”天然气贸易体系，在重大项目交易中争取优先使用人民币结算[②]。

---

① 本报评论员．坚持总体国家安全观［N］．光明日报，2017-11-07（001）．

② 何润民，李森圣，曹强，周娟．关于当前中国天然气供应安全问题的思考［J］．天然气工业，2019，39（9）：123-131．

第五章　持续推动我国“十四五”期间天然气消费增长

2020年前，国内多家能源研究机构对我国2035年前的天然气消费持较为乐观的态度。一个基本的观点是，到2035年左右，我国天然气消费量将超过7000亿立方米，占一次能源消费总量的17%左右，天然气上升为我国“主体能源”。但是，受2020年初开始的新冠肺炎疫情影响，世界经济萎缩，旅游、贸易、投资等都受到影响，同时对我国天然气行业持续发展进程也带来深度影响。2020年上半年，我国天然气消费增幅创近几年新低，同比增长1.2%，远低于前3年平均10%以上的增幅。更为严重的是，一场逆全球化浪潮开始蔓延，随着美国对中国经济制裁的广度扩大、深度加深，我国经济发展的地缘政治环境受到挑战。这些都不可避免地影响我国天然气供需的内外部环境。

“十四五”及未来较长时期我国天然气发展的形势，是业界讨论的热点问题，也是本书应该回答的问题。本书认为，在不发生大规模战争的情况下，我国天然气消费需求仍将保持快速增长，年均增长率在5%以上，2025年消费量达4200亿立方米，2035年将达6000亿立方米以上。主要原因有4个：一是经济增长仍然保持6%以上的水平，“新常态”下不低；二是能源转型的任务依然繁重，天然气将承担“桥梁”作用；三是我国供给侧结构性改革要求加强天然气勘探开发力度，国内相对低成本的天然气供应将获得持续增长；四是受新冠肺炎疫情影响，全球天然气市场短期出现萎缩，表现为需求下滑、基建停滞，但业界仍普遍看好行业长期发展态势，出口国仍在扩大天然气生产设施，长期看全球天然气供应充足趋势不会改变。

第一节　我国“十三五”期间天然气消费增长的基本特点

“十三五”期间，我国天然气消费进入快速增长阶段，年均增幅超过10%。城镇燃气、工业燃料在“煤改气”政策引导下在总消费量中占比有所上升，天然气发电稳步增长，天然气化工占比持续下降，天然气消费结构进一步优化。

一、天然气消费总量在快速增长的基础上结构也趋于合理

“十三五”期间，在宏观经济稳中向好、环保政策大力推动的情形下，我国天然气市场发展迅猛。天然气消费总量从2015年的1948亿立方米预计增长到2020年的3163亿立方米，增量达到1215亿立方米，年均增长率为10.2%，中国将是同时期全球天然气消费增量最大的国家。

5年里，“西气东输”三线、陕京管道四线、启东LNG接收站、金坛储气库等基础设施先后投运，将天然气市场带入快速发展期；中俄东线管道的投产也为我国增加了新的重要气源；2018年、2019年共落实几十项互联互通重点工程，有力促进了天然气产、供、储、销体系建设，对消除输气瓶颈、强化资源灵活调配和提高互供互保能力、扩大天然气市场服务覆盖面、提高设施资产利用效率具有重要意义。这些举措不仅极大地解决了全国天然气区域性和时段性的调峰问题，还对2018—2019年度全国天然气平衡稳定供应、避免气荒以及天然气管网基础设施安全平稳运行发挥了重要作用。

分行业来看，各行业用气量均呈现较大增幅，其中，由于持续推动“煤改气”工程，城镇燃气和工业燃料领域天然气用量总体占比有所提升。特别是工业燃料方面，受工业主要用气行业下游产品价格上涨、替代能源价格上涨、环保政策力度加大等因素的影响，“十三五”期间，预计占比增量将超过“十二五”期间4个百分点。城镇燃气方面，由于城镇化的不断推进、国民经济水平的不断提升，天然气的清洁、高效受到百姓的广泛认可，使气化率

快速提升，预计2020年天然气用气人口达4.7亿（年均增长率为10.3%，城镇人口天然气气化率为57%），超额完成“十三五”天然气规划的目标。发电领域同样受到“煤改气”的影响，天然气消费量稳步增长，占比维持在17%左右。化工领域则由于天然气利用政策、价格承受力低、技术瓶颈等问题，天然气消费绝对量没有增长，导致其占比持续下滑，预计“十三五”期间比“十二五”期间减少5个百分点。

从区域来看，沿海11个省份的天然气消费量逐步提升，截至2019年占比已达到全国的50%左右，主要油气田周边的7个省份消费量持续下滑，占比大约为25%。江苏凭借较多的基础设施、强大的经济基础、丰富的工业园区，持续成为天然气消费第一大省，截至2019年，天然气消费量超过300亿立方米。此外，截至2019年，广东省、四川省、山东省、北京市、河北省、新疆维吾尔自治区、浙江省、陕西省和河南省的天然气消费量亦超过了100亿立方米。

二、“煤改气”是推动“十三五”期间天然气消费增长的主要因素

“十三五”期间，“煤改气”政策是带动我国天然气消费量快速增长的最大因素。从中央到地方纷纷出台了多项举措进行散煤的治理工作，并提出了各项“煤改气”的政策建议。2013年，国务院印发《大气污染防治行动计划》（国发〔2013〕37号），首次提出京津冀区域城市建成区、长三角城市群、珠三角区域要加快现有工业企业燃煤设施天然气替代步伐；到2017年，基本完成燃煤锅炉、工业窑炉、自备燃煤电站的天然气替代改造任务。结合城中村、城乡结合部、棚户区改造，通过政策补偿和实施峰谷电价、季节性电价、阶梯电价、调峰电价等措施，逐步推行以天然气或电替代煤炭。此后，各类政策开始逐步推动“煤改气”，到2017年，发改委、能源局等十部委共同印发了《北方地区冬季清洁取暖规划（2017—2021）》（发改能源〔2017〕2100号），我国彻底步入了天然气消费快速增长的快车道。

2019年7月，国家能源局发布《关于解决“煤改气”“煤改电”等清洁供暖推进过程中有关问题的通知》征求意见函，针对“煤改气”“煤改电”等清洁供暖推进过程中出现的典型共性问题提出了应对办法。这一文件的发

布，进一步完善了“气代煤”政策，扭转了以往在一刀切“煤改气”之后提出的“宜电则电、宜气则气”的局面，开始提出重点发展清洁煤供暖和生物质能供暖。

本书测算，“十三五”期间，全国天然气消费总量大约为13300亿立方米，“煤改气”领域产生的直接消费量大约为1160亿立方米，占比8.7%，年均增加230亿立方米。

按应用领域来看，第一，民用散煤改天然气是最为主要的领域，“十三五”期间用气量大约为420亿立方米，在“煤改气”中的占比达到了36%。第二，包括餐饮住宿、公共事业机构等在内的公共服务领域在“十三五”期间用气量大约为330亿立方米，在“煤改气”中的占比达到28%。第三，受限于成本高企、推行阻力较大，工业小锅炉和工业小窑炉则分别消耗了210亿立方米和120亿立方米，占比约18%和10%。第四，农业生产用气大约有63亿立方米，占比5%。第五，发电生产大约有16亿立方米“煤改气”替代量，占比1%。

按消费区域来看，京津冀和汾渭平原是中央点名的重点“煤改气”地区，主要是北方“2+26”重点城市圈，包括北京，天津，河北省的石家庄、唐山、廊坊、保定、沧州、衡水、邢台、邯郸，山西省的太原、阳泉、长治、晋城，山东省的济南、淄博、济宁、德州、聊城、滨州、菏泽，河南省的郑州、开封、安阳、鹤壁、新乡、焦作、濮阳。汾渭平原11城市是指山西省的吕梁、晋中、临汾、运城，陕西省的铜川、渭南、咸阳、西安、宝鸡，河南省的三门峡和洛阳。此外，长三角、珠三角也有部分城市积极推进“煤改气”。

三、天然气发电行业受气价影响增长缓慢

业界多年来讨论我国天然气发电问题，实际情况是天然气发电装机容量和发电量增长缓慢。首先，政策层面缺乏对气电统一明确的定位，当前仅有国家发展改革委于2017年6月印发的《加快推进天然气利用的意见》提出要实施气电工程，鼓励发展天然气调峰电站、有序发展天然气热电联产；出于对天然气供应稳定性等方面的顾虑，电力行业对气电的定位是“有序发展”，而国家环保政策甚至提出“原则上不再新建天然气热电联产”的说

法，部分地区也据此制订了相应的行动计划，这对环保优势突出的气电产业发展造成一定的障碍。其次，多年来我国天然气价格较高，当前各地区的发电用气价格是在各省天然气基准门站价格基础上再加上区域管网输配费形成的。在当前气价水平下，我国典型地区燃气电厂的发电成本介于0.55~0.60 元/（kW·h）。其中，燃料成本占比70%~75%。与其他类型的电源特别是煤电相比，气电的上网电价较高，以上海地区为例，上海气电上网电价（电量电价）较煤电基准价高出6~9分/（kW·h）①。

当然，天然气发电增长缓慢还与天然气供应阶段性紧张、电力需求增速放缓等因素有关，但气电产业一直没有停下发展壮大的步伐。截至2019年底，我国气电装机容量已突破9000 × 10^4kW，在我国能源革命和经济发展方式向绿色低碳转型进程中发挥着越来越重要的作用。虽然近5年基本维持在4.3%~4.5%的装机增速，但气电占火电装机的比重却保持了较为明显的增长态势，由2010年的4.1%增长为2019年的8.7%（见图5-1），表明气电作为低碳清洁能源在我国能源结构调整和低碳转型发展中的地位越来越重要。

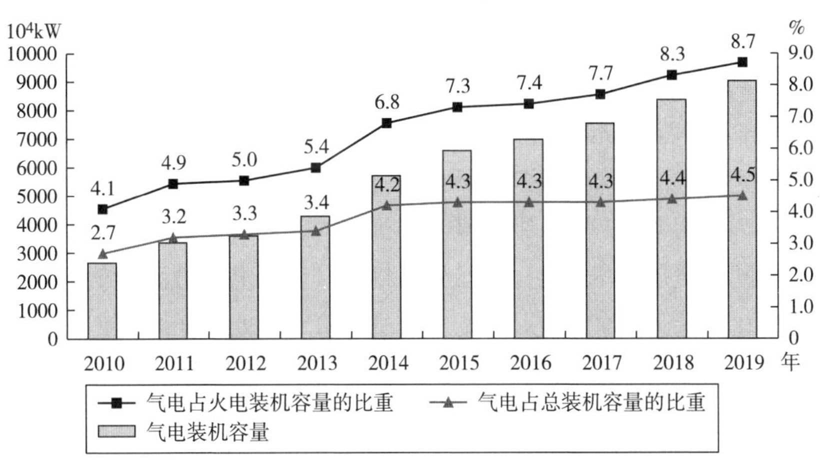

图 5-1　2010—2019 年我国气电装机容量增长及占比情况

随着气电装机容量的增加，燃气发电量逐年提升，2010—2019年由

① 陈蕊，朱博骐，段天宇 . 天然气发电在我国能源转型中的作用及发展建议［J］. 天然气工业，2020，40（7）：120-122.

777×10^{8}kW·h增至2380×10^{8}kW·h，发电量占比由1.9%小幅升至3.2%。2019年，我国天然气发电用气达540亿立方米，占年消费量的17.8%[①]。

第二节　我国“十四五”期间各领域天然气利用趋势

“十四五”期间及未来较长时期，尽管我国天然气发展将受到诸多不利因素的影响，但天然气行业快速发展的总体趋势不变。一是国家实施能源转型、发展清洁能源的政策方向将继续推动天然气行业发展。目前我国人均天然气年消费量刚刚超过200立方米，不到全球人均消费量的一半。天然气在我国一次能源结构中占比不仅远低于亚洲国家（12%），更低于全球（24%）的平均水平。二是城镇燃气发展空间大，以国际平均居民气化水平70%以上看，我国还有13%的空间，西北、东北、青藏以及一些发达省市的城镇还没有管道气供应；车船用气由于天然气价格下降，经济性进一步向好；天然气下游已形成多主体、多元化市场格局，城燃企业超过3000家，央企、地方国企、外资、民营企业充分竞争，它们开拓市场的积极性为行业发展注入了强大的动力。三是工业燃料用气，环渤海、汾渭平原有国家政策推动，工业小锅炉、小窑炉在“十三五”期间基本淘汰完毕，但其他地区还有很大的“煤改气”空间。四是天然气发电，虽然装机容量和发电量增长缓慢，但不利因素正在转化，尤其是未来较长时期天然气价格可能处于低位。五是天然气化工虽然占比可能进一步下滑，但绝对量仍有一定的增长，尤其是氢能的发展对天然气的需求将促进天然气化工利用。

一、城镇燃气

“十四五”期间，城镇燃气各门类（居民、天然气车船、公服、采暖）都有消费增长空间，3个门类更为显著：一是居民尤其是农村居民“煤改气”

① 刘朝全，姜学峰.2019年国内外油气行业发展报告［M］. 北京，石油工业出版社，2020.

将扩展到东北、西南、中部区域；二是南方居民采暖需求有可能较大规模实施；三是天然气重卡在政策推动下增长前景仍在。

本章第三节分高、中、低三种情景预测了2035年前我国天然气消费量。三种情景下，2025年前，我国城镇燃气天然气消费量分别为1422.3亿立方米、1387.8亿立方米、1357.4亿立方米，其中，中情景考虑了我国城镇燃气行业进入“新常态”的现实，更符合“十四五”实际，2025年城镇燃气的消费占比为33%，比2020年低2.5个百分点。

（一）“煤改气”仍将持续，空间大幅减少

在总结近几年“煤改气”经验、持续推进清洁供暖的同时，“煤改气”政策将更加务实，各地实施的措施将更趋理性①。

2019年7月3日，国家发展改革委发布征求《关于解决“煤改气”“煤改电”等清洁供暖推进过程中有关问题的通知》意见的函，针对“煤改气”“煤改电”等清洁供暖推进过程中出现的典型问题提出了应对办法，并开始提出重点发展清洁煤供暖和生物质能供暖。这一重大转变主要包括两方面的考虑：一是目前在“煤改气”“煤改电”过程中，气荒、安全事故、补贴难到位、居民用不起等各种问题比较集中；二是实施“煤改气”后，中国天然气消费量猛增，对外依存度急剧上升，使能源安全受到挑战。预计“十四五”期间，民用散煤的天然气替代量将大幅下滑，不再是“煤改气”的主力领域。

按照既定目标，2020年京津冀及周边地区、汾渭平原的大部分农村将完成“气代煤”改造。从全国范围来看，“十四五”期间，华北地区的改造将基本完成；东南沿海地区采暖基数极低，并且散煤用户极少，可忽略不计，故不存在“煤改气”可能性；西北地区地广人稀，经济水平滞后，气源不足，难以形成规模化“煤改气”。所以“气代煤”的民用改造预计将重点集中在东北、西南和中部地区，特别是辽宁、四川、重庆、湖北、湖南、安徽等省市。

以我国当前的社会发展阶段来看，在散煤利用领域推广天然气替代既必要又紧迫。“十四五”期间，天然气价格和政策导向仍将是影响“煤改气”

① 邱岩峰．中国城镇燃气企业发展现状与形势分析［J］．国际石油经济，2020，28（4）：82–89.

持续推进的两大核心因素。本书认为，如果我国的天然气市场化改革能持续推进，加强区域输配价格监管，进一步推动终端用气价格降低，则“煤改气”仍具有较长时期的生命力。

（二）南方居民采暖需求支撑“十四五”消费增长

我国大陆31个省份中已经有27个省份实现或部分实现了居民采暖，仅有福建、海南、广东、广西4个省份没有居民采暖。长期以来，我国居民采暖地区主要集中在严寒和寒冷地区，即北方15个省份（黑吉辽京津冀蒙青新甘宁晋陕鲁豫）。

近10年来，南方地区（苏浙沪川渝皖鄂湘赣滇黔藏）12个省份居民对采暖诉求越来越大。在2012年、2013年、2018年的“两会”期间，都有代表或委员提出重划南北采暖分界线的建议，而且部分地区已经实现了采暖甚至集中供暖。有以下三个因素支撑“十四五”期间南方地区天然气采暖需求发展：一是天然气供应相对宽松，二是管网覆盖程度越来越高，三是居民采暖经济承受力越来越强。

根据北京世创能源咨询有限公司预测（BSC）[①]，2030年前我国总采暖面积的增加主要来自南方，北方地区采暖面积的增加主要依靠人口的增加，预计2030年全国新增采暖面积12亿平方米，其中南方地区增加8亿平方米，占全国总采暖面积增量的比例为67%。就天然气采暖来看，我国北方居民采暖面积仍有增长空间。截至2018年底，我国北方地区天然气采暖人口为8120万人，占北方总人口的14%，远低于美国38%的普及率。

BSC分两种情景预测了2025年我国居民采暖需求，基准情景下需求量为430亿立方米，2018—2025年年均增加22.4亿立方米；乐观情景下需求量为490亿立方米，2018—2025年年均增加31.3亿立方米。BSC认为，天然气采暖作为民生需求，政府将会持续实施扶持政策，乐观情景实现的可能性较大。

（三）天然气重卡

近年来，天然气重卡市场在政策推动下快速发展。2017年国家发展改革委印发的《加快推进天然气利用的意见》[②]提出：“提高天然气在公共交通、

① 杨建红.中国天然气采暖（居民）需求分析［R］.北京：北京世创能源咨询有限公司，2019.

② 《关于印发〈加快推进天然气利用的意见〉的通知》（发改能源［2017］217号）。

货运物流、船舶燃料中的比重。天然气汽车重点发展公交出租、长途重卡，以及环卫、场区、港区、景点等作业和摆渡车辆等。”由于公交出租车领域电动化政策支持力度的增强，天然气在此领域反而有下降趋势。但天然气重卡在2019年仍保持了一定的发展速度，销量突破11万辆，创历史新高，市场渗透率突破10%。同时，加气站布局不断完善，目前全国已建成加气站超过9000座，预计2020年底天然气加气站将超过1.2万座。

从发展前景来看，在油价回升空间不大、气价走低趋势下，天然气重卡的经济性仍然存在，加之未来蓝天保卫战、国VI排放升级、区域性环保要求、加气站布局等多重有利政策的加码，有可能推动天然气重卡长期向好。中汽数据有限公司预计，到2025年天然气重卡销售贡献度有望超过25%。

（四）LNG 动力船

1. 国家和地方政府出台多项文件支持。

LNG动力船是指通过技术改造升级，将原来以柴油、重油为主要燃料的内河、沿海船舶改造为以LNG和柴油双燃料，并逐步替代为纯LNG动力燃料的“油改气”工程。从2016年开始，国家有关部委陆续出台了很多支持和鼓励LNG船舶发展的政策。

2016年，交通运输部相继发布《液化天然气码头设计规范》（JTS165-5-2016）和《内河液化天然气加注码头设计规范》（试行）（JTS196-11-2016）等内河液化天然气码头和加注站设计的相关规范，为LNG加注体系的发展指明了方向。

2017年，交通运输部发布《长江干线京杭运河西江航运干线液化天然气加注码头布局方案（2017—2025年）》（交办规划〔2017〕109号），提出到2025年前，我国要基本建成长江干线、京杭运河、西江航运干线LNG加注码头体系。其中，长江干线布局45处，在宜宾、重庆、宜昌、岳阳、武汉、九江、安庆、南京、上海等港口设立。LNG加注码头间距原则上不超过150公里，特别要在长江干线中下游、京杭运河江浙段等船流密度较大的航段适当加密。

2018年，交通运输部发布《关于深入推进水运行业应用液化天然气的意见（征求意见稿）》（交办水函〔2018〕1215号）。《意见》提出，到2025年，我国要基本形成覆盖全面、技术先进的水运装备LNG清洁能源应用体系，基本建成完善的加注服务网络，新建公务船舶应用LNG比例达15%以上，内河水域新建内河和江海直达船应用LNG比例达10%以上。该《意见》还明确，要围绕建立长期稳定的天然气产、供、储、销体系要求，加快内河LNG码头建设，率先以长江干线为主稳步推进内河LNG运输。

2018年，财政部等多部委发布《关于节能新能源车船享受车船税优惠政策的通知》，将使用纯天然气发动机的船舶作为新能源船，免征车船税。此后，多个沿海沿江省市也发布了支持LNG动力船发展的文件，如江苏省出台了《关于明确标准船舶和使用LNG清洁能源船舶过闸优惠事项的通知》；广州市港务局出台了《广州港口船舶排放控制补贴资金实施方案的通知》；深圳市出台了《深圳市绿色低碳港口建设补贴资金管理暂行办法》；广西出台了《广西壮族自治区交通运输厅关于广西西江船舶液化天然气加注站推广应用工作方案》。

2. 发展机遇。

除国家和地方政策的支持外，还有以下两个方面的有利因素：一是我国未来天然气供应充足，价格有望处于低位。二是技术相对成熟，各地发展LNG船舶有了较为成熟的经验。如京杭运河及内河水域，确立发展岸基式加注站为主；长江干线、西江干线以趸船加注为主，移动加注（港作）为辅；沿海以移动加注为主，槽车加注为辅。

因此，从近年来密集出台的LNG产业相关政策来看，如果LNG产业链能够协调发展，市场热情将会被重新点燃，实现上述目标也许并不困难。特别是随着环保形势的日趋严峻，航运控硫标准不断提高，LNG动力船有望成为“气化长江”的先锋队。如果该领域在“十四五”期间能够快速发展，那么天然气在船舶领域的消费量也会有不小的涨幅。

二、工业燃料

“十四五”期间，随着环保要求的持续推进，“煤改气”工程仍将在全国有序开展下去，工业燃料作为“煤改气”中占比最大的领域，有望快速发展。

本章第三节分高、中、低三种情景预测了2035年前我国天然气消费量，其中，2025年我国工业燃料天然气消费量分别为1647亿立方米、1605亿立方米、1560亿立方米。中情景我们考虑了我国工业燃料行业进入“新常态”的现实，更符合“十四五”实际，2025年工业燃料消费占比为38%，比2020年低0.1个百分点。

根据我国的能源政策导向和发达国家的历史经验，电力和天然气是工业用能的未来主力，由于环保压力，煤炭利用比重将会持续降低。但是部分用户及应用领域的气价承受力不足，煤炭的消费量还将存在一定空间。

据北京世创能源咨询有限公司（BSC）预测，2025年天然气在工业用能的占比将从2018年的8.4%提升到12.0%，增速较“十三五”期间有所放缓。“十四五”期间，天然气在工业燃料领域的主要替代品为煤炭和石油。从替代方向来看，“气代煤”和“气代油”的主要替代方向都是食品加工、消费、医药，主要原因是这些行业天然气价格承受能力较高，且替代没有较高的技术、经济和政策壁垒。钢铁、化工、有色、建材等高能耗企业由于对气价较为敏感，以及改造成本较高，预计替代比例相对较低。

天然气行业专家汪晔经过研究分析认为，2017年，天然气在纺织业能源消费占比仅为4.9%，在食品加工业仅为10.5%，工业燃料的散煤替代仍然存在巨大的市场空间。同时，仅看各行业可能的“煤改气”市场空间是片面的，决定其是否能接受能源迭代的另一个重要指标是能源成本在总成本中的占比①，也就是工业燃料各部门对能源成本的敏感性差异（见表5-1）。

表 5-1　　工业燃料各部门能源成本对比

行业	产出/10亿元	能源成本/10亿元				能源成本与产出之比 /%
		煤炭	天然气	其他	小计	
工艺品	1476.2	0.7	1	6.9	8.56	0.6
仪器	828.6	0.2	0.2	7.2	7.6	0.9
家电	6692.2	3.5	2.1	56.5	62.1	0.9
运输设备	1865.4	1	4.1	16	21.1	1.1
汽车	6634.2	2.5	7.4	64	73.8	1.1

① 中华人民共和国国家统计局 . 2016 中国统计年鉴［M］. 北京：中国统计出版社，2016：283-298.

续表

行业	产出/10亿元	能源成本/10亿元				能源成本与产出之比/%
		煤炭	天然气	其他	小计	
食品加工	6359.6	14.7	1	52.7	68.3	1.1
家具	734.8	0.3	0.4	7.7	8.4	1.1
特殊设备	3503.9	1.8	3.3	40.6	45.8	1.3
制药	2320	7.4	2.2	24.7	34.3	1.5
金属产品维修	85.9	0	0.2	1.2	1.4	1.6
印刷材料	689.4	0.4	0.7	9.5	10.7	1.6
一般设备	4715.1	1.8	3.1	77.3	82.3	1.7
金属产品	3661.2	2.8	4.7	105.5	113	3.1
纺织	3770.4	13	1.5	120.6	135.1	3.6
非黑色金属采矿	634.8	1.2	0.2	29.8	31.1	4.9
黑色金属采矿	933.1	2.3	0	46.1	48.4	5.2
造纸	1377.5	25.5	2	50.6	78.1	5.7
油气开采	1166.4	1	48.6	64.6	114.2	9.8
非黑色矿产加工	5824	174.6	30.7	298.6	503.9	8.7
化工	8235.3	143.3	105.7	532.5	781.5	9.5
非黑色金属加工	4615.5	60.7	14.1	352.8	427.7	9.3
煤炭开采	2602.5	188.4	4.2	87	279.5	10.7
黑色金属加工	7102.7	182.6	14.4	1115.4	1312.4	18.5
石油加工	4080.3	252.7	16.9	1303.8	1603.4	39.3

很明显，能源成本在产出价值中占比较高的行业，如煤炭开采、金属加工等，接受能源升级的难度较大；而在食品加工、制药等行业中，能源成本占比不高，比较容易接受“煤改气”。

三、天然气发电

长久以来，天然气发电的功能定位在电力发展中充满争议。围绕要不要大力发展天然气发电，一直有两种不同的声音。挺气电派认为，天然气发电是一种清洁、高效、灵活的电源，应该提高其发电比例；另一种声音认为，天然气发电成本偏高，缺乏经济性，且目前国内气电多为热电联产机组，对于电网的调峰调频贡献不大。展望“十四五”，供应宽松、气价稳中有降等因素将有利于天然气发电增长。

本章第三节分高、中、低三种情景预测了2035年前我国天然气发电用气量，其中，2025年我国天然气发电消费量分别为782亿立方米、771亿立方米、754亿立方米。其中，中情景下2025年的天然气发电消费占比为18.4%，比2020年高1.4个百分点。

（一）电源结构向低碳转型，天然气发电是重要补充

在全球电气化的背景下，中国电力在最终能源中的消费占比将从目前的21%提高到2050年的47%①。如何在减少电力产业碳排放的同时满足高速增长的电力需求，是当前阶段需要解决的重要问题。一方面，风电、太阳能发电等可再生能源在短期内仍无法填补电力需求空缺，另一方面，随着可再生能源发电装机容量快速增长，其间歇性的特点需要大量调峰电源与之配套。作为调峰调频性能优良的电源，天然气发电是可再生能源发电的最佳补充，是电力部门低碳转型的可行技术路线。这就决定了天然气发电在我国持续发展的前景②。

（二）生态环境约束背景下，中长期天然气发电发展空间依然广阔

受资源禀赋的影响，中国电源结构以煤电为主。随着环保压力的增大，近期出台的环保政策对燃煤电站继续发展有着极大限制，煤电发展的环境容量空间越来越小，尤其是在京津冀、长三角、珠三角等地区。在煤电替代环保治理重点地区、作为调峰电源与可再生能源协同发展等方面，天然气发电

---

① 黄晓勇，祝捷．世界能源蓝皮书：世界能源发展报告（2019）［M］．北京：社会科学文献出版社，2019.

② 孙文娟，孙海萍，荆延妮．中国天然气发电产业发展现状及展望［J］．国际石油经济，2020，28（4）：91－96.

均具有较为广阔的需求空间。随着"十四五"期间电力及天然气市场化改革的落地，改革红利将集中释放，从而有效提升气电经济性。受气源可获得性提高、天然气发电技术提升、天然气发电与可再生能源融合发展等推动，中长期气电将迎来较大的发展空间。据思亚能源咨询公司2019年7月的预测，2030年中国发电及集中供热用气量将超过1300亿立方米，预计占天然气消费总量的26%[①]。

（三）天然气发电电力工程造价呈下降趋势

2017年，国家发展改革委、国家能源局制定了《依托能源工程推进燃气轮机创新发展的若干意见》[②]，要求加快突破燃气轮机关键材料，掌握燃气轮机运行维护服务技术，降低燃气轮机设备造价和维修服务费用。2018年，燃气—蒸汽联合循环发电工程概算造价比上年下降，其中燃气轮机价格的下降是主要影响因素，降幅为3%~6.5%[③]。预计"十四五"期间，天然气发电成本将进一步下降。

（四）我国天然气发电路径呈现多元化趋势

气电在满足增量电力、热力需求，替代煤电、散煤等方面有较大潜力。根据国网能源研究院预计，2030年、2050 年中国电力需求量将在当前基础上分别增长约50%、85%，需求增量空间仍很大。随着环保治理范围扩大和力度的提升，控煤、限煤政策使新上煤电的可能性进一步降低，特别是粤港澳、长三角等地区的清洁低碳发展已进入新阶段，价格承受能力也相对较高，气电具有较大的发展空间。

气电在配合可再生能源调峰、与新能源多能互补发展方面具有较大潜力。根据有关机构预测，2035年，风电及太阳能发电装机在我国电源结构中占比将达到44%~46%，2050年将达到58%~60%。高比例可再生能源客观上增加了对灵活性电源的需求，在电池储能实现大规模商业应用前，气电是增量调峰电源的重要方式之一。天然气与新能源融合发展的另一个重要场景是多能互补集成供能系统，面向终端用户冷、热、电、气等多种用能需求，通过

① 思亚能源 . 中国天然气市场供需长期预测 2030［R］. 2019.

② 国家发展改革委、国家能源局《依托能源工程推进燃气轮机创新发展的若干意见》。

③ 中国电力企业联合会 . 中国电力行业年度发展报告 2019［M］. 北京：中国建材工业出版社，2019.

天然气热电冷三联供、分布式可再生能源和能源智能微网等方式，实现多能协同供应和能源综合梯级利用。天然气发电的灵活性优势将有助于提升可再生能源发电装置的利用率，从而降低整个供能系统的成本。2017年，国家批准了23个国家级多能互补集成优化示范工程，其中13个项目涉及天然气。气源成本相对较低的地区，具有发展气电的内生动力。我国西南、西北地区国产气资源相对丰富，价格相对较低，东北地区作为中俄东线入境省份，价格相对其他省份更有优势。川渝地区中长期存在电力供需缺口，西北、东北地区有大量可再生能源需要消纳，这些地区既有需求，又有成本优势，气电发展潜力较大[①]。

（五）气电未来的发展根本是降低成本

事实上，围绕气电发展最核心的争论就是高成本问题。尽管2020年以来国内气价下降明显，但反映在气电上，相对于煤电、水电等电源，气电的经济性并没有得到快速且大幅度的改善。未来气电行业要长久、稳定、健康发展，除了要凸显清洁、灵活、高效的优势外，还需要继续缩小与其他各类电源之间的成本差异。可以采用的方式包括减少输送环节加价、改革天然气价格机制、给大用户提供气价优惠等。同时，要不断寻求有竞争力的上游供应资源。

四、天然气化工

天然气化工是我国天然气的重要消费领域，虽然目前化工生产消耗的天然气量占国内天然气消费量的比例已由2005年的30%降至不足9%左右，但绝对用气量仍非常可观。在川渝、西北等天然气丰富和开发利用较早的地区，天然气化工占化工行业的比重仍很大。

本章第三节分高、中、低三种情景预测了2035年前我国天然气化工用气量，其中2025年我国天然气化工用气量分别为448亿立方米、436亿立方米、429亿立方米。中情景下2025年的天然气化工消费占比为10.4%，比2020年高1.2个百分点。

① 刘志坦，叶春，王文飞.产业链视角下天然气发电产业发展路径［J］.天然气工业，2020（7）：129-137.

从天然气制化肥来看，虽然行业产能依然过剩，但结构调整已初现成果，企业效益好转，价格承受力进一步增强。“十四五”期间天然气制化肥在资源地仍有一定的发展。

“十四五”期间对天然气化工利好的重要方面是氢能产业的发展。在2020年国民经济和社会发展计划的主要任务中，首次提出要制定国家氢能产业发展战略规划。氢能以其清洁、零排放、高热量等自身优势，作为“能源”正在获得业界的认可①。尤其是氢能在交通领域的应用，未来5—10年将迎来较快增长，而氢能发展的首要问题是制氢。

化石资源制氢以天然气制氢最为经济与合理，世界约一半的氢是通过天然气蒸汽重整工艺生产的。随着国内外科技的发展，我国在天然气制氢方面取得了一定的发展成果，特别是在天然气制氢催化剂方面。当前，国内一些大中型企业在天然气制氢方面很多是以引进国外技术为主，例如蒸汽转化程序就主要采用国外先进技术，同时在国内也取得了一些成果，例如某化工设计院开发的PSA技术在工业领域已经得到了应用。

第三节　我国“十四五”期间天然气消费总量与结构分析

一、天然气消费量预测方法简介

天然气需求根据预测范围的不同可分为世界水平、国家层面、天然气分销系统层面、商业和住宅领域，以及个体用户，针对不同的预测范围、不同的影响因素可建立相对应的不同规模的预测模型；根据时间尺度的长短，按日、月、季和年的不同周期，也可以建立不同的预测模型；同时，也有学者根据历史资料的丰歉程度构建预测模型。因此，目前天然气需求量的预测模

① “十四五”氢能行业发展的五个基本判断［OL］.http: //chuneng.bjx.com.cn/news/20200608/1079209.shtml.

型比较多。

在学术研究中主要有灰度模型、统计学模型、计量经济模型和以神经网络等为代表的人工智能模型和组合模型。除了组合模型，一般可分为两大类：传统模型和基于机器学习算法建立的模型。传统模型包括灰度模型、回归模型和动力学模型；基于机器学习算法建立的模型包括神经网络模型、支持向量机和贝叶斯模型。在实际工作中，还有根据主要天然气用气项目规划情况来预测天然气需求的项目法。模型各有优劣，考虑的影响因素不同，需通过实际问题具体分析选择其最优的对应模型。

基于前人的研究，结合各类方法的适用条件，本节的天然气消费量预测，全国及分省份主要采用区位商法，分领域则重点采用消费系数法、延伸预测法和项目分析法。

（一）分省份的天然气消费量预测

中国天然气行业发展迅速，但各地发展并不均衡。各省份与天然气需求相关的资料因各地统计情况参差不齐，收集难度较大，而且能收集到的部分资料因样本数量较少，影响预测的精确度。同时，大部分天然气利用项目建设周期较短，无须审批规划的中小项目较多，在中国能源市场快速发展的时期，很难提前5年完全掌握或预测相关项目的废立，因此很难采用传统模型进行分省份的天然气需求预测。

本书由此采用区位商法对全国及分省市天然气需求进行预测。区位商法（The Location Quotient Technique）是1955年由马蒂拉（J. M. Mattila）和汤姆逊（W R. Thompson）提出的。在区域经济学中，通常用区位商来判断一个产业是否构成地区专业化部门。区位商法是指一个地区特定部门的产值在地区工业总产值中所占的比重与全国该部门产值在全国工业总产值中所占比重之间的比值。该方法已成为定量分析区域经济的重要手段。

采用区位商法的主要原因在于：一是我国各地天然气行业发展不均衡，而且这种不平衡有扩大的趋势，使用统一的系数预测效果一致不理想；二是各省市与天然气需求相关的资料因统计问题参差不齐，收集难度较大且样本数量较少，影响预测的精确度；三是大部分天然气利用项目建设周期较短，无须审批规划的中小项目较多，在天然气市场快速发展的时期，很难提前5年完全掌握或预测相关项目的废立。利用区位商法预测很好地回避了上述问题，所需要的历史资料相对较少，各省区市天然气需求量、人口和GDP数据也能满足一致、齐备的要求，在模型中需要进行预测的未来各省区市人口和GDP也有较为权威的机构规划或预测数据作为参考。当然，区位商法也有局限性，故预测过程中也结合其他方法修正。

1. 定量理论计算。

（1）明确区位商法预测中所需要的基础数据来源。主要包括两个方面：一是全国和各省份的历史经济、人口和天然气消费数据；二是预测的未来全国和区域宏观经济和人口数据，以及未来全国天然气需求数据。

历史数据中，全国和各省份的经济和人口数据均来自国家统计局，2016—2019年全国的天然气消费数据来自国家统计局、中国城市燃气协会和北京世创能源咨询有限公司。

预测的未来各类数据的依据如下：

GDP预测方面，参考清华大学中国与世界经济研究中心主任李稻葵对未来中国经济发展进行的展望，设定2020—2030年GDP增速为6%，2031—2035年GDP增速为4%。结合各省份经济发展历史和趋势以及预测的全国问题，确定2035年之前的各省份GDP增速。

人口预测方面，根据国务院《国家人口发展规划（2016—2030年）》的规划和联合国的《世界人口展望2019》，设定2020年全国总人口将达到14.2亿人左右，2030年将达到14.5亿人左右，在2033年将到达顶峰，为14.6亿，2034年和2035年将以0.1%的速度下降。结合各省份人口发展历史和趋势以及全国规划，确定2035年之前的各省份人口增速。

全国天然气消费量预测方面，根据全球和我国天然气市场发展情况，以及天然气在能源结构中地位的变化，参考中国石油集团经济技术研究院、国务院发展研究中心等机构对未来天然气需求的预测结论，本书设定了低、中、高三种情景的未来天然气需求，其中，预测的情景设定如下：（1）以《能源生产和消费革命战略（2016—2030）》和《天然气发展“十三五”规划》确立的天然气发展目标为参考依据，设定为中情景。（2）考虑到可再生能源的快速发展及国内外不利于天然气发展因素，设定为低情景。（3）考虑到二氧化碳排放在2030年达到峰值，天然气在传统化石能源与可再生能源之间的桥梁作用，设定为高情景。详见表5-2。

表 5-2 分情景 2025 年、2030 年、2035 年全国天然气需求总量

单位：亿立方米

年份	低情景	中情景	高情景
2025	4100	4200	4300
2030	5000	5200	5550
2035	5700	6000	6600

（2）以上述数据为基础，进行分省份的定量计算。

首先，构建单位产值天然气消费量的区位商公式：

$$\mathrm{LQI}_a^T=\frac{\dfrac{GAS_a^T}{GDP_a^T}}{\dfrac{GAS^T}{GDP^T}} \tag{5-1}$$

其中，LQI代表着某省份单位产值天然气消费与全国单位产值天然气消费之商，无量纲；GAS表示天然气消费量，单位为10^8m^3；GDP表示生产总值，单位为亿元；下标a表示省份，上标T表示年份，GDP没有下标的表示为全国平均参数，单位为亿元。

在实际计算中，需要预测判断的是各省份天然气消费量的增速V_a^T，LQI不参与数值计算，而是作为一个重要的判断条件参与逻辑运算，为更加广泛地考虑相关的影响因素，这里又加入了另外一个区位商作为判定条件，即人均天然气消费量，公式如下：

$$\mathrm{LQII}_a^T=\frac{\dfrac{GAS_a^T}{POP_a^T}}{\dfrac{GAS^T}{POP^T}} \tag{5-2}$$

式中，LQII为人均天然气消费量的区位商，无量纲；POP为人口，万人。

在已知全国及各省份历史天然气消费量、国内生产总值和人口的前提下，首先对未来各省份天然气消费增速进行预测，然后借助预测的全国总天然气需求量进行加权平衡。第t期i省份的天然气消费增速首先根据如下公式确定：

$$V_i^t=\begin{cases}\alpha V_i^{t-1}+(1-\alpha)V_i^{t-1}, & if\ \ \mathrm{LOI}_i^{t-1}\geqslant 1\ \&\ \mathrm{LOII}_i^{t-1}\geqslant 1\ \&\ V_i^{t-1}\geqslant V^{t-1};\\ V_i^{t-1}, & if\ \ \mathrm{LOI}_i^{t-1}\geqslant 1\ \&\ \mathrm{LOII}_i^{t-1}\geqslant 1\ \&\ V_i^{t-1}< V^{t-1};\\ \alpha V_i^{t-1}+(1-\alpha)V^{t-1}, & if\ \ \mathrm{LOI}_i^{t-1}\geqslant 1\ \&\ \mathrm{LOII}_i^{t-1}< 1\\ V_i^{t-1}, & if\ \ \mathrm{LOI}_i^{t-1}< 1\ \&\ \mathrm{LOII}_i^{t-1}< 1\ \&\ V_i^{t-1}\geqslant V^{t-1};\\ \beta V_i^{t-1}+(1-\beta)V_i^{t-1}, & if\ \ \mathrm{LOI}_i^{t-1}< 1\ \&\ \mathrm{LOII}_i^{t-1}< 1\ \&\ V_i^{t-1}< V^{t-1};\\ \beta V_i^{t-1}+(1-\beta)V_i^{t-1}, & if\ \ \mathrm{LOI}_i^{t-1}< 1\ \&\ \mathrm{LOII}_i^{t-1}\geqslant 1\end{cases}\tag{5-3}$$

其中，V表示天然气消费量的增速，下标i表示省份，上标t表示年份，LQI、LQII为前面公式描述的单位产值天然气消费量和人均天然气消费量的区位商，α，β分别为增速趋同的调整因子，这里我们设为1/10。

该公式的一个核心假设在于各省份的单位产值天然气消费与人均天然气消费量趋同，各情景下设定如下：

① 若某省份单位GDP天然气消费高于全国水平，人均天然气消费高于全国平均水平，且上年天然气消费增速高于全国平均水平，则该年增速趋向于全国平均水平，用调整因子进行设定；

② 若某省份单位GDP天然气消费高于全国水平，人均天然气消费高于全国平均水平，但上年天然气消费增速低于全国平均水平，则该年增速设定为与上年相同；

③ 若某省份单位GDP天然气消费高于全国水平，但人均天然气消费低于全国平均水平，则该年增速设定为该地区上年增速与全国平均增速的加权和；

④ 若某省份单位GDP天然气消费低于全国水平，人均天然气消费低于全国平均水平，但上年天然气消费增速高于全国平均水平，则该年增速设定为与上年相同；

⑤ 若某省份单位GDP天然气消费低于全国水平，人均天然气消费低于全国平均水平，且上年天然气消费增速低于全国平均水平，则该年增速趋向于全国平均水平，用调整因子进行设定；

⑥ 若某省份单位GDP天然气消费低于全国水平，但人均天然气消费高于

全国平均水平，则该年增速设定为该地区上年增速与全国平均增速的加权和。

根据判断公式得出的天然气消费增速可以计算各地区下一年天然气消费增量Δgas_i^t，但其汇总之和并不用来直接与已经预测出的全国天然气消费增量进行匹配，而是用各地区算得的天然气需求增量算得各自所占比例：

$$ST_i^t=\frac{\Delta gas_i^t}{\sum_i \Delta gas_i^t} \tag{5-4}$$

然后，用这一比例对全国总增量ΔGAS^t进行分解，公式如下：

$$GAS_i^t=GAS_i^{t-1}+\Delta GAS^t\times ST_i^t \tag{5-5}$$

由此，得出各省份天然气消费总量。

2. 定性分析调整。

上述区位商法的预测值仅作为各省份未来天然气需求的初值，最后还需要结合各地天然气政策、规划、储运基础设施建设、分部门天然气需求趋势等情况，进行分析和研判，对预测初值进行进一步调整，从而得到最终的各省份各年份的天然气需求预测值。

（二）分领域的天然气消费量预测

基于全国各省份的天然气消费量预测数据，本书采用消费系数法、延伸预测法和项目分析法，对天然气各领域的消费量进行进一步的预测。

首先，明确天然气市场利用的四大领域为城镇燃气、工业燃料、天然气发电和天然气化工，收集、整理各省份各行业天然气利用现状和政策、经济等发展趋势。

然后，以现状为基础数据，考虑相关参数趋势及天然气在该领域的能源竞争力，各领域采用相应的预测方法，得出该领域的市场需求。

最后，在此基础上考虑外部影响因素，结合消费总量，对消费结构进行调整和修正。

1. 城镇燃气。

居民用气以居民人口、城镇化率、气化率和居民人均用气量为基础进行预测，其中，居民人均用气需要考虑到常规用气（洗澡、炊事等）和采暖用气，常规用气按照全国平均水平预估即可，采暖用气则需要结合各省份的地理位置、城乡比例、“煤改气”率、人均采暖面积、平均采暖时间等，进行分类预估。公共服务主要参考天然气的用能比例的现状及发展趋势，重点考虑基于安全进行LPG替代和基于环保进行煤炭替代，根据总能耗量和折煤系数推算出天然气的消费量。车船用气量则主要通过车船保有量、气化率、平均耗气量等指标，结合发展政策进行预测。

2. 工业燃料。

根据工业用能结构的历史数据、能源品种发展形势以及其他国家工业用能的变化趋势，确定天然气在工业用能中的比例。此外，由于天然气在工业领域用能的主要方向是对其他能源进行替代，因此本预测重点考虑环保政策、天然气价格等因素对替代进程的影响，预判天然气在不同工业领域的替代趋势与替代比例。

3. 天然气发电。

由于我国天然气电厂项目规划和进展较为明朗，针对“十四五”的短期预测，本书主要是对各省份已投、在建、核准、规划的具体燃气项目进行统计，分析项目的落实程度，根据装机规模、发电小时数或发电量预测用气需求。同时，也结合国家、地方政府、发电企业、研究机构的规划和相关研究，预测燃气电厂装机规模或发电量占全国总装机或发电量的水平，进行总量上的修正，进而确定天然气发电需求。

4. 天然气化工。

天然气化工同样采用项目分析法，对各省份已投、在建、核准、规划的具体天然气化工项目进行统计，分析项目的落实程度，根据产能规模和单位产能耗气量预测用气需求。

二、2035年前我国天然气消费总量与结构

根据以上预测方法，我国2016—2035年的天然气消费量变化趋势如图5-2所示。可以看到，“十四五”期间，我国的天然气消费仍保持着不错的发展势头，到2025年，我国的天然气消费量预计在4100亿~4300亿立方米，“十四五”的天然气总消费量预计在18460亿~19060亿立方米，年均增长率在5.5%~6.1%。

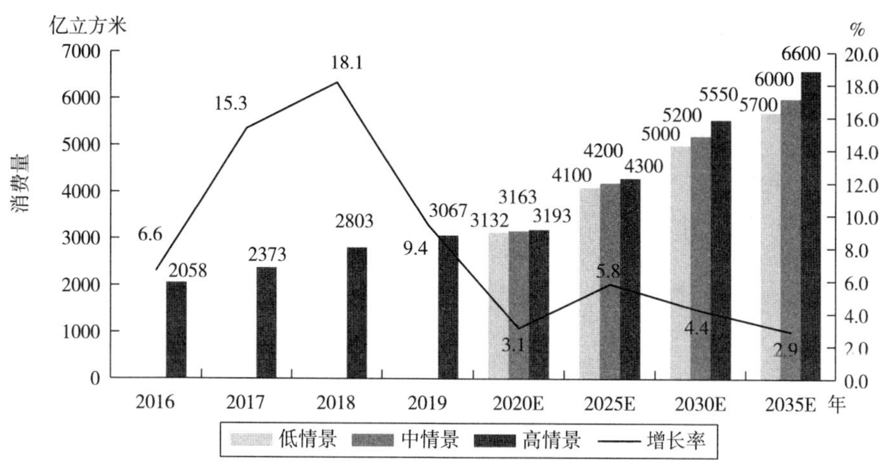

注：（1）2016—2019 年数据来自国家发展改革委；

（2）2020—2035 年数据为本书预测。

图 5-2 2016—2035 年我国天然气消费量变化趋势

考虑到宏观经济增速、人口变化、政策导向等因素的影响，2025年，我国天然气消费量最有可能达到中情景的4200亿立方米，较2020年增加约1000亿立方米。“十四五”总消费量为18810亿立方米，较“十三五”期间增加5500亿立方米左右；“十四五”时期年均增长率为5.8%，环比“十三五”减少4.4个百分点。2030年，预计我国的天然气消费量可达中情景的5200亿立方米，较2025年增加约1000亿立方米。2035年，预计我国的天然气消费量可达中情景的6000亿立方米，较2030年增加约800亿立方米。

细化到省区市来看，按照中情景预测，“十四五”期间，天然气消费总量最多的5个省市分别为江苏省、四川省、广东省、北京市和山东省。其中，江苏省高达1850亿立方米，四川省同样超过1500亿立方米，广东省、北京市和山东省均超过1000亿立方米。5年累计天然气消费总量较少的5个省区分别是西藏、云南、广西、贵州和宁夏。其中，西藏发展缓慢，天然气消费总量仅为个位数，云南省不足100亿立方米，广西、贵州和宁夏也均不足200亿立方米。

江苏省和广东省都拥有众多的工业园区和极强的经济实力，在玻璃、陶瓷、电子等行业中已经形成了较大规模的用气量，同时，这两省还有全国最大规模的天然气发电，所以凭借工业燃料和发电领域的消费，遥遥领先全国。四川省和山东省都是人口大省，经济发展也较为迅猛，并且两省都有较多的自产或者外供天然气资源。不过，四川省的天然气消费主要依赖较高的城镇气化率和人口基数，山东省则偏重于工业领域的“煤改气”；北京市由于首都的特殊政治地位，在各领域的“煤改气”中都一马当先，较高的消费量主要来自城镇燃气和天然气发电。

西藏自治区尚未连通国家干线，且地广人稀、消费领域有限。云南省、广西壮族自治区、贵州省和宁夏回族自治区都是欠发达地区，工业发展不足，对天然气价格承受力低，同时天然气资源自产和引进有限。2021—2025年31个省（区、市）“十四五”期间天然气消费量预测详细情况如表5-3所示。

表 5-3　“十四五”期间 31 个省（区、市）天然气消费量（中情景）

单位：亿立方米

省（区、市）	2021年	2022年	2023年	2024年	2025年	“十四五”消费总量	年均增长率
北京	239	248	258	268	279	1292	4.0%
天津	129	140	153	166	181	769	8.8%
河北	164	177	191	206	222	961	7.8%
山东	191	208	226	246	267	1138	8.8%
辽宁	91	98	105	114	122	530	7.8%
内蒙古	89	94	99	105	111	497	5.8%
山西	108	114	121	128	135	606	5.8%
上海	127	132	137	142	147	683	3.8%
江苏	336	353	369	387	405	1851	4.8%
浙江	149	157	165	174	183	827	5.3%
安徽	63	67	70	75	79	353	5.8%
广东	256	268	281	295	308	1409	4.8%
广西	21	23	25	26	29	123	7.8%
海南	71	74	78	82	87	392	5.3%
福建	64	69	73	78	84	368	6.8%
河南	130	140	150	161	173	754	7.3%
湖北	79	84	91	97	104	455	7.3%

续表

省（区、市）	2021年	2022年	2023年	2024年	2025年	“十四五”消费总量	年均增长率
湖南	40	43	47	51	56	236	8.8%
江西	32	34	36	39	42	183	7.3%
四川	281	296	312	329	346	1564	5.3%
重庆	128	132	136	140	145	681	3.3%
贵州	24	26	28	31	33	141	8.8%
云南	14	16	17	19	21	87	9.3%
西藏	1	1	1	2	2	7	17.6%
陕西	141	149	157	166	176	789	5.8%
甘肃	41	44	47	50	53	235	6.8%
青海	76	79	81	84	87	407	3.3%
宁夏	32	33	35	36	38	174	4.8%
新疆	137	141	145	149	153	725	2.8%
黑龙江	57	63	68	74	81	343	8.8%
吉林	37	40	44	49	53	223	9.8%
全国	3346	3542	3749	3968	4200	18805	5.8%

鉴于国内天然气资源和环境压力，我国近年来天然气政策一直是鼓励城镇燃气和工业燃料用气，对天然气发电持谨慎发展的态度，不鼓励天然气化工用气。预计未来较长时期，上述政策将持续影响我国天然气消费结构变动。

上述政策是形成我国“十四五”期间天然气消费结构的重要因素。本书将2025年中情景预测的消费总量与结构与2018年进行了对比。结果发现，到2025年，天然气消费各部门绝对量都有不同程度的增长，工业燃料和城镇燃气仍是最大的天然气消费领域，分别为1605亿立方米和1388亿立方米，占比分别为38%和33%，天然气发电和天然气化工分别为771亿立方米和436亿立方米，占比分别为18%和11%，整体情况与2018年相比差距不大。但分省份看，普遍现象是天然气发电比重略有上升，天然气化工略有下降。上述结果一方面说明天然气政策仍是推动我国天然气消费总量与结构变动的因素，另一方面也可看出我国天然气消费结构正在不断优化。具体情况如表5-4所示。

表 5-4　　2018 年、2025 年 31 个省（区、市）天然气消费结构变动（中情景）

单位：亿立方米，%

省（区、市）	年份	总量	城镇燃气		工业燃料		发电		化工	
			总量	占比	总量	占比	总量	占比	总量	占比
北京	2018	187.9	94.7	50	9.2	5	84	45	0	0
	2025	279	145	52	8	3	125	45	0	0
天津	2018	98.1	23.5	24	37	38	35.5	36	2.1	2
	2025	181	31	17	72	40	69	38	9	5
河北	2018	143.7	68.5	48	71.4	50	0.36	0	3.5	2
	2025	222	111	50	107	48	2	1	3	1
山东	2018	166.9	66.8	40	94.8	57	0.2	0	5	3
	2025	267	94	35	155	58	5	2	13	5
辽宁	2018	73.5	23.6	32	37.6	51	0	0	12.3	17
	2025	122	43	35	59	48	2	2	18	15
内蒙古	2018	46.2	21.3	46	14.9	32	0.05	0	9.9	21
	2025	111	58	52	38	34	0	0	15	14
山西	2018	69.6	25.6	37	37.1	53	6.9	10	0	0
	2025	135	47	35	73	54	12	9	3	2
上海	2018	94	36	38	21.5	23	27.6	29	9	10
	2025	147	53	36	34	23	46	31	15	10
江苏	2018	278.4	50.4	18	98.2	35	114	41	15.8	6
	2025	405	69	17	138	34	174	43	24	6
浙江	2018	134.7	23.5	17	60.1	45	49.9	37	1.2	1
	2025	183	40	22	71	39	69	38	2	1
安徽	2018	52.2	26.5	51	23.6	45	1.1	2	0.3	1
	2025	79	39	49	35	44	4	5	0	0
广东	2018	262.5	36.8	14	96.3	37	129.4	49	0	0
	2025	308	52	17	123	40	133	43	0	0

续表

省（区、市）	年份	总量	城镇燃气		工业燃料		发电		化工	
			总量	占比	总量	占比	总量	占比	总量	占比
广西	2018	18.5	7.4	40	5.8	31	1.5	8	3.8	21
	2025	29	12	41	11	38	2	7	4	14
海南	2018	62.3	4.3	7	19.5	31	10.4	17	28.2	45
	2025	87	9	10	21	24	23	26	35	40
福建	2018	48	7.2	15	25.3	53	15.6	33	0	0
	2025	84	18	21	38	45	28	33	0	0
河南	2018	112.5	43.1	38	59.5	53	6.7	6	3.1	3
	2025	173	64	37	88	51	14	8	7	4
湖北	2018	68.4	26.6	39	34.1	50	7	10	0.7	1
	2025	104	43	41	50	48	9	9	2	2
湖南	2018	36.4	21.5	59	12.6	35	1.2	3	1	3
	2025	56	32	57	21	38	2	4	1	2
江西	2018	25.3	8.3	33	14.6	58	0.6	2	1.8	7
	2025	42	15	36	24	57	2	5	2	5
四川	2018	203.8	69.9	34	75.1	37	5.1	3	53.7	26
	2025	346	105	30	138	40	19	5	83	24
重庆	2018	99.5	29.4	30	20.6	21	3.6	4	44	44
	2025	145	42	29	33	23	7	5	62	43
贵州	2018	10.6	5.6	53	4.7	44	0.2	2	0.1	1
	2025	33	18	55	14	42	0	0	0	0
云南	2018	15.5	3.8	25	7.9	51	0	0	3.7	24
	2025	21	6	29	10	48	0	0	4	19
西藏	2018	0.4	0.4	100	0	0	0	0	0	0
	2025	2	2	100	0	0	0	0	0	0
陕西	2018	117.5	45.4	39	35.9	31	0.6	1	35.7	30
	2025	176	63	36	56	32	7	4	49	28
甘肃	2018	34.7	17.2	50	12.3	35	0.5	1	4.7	14
	2025	53	27	51	19	36	1	2	6	11

续表

省（区、市）	年份	总量	城镇燃气		工业燃料		发电		化工	
			总量	占比	总量	占比	总量	占比	总量	占比
青海	2018	40.8	9.5	23	20.1	49	1.2	3	9.9	24
	2025	87	21	24	40	46	1	1	25	29
宁夏	2018	27	9.1	34	8.3	31	6.8	25	2.8	10
	2025	38	12	32	12	32	10	26	5	13
新疆	2018	144.2	59.5	41	55.5	38	1.9	1	27.4	19
	2025	153	58	38	61	40	2	1	32	21
黑龙江	2018	42.7	12.9	30	19.9	47	0.9	2	9	21
	2025	81	28	35	36	44	2	2	14	17
吉林	2018	27.6	16.9	61	9.2	33	1	4	0.6	2
	2025	53	31	58	20	38	2	4	1	2
全国	2018	2743.4	895.2	33	1042.6	38	513.81	19	289.3	11
	2025	4200	1388	33	1605	38	771	18	436	10

注：（1）2018 年数据参考北京世创能源咨询有限公司《中国天然气市场年度报告 2019》；（2）2025 年数据由本书预测。

第四节　我国"十四五"期间区域及省级天然气消费趋势分析

本节仍然按照第三章第四节对我国区域划分的原则，具体分析区域和省级天然气市场消费趋势。依照区域分析天然气消费基于以下两个理由：一是我国部分区域制定了一体化发展规划，其中区域能源消费要求协调发展，如长三角、珠三角，以及环渤海等；二是区域经济发展水平、天然气消费结构、气候条件相近，作为总体考虑可以为相关区域发展规划提供支撑。具体到省级天然气消费，主要分析其未来发展特点，为天然气资源调配和行业投资提供方向性信息支撑。

一、环渤海区域（京津冀辽鲁晋蒙）

根据《环渤海地区合作发展纲要》《关于印发北方地区冬季清洁取暖规划（2017—2021年）的通知》，以及京津冀辽鲁晋蒙“煤改气”政策等本区域天然气发展重要指导性文件，“十四五”期间，河北省、辽宁省、山东省、内蒙古区域内的城镇燃气将有较快发展；除北京市外，工业燃料天然气消费仍有较大的增长区间；山东省、辽宁省在此期间有部分天然气发电项目投运，天然气分布式能源是重点方向；天津市化工天然气消费量仍有一定增长，其他省市保持目前的水平。

（一）北京市

预计2020年北京市天然气消费量为229.5亿立方米。到2025年，北京市天然气消费量达278.8亿立方米。“十四五”期间，北京市共计增长49.3亿立方米，年均增长率为4%。2025年天然气消费结构为：城镇燃气52%，工业燃料3%，天然气发电45%。

1. 城镇燃气和工业燃料。

北京市城镇燃气已比较普及。1998年，北京市以实施控制大气污染紧急措施为契机，启动供热清洁化工作。1998—2019年，北京市持续推进市区热电厂、燃煤锅炉和远郊新城燃煤锅炉供热、市区4个区平房和农村地区散煤采暖清洁化改造。全市完成总容量63370MW（90528蒸吨/小时）的燃煤锅炉清洁能源改造，35蒸吨/小时以下的燃煤工业锅炉已经淘汰完毕，工业燃煤小窑炉更是早已清理完毕，未来天然气对工业燃料的替代量增长缓慢；全市城乡散煤清洁能源替代124万户，城乡清洁供热采暖比例从零起步达到99%[①]。

目前，北京市平原区城镇居民完全结束了燃煤消费，全市2018年煤炭消费量不到280万吨，未来城镇燃气发展空间不大。2019年，北京农村清洁能源替代主要以“煤改电”为主，128个村庄中仅有28个村庄实施“煤改气”，主要原因有二：一是全国电网实行夜间谷电优惠价格，可以发挥冬季采暖填谷的作用；二是北京天然气峰谷差较大，为保障供应安全，不易持续扩大天然

① 周扬胜．北京市城乡供热取暖清洁化历程及启示［J］．环境与可持续发展，2020（3）：27-65.

气需求。

2. 天然气发电。

北京市2018年发电用气量为84亿立方米。西南、西北、东北、东南四大燃气热电中心已从全面投运到逐步上产，此外还有太阳宫燃气热电厂、酒仙桥电子城热电厂、北京第三热电厂、亦庄协鑫电厂等多个燃气电厂大户。考虑到北京市供电布局的特点和财政状况，未来大规模“上马”气电的可能性不大。但是，从天然气的高效利用角度来看，未来北京市天然气分布式能源具有一定发展空间。

（二）天津市

预计2020年天津市天然气消费量为118.5亿立方米。到2025年，天津市天然气消费量达180.7亿立方米，“十四五”期间共计增长62.2亿立方米，年均增长率为8.8%。2025年天津市天然气消费结构为：城镇燃气17%，工业燃料40%，天然气发电38%，天然气化工5%。

1 .城镇燃气。

截至2019年底，累计完成清洁取暖改造约120万户。天津市天然气供应渠道众多，城镇燃气的使用比较普及，2018年城镇燃气消费量为23.5亿立方米，城镇气化率高达91.3%，位居全国前列。目前，仅有山区等不具备改造条件的区域继续使用无烟煤。与此同时，天津市努力发展集中供热，目前集中供热普及率将近100%。预计“十四五”期间，天津市城镇燃气的增长空间已十分有限。

2. 工业燃料。

“十三五”以来，全市改燃关停各类燃煤锅炉超过11000台，35蒸吨/小时以下燃煤锅炉已清零，同时落实燃煤锅炉升级改造。截至2017年底，全市保留的燃煤锅炉均已达到特别排放限值标准。2018年，天津市工业燃料的天然气消费量为37亿立方米，主要用户为石化和玻璃。预计“十四五”期间，随着天津市治理大气污染、减煤政策的加快落实，工业燃料的用气量仍将有一定增长空间。

3. 天然气发电。

天津市2018年发电用气量为35.5亿立方米，主要用气电厂为渤海电厂、滨海燃气电厂以及天津西站站房燃气冷热电三联供，近些年天然气发电增长显著。2018年8月，中国能建规划设计集团天津院编制完成了《天津市天然气分布式能源规划（2018—2030年）》，明确了天津市天然气分布式能源的政策要求和发展动向。预计“十四五”及未来较长时期，天津市天然气分布式能源有较快发展。

4. 天然气化工。

2018年，天津市天然气化工消费量为2.1亿立方米，主要用于制氢、碱和炭黑等行业。预计“十四五”及未来较长时期，随着天津化工厂和天津大沽化工厂“两化”搬迁重点化工项目的顺利推进，中沙新材料园如期开工，中俄炼化一体化项目完成可行性研究，天津市的化工用气量将有较大提升。

（三）河北省

预计2020年河北省天然气消费量为152.5亿立方米。到2025年，河北省天然气消费量达222亿立方米，“十四五”期间共计增长69.5亿立方米，年均增长率为7.8%。2025年天然气消费结构为：城镇燃气50%，工业燃料48%，天然气发电0.7%，天然气化工1.3%。

1. 城镇燃气。

2018年，河北省城镇燃气消费量为68.5亿立方米，城镇气化率为45.8%。河北省近年来城镇燃气发展主要依靠“煤改气”推动。“十三五”期间，河北省总体完成900万户左右的清洁能源改造，“气代煤”大约700万户，约占清洁能源改造总户数的80%。预计到2025年，河北省还有130万户进行“气代煤”改造，天然气消费增量近40亿立方米，基本完成平原农村散煤清零的改造目标。“十四五”期间，河北省城镇燃气另一项重要工作是保持“电代煤”“气代煤”相关财政补助政策的连续性和相对稳定，增加中央财政运营补贴，巩固提升“双代”成效。

2. 工业燃料。

2018年，河北省工业燃料的天然气消费量为71.4亿立方米，主要用于玻璃、陶瓷、钢铁等高耗能行业。按照《河北省燃煤锅炉改造提升三年作战计划》中的目标，2020年前全省基本淘汰35蒸吨/小时及以下燃煤锅炉、茶炉大灶以及经营性小煤炉10700台，实现全省范围35蒸吨/小时及以下锅炉“无煤化”。河北省工业燃料清洁替代已经取得了良好的业绩，但截至2019年，河北省煤炭消费总量仍在2.8亿吨以上，压减煤炭实物消费量任重道远。预计

“十四五”期间，随着河北省治理大气污染、减煤政策的进一步落实，工业燃料的用气量仍有较大的增长空间。

3. 天然气发电与化工。

2018年，河北省发电用气量为0.36亿立方米，主要用户为石家庄热电厂。预计“十四五”期间，由于天然气供应季节性问题仍然存在，天然气发电增长空间不大，部分地区天然气分布式能源有发展。

2018年河北省天然气化工消费量为3.5亿立方米，主要用于合成氨行业。预计“十四五”期间，考虑到环渤海区域持续改善大气环境的国家政策要求，天然气化工不会有显著的发展。

（四）山东省

预计2020年山东省天然气消费量为175.3亿立方米。到2025年，山东省天然气消费量达267.3亿立方米，“十四五”期间共计增长92亿立方米，年均增长率为8.8%。2025年天然气消费结构为：城镇燃气35%，工业燃料58%，天然气发电2%，天然气化工5%。

1. 城镇燃气。

2018年，山东省城镇燃气消费量为66.8亿立方米，城镇气化率为68.1%。《山东省冬季清洁取暖规划（2018—2022年）》要求，到2020年，山东全省平均清洁取暖率达到70%以上。其中，20万人口以上城市基本实现清洁取暖全覆盖，农村地区平均清洁取暖率达到55%左右。累计天然气取暖面积力争达到3.58亿平方米左右，取暖天然气用量达到36亿立方米左右。到2022年，山东全省清洁取暖率达到80%以上。其中，县城及以上城市基本实现清洁取暖全覆盖，农村地区平均清洁取暖率达到75%左右。累计天然气取暖面积力争达到4.77亿平方米左右，取暖天然气用量65亿立方米左右。

山东近几年人口增速持续放缓，但城镇化进程将加快速度，到2025年总户数大约为3660万户，城镇户数占比为73%，约2500万户；农村户数占比为27%，约1000万户。预计“十四五”期间，山东省清洁取暖农户大约增加220万户，其中“气代煤”大约为100万户，“气代煤”产生的天然气消费量大约是20亿立方米，折合散煤338万吨。

2. 工业燃料。

“十三五”期间，由于“煤改气”的大力推动，山东省工业燃料的天然气利用率明显提升。2018年，山东省工业燃料的天然气消费量为94.8亿立方米，占全省天然气消费量的56.8%，主要用于玻璃、陶瓷、冶金、机械等行业。到2020年底之前，7个传输通道城市基本淘汰35蒸吨/小时以下的燃煤锅炉，其他8个地级市重点淘汰10蒸吨/小时以下的燃煤锅炉。根据现阶段的进展情况来看，预计山东省“十三五”期间将完成总计划量的80%，即12.7万蒸吨的工业小锅炉实现淘汰或者改造。“十四五”期间，山东省预计完成剩余20%的计划量，即淘汰或者改造大约3.2万蒸吨的工业小锅炉。按照10%左右的“气代煤”比例测算，预计“十四五”期间代煤气量总计为5亿立方米，预计主要将在2021年完成。

3. 天然气发电与化工。

2017年，山东省首个区域型天然气分布式能源项目投入运营。根据规划，省政府要求积极发展天然气发电及分布式能源，烟台、威海、济南等地已有多个燃气发电建设项目，多数将于“十四五”期间投产。

2018年，山东省天然气化工消费量为5亿立方米，主要用于化肥、石化等。预计“十四五”期间，山东省的天然气化工保持目前水平。

（五）辽宁省

预计2020年辽宁省天然气消费量为84.1亿立方米。到2025年，辽宁省天然气消费量将达122.4亿立方米，“十四五”期间共计增长38.3亿立方米，年均增长率为7.8%。2025年天然气消费结构为：城镇燃气35%，工业燃料48%，天然气发电2%，天然气化工15%。

1. 城镇燃气。

2018年，辽宁省城镇燃气消费量为23.6亿立方米，城镇气化率为48.2%。辽宁省城镇燃气发展缓慢，一方面天然气价格相对较高，另一方面居民、公服用户对价格承受力较低。同时，全省还有45个县（市）尚未实现管道气覆盖。“十四五”及今后较长时期，辽宁省仍将持续推动“气化辽宁”工程，加大城镇居民散煤治理，推动集中供暖。加快城乡燃气协调发展，引导城乡居民改变生活习惯，在经济条件较好的地区实施“天然气下乡”工程，推进农村居民清洁取暖，推广使用燃气壁挂炉等。

2. 工业燃料。

2018年，辽宁省工业燃料的天然气消费量为37.6亿立方米。“十四五”

及今后较长时期，辽宁省在钢铁、冶金、建材、石化、玻璃、陶瓷机电、轻纺等重点工业领域，将继续推进天然气燃料替代和利用，改善城市中不同工业锅炉、窑炉的燃料结构；新建、改扩建的工业锅炉、窑炉严格控制使用煤炭、重油、石油焦、人工煤气作为燃料；积极谋划产业升级和转移，发展以天然气为能源的高新技术产业和先进制造业。工业燃料的用气量有不小的增长空间。

3. 天然气发电与化工。

辽宁省天然气发电尚属空白，但计划发展天然气分布式能源，有序发展天然气调峰电站。2017年7月22日，辽宁省人民政府办公厅发布《关于推进全省煤电企业向清洁取暖转型转产工作方案》，要求按照国家煤电淘汰落后产能的标准和要求，关停淘汰单机20万千瓦以下燃煤机组，通过供热改造、节能减排改造、灵活性改造以及新建清洁取暖工程等多种方式实现转型升级，包括鼓励煤电企业建设天然气冷热电多联供项目。随着中俄东线天然气供应能力的增加，气价下降，环渤海地区清洁供暖政策进一步落实，辽宁省天然气发电将有较大的发展空间。

2018年，辽宁省天然气化工消费量为12.3亿立方米，主要用于合成氨。“十四五”期间辽宁省的天然气化工没有新建项目。

（六）内蒙古自治区

预计2020年内蒙古天然气消费量为83.7亿立方米。到2025年，内蒙古天然气消费量达110.9亿立方米，“十四五”期间共计增长27.2亿立方米，年均增长率为5.8%。2025年天然气消费结构为：城镇燃气52%，工业燃料34%，天然气发电0.1%，天然气化工13.9%。

1. 城镇燃气。

内蒙古是我国天然气生产大省，但地广人稀，尤其是内蒙古东部地区距LNG工厂较远，运输成本高，城市燃气项目大部分运行负荷较低。截至2018年，内蒙古103个县级单位已通管道气的旗县仅31个，城镇气化率为40.9%。预计“十四五”及今后较长时期，内蒙古将加快省内天然气干支线管道建设，2025年70%以上的旗县通达管道气。2018年，内蒙古天然气汽车保有28.3万辆，鉴于当地天然气价格相对低廉，加气站网络发达，天然气汽车仍有一定的增长空间。

2. 工业燃料。

内蒙古工业燃料用气量一直处于上升态势，2018年达到14.9亿立方米。预计“十四五”期间，随着和林格尔经济技术开发区、沙尔沁工业园区、托克托工业园区、清水河工业园区的发展，工业用气需求将大幅度增加。

3. 天然气发电与化工。

内蒙古火电装机在全国排名第三，天然气发电竞争优势不明显。内蒙古拥有丰富的天然气资源，有独立运行的蒙西电网，具备发展天然气分布式能源用户直供的成本优势，也具备制定天然气发电上网或代输的政策优势，在发展天然气分布式能源产业方面条件较好，而且目前已经有成功的应用模式，如内蒙古西部天然气有限公司办公大楼分布式能源站、西部天然气有限公司长呼复线调度指挥中心的天然气分布式能源项目。近期，鄂尔多斯、乌海也在论证天然气电厂的可行性。

借助于气源优势，内蒙古天然气化工得到了较快发展，2018年用气量为9.9亿立方米。“十四五”期间，国家将持续重视环渤海地区的大气污染治理，预计内蒙古天然气化工的发展受限。

（七）山西省

预计2020年山西省天然气消费量为102亿立方米。到2025年，山西省天然气消费量达135.1亿立方米，“十四五”期间共计增长33.1亿立方米，年均增长率为5.8%。2025年天然气消费结构为：城镇燃气35%，工业燃料54%，天然气发电9%，天然气化工2%。

1. 城镇燃气。

山西省已经形成常规天然气、煤层气、焦炉煤气、氢气“四气合一”，多气源互补的格局，为城镇燃气发展提供了充足的气源。截至2018年，城镇燃气消费量为 25.6亿立方米，其中居民用气7.6亿立方米，气化人口1449万人，城镇气化率为66.7%。预计“十四五”期间，山西省将主要推动太原市娄烦县、万柏林区、左云县、广灵县、天镇县、壶关县、晋中市榆社县以及临汾市汾西县等尚未通达管道气的城镇燃气发展。随着山西省煤层气产量的增长，未来农村居民天然气利用将得到较快发展。

2. 工业燃料。

山西省一次能源消费煤炭占比仍达90%以上，工业燃料占比较高。预计

“十四五”及今后较长时期，山西省将继续推动煤炭减量替代工作，逐步加大天然气、煤层气、焦炉煤气等清洁能源替代燃煤锅炉及工业窑炉的台数和规模。所有工业园区以及化工、造纸、印染、制革、制药等产业集聚的地区，将逐步淘汰自备燃煤锅炉，改用天然气等清洁能源或由周边热电厂集中供热。

3. 天然气发电与化工。

山西省煤电发达，2018年天然气发电消费量仅为6.9亿立方米，主要利用煤层气发电。随着山西省煤层气勘探开发以及汾渭平原煤炭减量替代力度的加大，天然气发电仍有较大的增长空间。

山西省天然气化工暂时处于空白，预计“十四五”期间，煤化工仍然有进展，但天然气化工没有规划。

二、长三角区域（沪苏浙皖）

2019年12月1日，中共中央、国务院印发了《长江三角洲区域一体化发展规划纲要》（以下简称《纲要》）。《纲要》规划范围包括上海市、江苏省、浙江省、安徽省全域（简称“三省一市”），以上海、南京、无锡、苏州、杭州、宁波、合肥等27个城市为中心区。《纲要》规划期至2025年，展望到2035年。因此，“十四五”及今后较长时期，《纲要》是本区域天然气发展的指导性文件。

“三省一市”天然气市场发展起步晚，但增速高。预计“十四五”及今后较长时期，浙江省、安徽省城镇燃气发展空间较大，除上海市外，其他三省工业燃料“煤改气”替代还要加速推进，江苏省、浙江省仍将推动天然气发电，天然气化工在“三省一市”保持目前的状态。

（一）上海市

预计2020年上海市天然气消费量为122.1亿立方米。到2025年，上海市天然气消费量达146.9亿立方米，“十四五”期间共计增长24.8亿立方米，年均增长率为3.8%。2025年天然气消费结构为：城镇燃气36%，工业燃料23%，天然气发电31%，天然气化工10%。

1. 城镇燃气。

2015年底，上海已经实现城市管道燃气“全天然气化”。2018年，城市燃气天然气消费量为36亿立方米，其中居民用气 15.8 亿立方米，气化 726 万户，气化人口 1815 万人，城镇气化率 85%。“十四五”期间，上海市汽车以电动为主，但公服、采暖用气仍有一定的发展空间。

2. 工业燃料。

2018年上海市工业燃料天然气消费量为21.5亿立方米，主要用于钢铁及石化行业，重点用户为宝武集团、上海石化等企业。2014年，上海市修订地方性法规《上海市大气污染防治条例》，进一步明确“除燃煤电厂外，本市禁止新建燃用油、重油、渣油、石油焦等高污染燃料设施”。该条例实施以来，上海市未新增任何燃煤设施。截至2019年，上海市煤炭消费总量仍超过4200万吨，与北京市300万吨的煤炭消费总量相比较高，工业燃料“煤改气”替代仍是重要的工作。

3. 天然气发电与化工。

2018年上海市天然气发电消费量为27.6 亿立方米，装机容量超过750万千瓦，全市天然气发电装机容量已达全市总量的28%。其中主要燃气电厂包括崇明燃气电厂（85万千瓦）、临港燃机电厂、上海华能燃机电厂、奉贤燃机热电厂等。天然气发电用气所占比例自2013年的26.3%上升到 2018年的29.3%。

近几年，上海市重视可再生能源发电。截至2019年底，风力发电、光伏发电、生物质发电装机容量分别达到81.2千瓦、104千瓦、42.6千瓦。同时，上海市重视外来清洁电力消纳，“皖电东送”1000千伏特高压交流输电线路工程等重大项目建成投产，上海市形成了“五交四直”的市外受电通道结构。上海气电的未来项目规划为：闵行燃机工程新建2台40万千瓦等级燃气机组；天然气分布式供能系统新增20万千瓦。此外，青浦等热电联产清洁能源替代项目也计划开工。

2018年，天然气化工消费量为9.0亿立方米，主要用于化学工业区用户。天然气化工所占比例由2013年的9.7%下降到2018年的9.6%。“十四五”期间，考虑到环保和经济因素，上海市天然气化工用气将进一步下降。

（二）江苏省

预计2020年江苏省天然气消费量为321亿立方米。到2025年，江苏省天然气消费量达405.3亿立方米，“十四五”期间共计增长84.3亿立方米，年均增长率为4.8%。2025年天然气消费结构为：城镇燃气17%，工业燃料34%，天然气发电43%，天然气化工6%。

江苏省作为我国人口、经济、能源消费的大省，依托“西气东输”供应系统、省内良好的产业布局、开放的市场环境，持续引领我国天然气市场的发展。由于具有发达的经济和良好的市场环境，江苏省天然气市场的发展在一定程度上决定了我国天然气市场发展的高度[①]。

1. 城镇燃气。

截至2018年底，江苏省所有县级单位均已用上天然气，其中管道气覆盖率达到85%，居民气化人口达到3700万人，城镇气化率达到67.5%，高于全国51%的平均水平。

城镇气化率决定了天然气在城市燃气中的利用规模，城镇气化率受到人口和城镇化率的限制。目前，江苏省的人口和城镇化率还处于持续增长的阶段，根据对发达国家城镇化率进行分析，城镇化率达到70%以后将处于缓慢增长阶段，成熟的城镇化率基本维持在80%左右。江苏省作为我国最易达到的地区之一，城镇化率将会达到发达国家80%的水平。同时美国、日本等发达国家城镇气化率基本维持在85%左右。因此，江苏省城镇燃气仍然具有一定的发展前景，尤其是江苏省居民收入相对较高，气价承受力较强。

2. 工业燃料。

2018年江苏省工业燃料消费量为98.2亿立方米，主要用于石化、玻璃、钢铁等行业，重点用户为扬巴一体化、江苏玻璃集团、江苏福达特种钢厂。“十四五”期间，江苏省相关文件要求，将进一步加大重点行业减煤力度，主要是水泥和钢铁行业，加快推进“煤改气”。与此同时，将进一步完善工业园区（集聚区）热网，不断提高省内园区的集中供热能力和供热管网覆盖范围，工业燃料用气需求有较大的增长空间。

3. 天然气发电与化工。

2018年底，江苏省天然气发电装机容量达到1440万千瓦，占全省发电总装机的11.4%，比全国平均水平4.6%高6.8个百分点。根据发达国家的电源发展经验，电源燃料结构中，天然气占比为20%~50%。考虑到江苏省燃气发电

① 车晓波．江苏省天然气市场发展的高度［J］．能源，2019（10）：30–32.

发展现状及未来新能源发电的发展，预计在成熟期江苏省燃气发电装机占比将达到30%，江苏省的天然气发电有望更进一步发展。

2018年江苏省天然气化工消费量为15.8亿立方米，重点用户为扬子石化。天然气化工比例由2012年的12.2%下降到2018年的5.7%。“十四五”期间，由于新增大型化工用气用户，江苏省化工用气量将保持相对稳定。

（三）浙江省

预计2020年浙江省天然气消费量为141.4亿立方米。到2025年，浙江省天然气消费量达182.9亿立方米，“十四五”期间共计增长41.5亿立方米，年均增长率为5.3%。2025年天然气消费结构为：城镇燃气22%，工业燃料39%，天然气发电38%，天然气化工1%。

1. 城镇燃气。

2018年浙江省城市燃气天然气消费量为23.5亿立方米，主要用于居民、天然气汽车、公服。其中居民用气9.6亿立方米，气化人口1525万人，城镇气化率为38.6%，在东部发达省份属于较低档次，这也与管道通达率有关。截至2019年底，浙江省天然气管道通达县（市、区）为68个，通达率为76%。

2020年2月10日，浙江省发改委、浙江省能源局下发《2020年浙江省能源领域体制改革工作要点》，着力管网独立、管输和销售分离改革，推动城镇燃气扁平化和规模化改革，要求到2020年初步形成“网络化、县县通，多气源、少层级，管中间、放两头”的符合浙江实际的天然气新体制。这有利于减轻终端用户的用气成本负担，推动浙江省城镇燃气进一步发展。

2. 工业燃料。

2018年，浙江省工业燃料天然气消费量为60.1亿立方米，主要用于炼化、钢铁、玻璃、陶瓷等行业，主要用户为镇海炼化、宁波宝新不锈钢、嘉兴福莱特玻璃、巨石集团、诺贝尔陶瓷等。2019年。浙江省印发了《关于下达2019年全省能源“双控”和“减煤”目标任务的通知》，指明了未来浙江省工业燃料发展方向，就是进一步加大水泥、钢铁等重点行业减煤力度，主要以天然气替代煤炭。同时将进一步完善工业园区（集聚区）热网，不断提高省内园区的集中供热能力和供热管网覆盖范围，工业燃料用气需求有较大的增长空间。

3. 天然气发电与化工。

2018年，浙江省天然气发电消费量为49.9亿立方米，重点用户为半山电厂、萧山电厂，已投入运营的机组总装机容量超过1200万千瓦。浙江省近年来大力推进可再生能源发电，2019年，新增光伏发电装机容量201万千瓦、水电装机容量9万千瓦、风电装机容量12.8万千瓦、生物质及垃圾发电装机容量22万千瓦；年内核准海上风电容量175万千瓦，累计建成25.6万千瓦、在建191万千瓦，并注重建设抽水蓄能电站。随着可再生能源发电增长，调峰需求加大，考虑到浙江省经济相对发达，企业价格承受能力相对较高，加之环保政策的推动，浙江省天然气发电具有良好的发展前景。

2018年，浙江省化工天然气消费量为1.2亿立方米，主要用于纤维等行业，重点用户为宁波海利化工、镇海二醋酸纤维等。随着浙江省产业结构不断优化，化工用气需求将进一步减少。

（四）安徽省

预计2020年安徽省天然气消费59.5亿立方米。到2025年，安徽省天然气消费量达78.8亿立方米，“十四五”期间共计增长19.3亿立方米，年均增长率为5.8%。2025年天然气消费结构为：城镇燃气50%，工业燃料44.5%，天然气发电5%，天然气化工0.5%。

1. 城镇燃气。

2018 年，安徽省城市燃气天然气消费量为26.5亿立方米，主要用于居民、汽车、公服和采暖。居民用气11.7亿立方米，气化户数645.6万户，气化人口1926.9万人，城镇气化率为55.7%。

未来，安徽省城镇燃气将按照“宜管则管，宜罐则罐”的原则，加快城乡协调发展，实施“天然气下乡”工程，推进有条件的中心镇建设LNG汽化站和配套管网，实现天然气在新农村建设中的利用。

2. 工业燃料。

2018年，工业燃料消费量为23.6亿立方米，主要用于玻璃行业以及工业锅炉改造，重点用户为芜湖银广厦集团、信义玻璃集团、合肥玻璃厂。“十四五”期间及今后较长时期，安徽省燃煤锅炉综合整治还有较大的任务。每小时35蒸吨以下燃煤锅炉及茶水炉、经营性炉灶、储粮烘干设备使用煤炭较多；每小时35蒸吨及以上燃煤锅炉（燃煤电厂锅炉除外）以达到排放限值要求为标准，每小时60蒸吨及以上燃煤锅炉以完成超低排放改造为标准。2019年，仅淘汰或改造每小时35蒸吨燃煤锅炉70多台，淘汰乡镇每小时10蒸吨以下燃煤锅炉300多台；工业窑炉治理行动还有较大的任务。需要加快淘汰中小型煤气发生炉、燃煤热风炉。热电联产供热管网覆盖范围内的燃煤加热、烘干炉（窑）还普遍存在。因此，上述整治任务除需要大量"电代煤"外，天然气替代也是重要方面。

3. 天然气发电与化工。

2018年，安徽省天然气发电消费量为1.1亿立方米，所占比例为2.1%。目前，安徽省重视可再生能源发电。截至2019年底，全省可再生能源发电装机达到2065万千瓦，占全社会装机的27.9%。与此同时，为减少煤电，安徽省多次与内蒙古、青海、甘肃等交流电力发展规划情况，衔接"十四五"期间外电入皖有关事宜。"十四五"及今后较长时期，安徽省将小规模发展天然气分布式能源和热电联产项目。近期提出在合肥等地建设燃气调峰电厂，但燃气电厂相对于煤电竞争力弱，项目建设取决于政府政策的强力推动。安徽省煤炭资源丰富，也是煤电大省，同时承担着保证长三角电力供应安全的重任。因此，未来5年，安徽燃气发电的发展空间有限，很难与邻近的江苏以发电为主的天然气利用模式相比。

2018年，天然气化工消费量为0.3亿立方米，用户仅有瑞兴化工。天然气化工所占比例由2012年的1.4%降低到2018年的0.6%，今后仍将维持较低的占比。

三、南部沿海区域（粤桂琼闽）

"十四五"期间，《粤港澳大湾区发展规划纲要》《珠江三角洲地区改革发展规划纲要（2008—2020年）》以及各省能源规划是区域天然气消费的指导性文件。总体来看，南部沿海4省、自治区城镇燃气气化率不高，是未来天然气利用的重点领域；工业锅炉、工业窑炉"煤改气"还有大量的工作要做，主要是广东、广西和福建；广东省、海南省要重点发展天然气调峰电厂，广西、福建要重点发展天然气分布式能源；海南省利用海上天然气制造化工产品仍有一定的增长潜力。

（一）广东省

预计2020年广东省天然气消费量为244.3亿立方米。到2025年，广东省天然气消费量达308.5亿立方米，"十四五"期间共计增长64.2亿立方米，年均增长率为4.8%。2025年天然气消费结构为：城镇燃气17%，工业燃料40%，天然气发电43%。

1. 城镇燃气。

2018年，广东省城市燃气消费量为36.8亿立方米，同比增长3.6亿立方米，其中居民用气17.4亿立方米，气化人口2602.0万人，城镇气化率仅为32.4%，与广东省天然气进口大省、消费大省的地位极不相称，阳江、云浮、汕尾、河源、梅州五个地级市尚未接通管道天然气。广东省计划完善天然气基础设施，按计划建成国家天然气互联互通工程，确保省天然气主干管网于2020年10月底通达全省21个地市，积极推进天然气管道"县县通"工程。与此同时，广东省正在加快天然气管网建设运营机制改革，推动城镇天然气管网减少运营层级，降低供气价格，未来几年城镇燃气消费量增长空间较大。

2. 工业燃料。

2018年，广东省工业燃料消费量为96.3亿立方米，同比增长22.9亿立方米，增幅高达33.5%，工业燃料用气占比为36.7%，较2012年增加了13.9%，是广东省全年同比增幅最高的用气结构，主要用于工业锅炉、工业窑炉以及玻璃、铝业、造纸、电子制造等行业。"十四五"及今后较长时期，广东省还有大量的每小时35蒸吨以下燃煤锅炉需要淘汰，造纸等行业自备燃煤电厂"煤改气"工程建设还有大量的任务。

3. 天然气发电。

2018年广东省天然气发电消费量为129.4亿立方米，发电用气所占比例为49.3%，已投入运营的机组总装机容量超过2000万千瓦。广东省十分重视可再生能源发电，力争2020年建成投产海上风电200万千瓦以上；积极推进陆上风电、光伏发电等可再生能源利用；同时合理接受西电。广东省天然气消费量的一半用于发电，计划持续推进天然气热电联产集中供热工程。目前珠三角9市在建及已核准燃气电厂及天然气分布式能源项目13个。广东省逐步关停退役老旧煤电机组，"十三五"期间在建及已核准煤电合计约900万千瓦的装机面临暂停和延期，为新增燃气电厂项目腾出空间[①]。

4. 船舶LNG加注。

交通运输部组织编制的《长江干线京杭运河西江航运干线液化天然气加注码头布局方案（2017—2025年）》提出，西江航运干线布局10处LNG加注码头，其中属于广东省内河航道范围的为云浮港1处、肇庆港2处、佛山港1处。广东省交通运输厅组织开展的《广东省内河航道 LNG加注站布局规划研究》提出，到2035年，广东省内河航道规划布置 LNG 加注站 36 个，其中珠三角河道布置加注站18个，西江布置加注站6个，东江布置加注站5个，北江布置加注站3个，榕江布置加注站2个，韩江布置加注站2个。虽然LNG船舶由于技术和经济问题发展缓慢，但在政策支持下，“十四五”期间应该有一定程度上的发展。

（二）广西壮族自治区

预计2020年广西天然气消费19.6亿立方米，到2025年，广西天然气消费量达28.5亿立方米，“十四五”期间共计增长8.9亿立方米，年均增长率为7.8%。2025年天然气消费结构为：城镇燃气42%，工业燃料38%，天然气发电7%，天然气化工13%。

1. 城镇燃气。

2018年，广西全区城镇燃气消费量为7.4亿立方米，其中居民用气3.9亿立方米，气化223.3万户，气化人口744.4万人，城镇气化率30.1%。“缺煤少油无气”的能源困境长期制约着广西经济社会发展，随着“广西县县通天然气工程”的发展，以及国家天然气总体供应充足，“十四五”期间广西天然气来源渠道更多，城镇燃气发展前景向好。考虑到广西多山地、丘陵等地质条件的影响，发展天然气点供是一项经济性选择。

2. 工业燃料。

2018年广西工业燃料用气为5.8亿立方米，主要用户为铝业、钛业、钛白粉、陶瓷、造纸、糖果等企业。广西有政策鼓励工商企业实施“煤改气、油改气”，逐步淘汰污染大、能耗高的煤、油锅炉，改用经济环保、安全高效

---

① 刘伟，欧阳波，汪棟钦，陈鹏宇．粤港澳大湾区天然气产业发展前景及政策建议［J］．国际石油经济，2019，27（6）：27-32.

的天然气能源。不符合环保要求的高污染燃料燃用设施应当依法予以拆除或改造[①]。同时，类似南宁、桂林、柳州、北海等地外来旅游人员较多，餐饮业较发达，厨房灶具等以前大多使用液化石油气LPG，其燃烧具有一定的污染，且安全性比管道天然气要差，未来也是“气改气”的重要领域。

3. 天然气发电与化工。

2018 年广西天然气发电用气量为1.5亿立方米，主要用户是南宁江南区华南城分布式能源站（3×6万kW）和华能桂林世界旅游城分布式能源站（3×7万kW）两座分布式能源站。预计“十四五”及今后较长时期，广西将在柳州、百色、钦州港等大气污染重点防控区有序发展天然气调峰电站，优先发展天然气分布式能源利用项目，同时进一步扩大因地制宜，鼓励工业园区、商业楼宇和居民小区多种形式使用天然气分布式能源。

2018 年广西天然气化工消费量为3.8亿立方米，主要作为原料进行制氢，重点用户为广西石化。受天然气供应有限和天然气利用政策影响，广西天然气化工增长潜力有限。

（三）海南省

预计2020年海南省天然气消费量为67亿立方米。到2025年，海南省天然气消费量达86.7亿立方米，“十四五”期间共计增长19.7亿立方米，年均增长率为5.3%。2025年天然气消费结构为：城镇燃气10%，工业燃料24%，天然气发电26%，天然气化工40%。

1. 城镇燃气。

2018年海南省城镇燃气天然气消费量为4.3亿立方米，其中居民用气 1.7亿立方米，气化人口 358.1万人，城镇气化率为 65%，4个地级市和3个县级市用上管道天然气。考虑到海南省以旅游业为龙头，未来必将加快城镇化进程。随着天然气管网进一步发展，更多的城镇将通达管道天然气。

2. 工业燃料。

2018年海南省工业燃料消费量为19.5亿立方米，主要用于玻璃、炼化、造纸等行业，重点用户为中航特玻、海南炼化、金海纸浆等。《海南省油气

① 梁金禄，谢廷远，方丽萍，钟莹莹，石海信，李玉星 . 加快广西天然气开发利用技术措施分析［J］. 广东化工，2017，44（10）：85-86.

产业“十三五”发展规划指导意见》提出，“实施工业燃料升级工程，积极推进工业燃料以气代煤”。目前，海南省工业燃料、工业供热用煤每年为200多万吨，“以气代煤”潜力巨大。

3. 天然气发电。

2018年海南省天然气发电消费量为10.4亿立方米，重点用户为洋浦电厂、南山电厂，已投入运营的机组总装机容量达到67.2万千瓦。根据《海南省能源发展“十三五”规划》，已经规划了琼海（2×390MW）和澄迈老城（2×43.2MW）燃气电厂。考虑到进一步优化海南省电源结构、配合海南省国际旅游岛建设要求，未来规划新增的燃煤电厂可能均由燃气电厂替代，海南省天然气发电向好。

4. 化工用气。

2018年，海南省天然气化工消费量为 28.2 亿立方米，主要用于合成氨及甲醇等行业，重点用户为福岛化工、建滔化工。根据海南省相关规划，天然气化工有以下要求：一是推动天然气（甲醇）制烯烃、芳烃、乙二醇、新材料等工程示范，重点开发差异化产品、高端化技术，优化生产工艺，改善产品质量，加强体系优化集成，进一步提高资源利用和环境保护水平；二是延伸天然气制化肥产业链条，发展尿素产品深加工，向下发展复混肥、高效复合肥。

（四）福建省

预计2020年福建省天然气消费量为60.2亿立方米。到2025年，福建省天然气消费量达83.6亿立方米，“十四五”期间共计增长23.4亿立方米，年均增长率为6.8%。2025年天然气消费结构为：城镇燃气22%，工业燃料45%，天然气发电33%。

1. 城镇燃气。

2018年，福建省城镇燃气消费量为7.2亿立方米，其中居民用气3.4亿立方米，气化人口673.2万人，城镇气化率为25.6%。福建省有9个地级市均不同程度用上天然气，其中泉州、莆田、厦门、福州、漳州、龙岩由省级管网贯通，使用管输天然气，其他地市主要使用LNG。2018年6月，福建省发改委等联合发布《关于加快推进天然气利用的实施意见》（闽经信石化〔2018〕151号），指出要加强城镇燃气基础设施建设，结合经济发展中长期规划，不断完善燃气发展规划，按照“宜管则管，宜罐则罐”的原则，提高城镇燃气普及率。城镇燃气仍有较大的发展空间。

2. 工业燃料。

2018 年，福建省工业燃料消费量为25.3亿立方米，主要用于陶瓷、玻璃等行业。福建省正在进行经济结构转型，省政府发布了多个文件，要求在"高污染燃料禁燃区"重点开展每小时20蒸吨及以下燃煤燃油工业锅炉、窑炉的天然气替代，新建、改扩建的工业锅炉、窑炉严格控制使用煤炭、重油、石油焦、人工煤气作为燃料，鼓励玻璃、陶瓷、建材、机电、轻纺、化工、冶金等重点工业领域天然气替代和利用。巩固和推进福建省建陶和合成革行业"煤改气"工程，各地新建同类项目原则上使用天然气等清洁能源。总体来看，福建省未来工业燃料用气增长空间大，但目前工业产品附加值相比周边经济发达省份（浙江省、广东省）较低，工业用户价格承受力不高，在无政策扶持和补贴的情况下，用户缺乏"煤改气""油改气"动力。

3. 天然气发电。

为配合福建LNG项目，福建建设了晋江、厦门和莆田3个燃气电厂。2018年天然气发电消费量为15.6亿立方米。由于福建省总体电力过剩、气电调度次序靠后，且天然气发电成本高，燃气电厂连续数年实际用气量不足规定量。中长期看，福建省电力装机将远超当地电力负荷，且核电装机还在继续增长，富余电能的外输还存在多重挑战，燃气电厂发展空间不大。但福建省有政策支持在具有冷、热、电需求的能源负荷中心、产业和物流园区、旅游服务区、商业中心、交通枢纽、医院、学校等有序发展天然气分布式能源项目，同时支持在有稳定热、电负荷的开发区、工业聚集区、产业园区等适度发展热电联产燃气项目。

四、中部地区（豫鄂湘赣）

中部4省天然气消费市场发展极不平衡。河南省、湖北省由于管网较为发达，城镇燃气、工业燃料利用水平较高，未来应重点发展天然气分布式能源，根据电网平衡需求发展天然气调峰电站。湖南省、江西省还有较多的县（市、区）尚未通达管道气，"十四五"期间，要重点发展城镇燃气，实施工业燃料"煤改气"工程。中部4省都不是天然气生产区，天然气价格相对较高，未来天然气化工利用发展空间不大。

（一）河南省

预计2020年河南省天然气消费量为121.4亿立方米。到2025年，河南省天然气消费量达172.6亿立方米，“十四五”期间共计增长51.2亿立方米，年均增长率为7.3%。2025年天然气消费结构为：城镇燃气37%，工业燃料51%，天然气发电8%，天然气化工4%。

1. 城镇燃气。

2018年，河南省城镇燃气消费量为43.1亿立方米，其中居民用气14.1亿立方米，气化人口2458.1万人，城镇气化率为56.7%。河南省经济发展已迈入新常态，预计未来经济发展对天然气消费的驱动力减弱，大幅提高天然气在一次能源消费中的比重困难，城镇天然气消费增速整体放缓。预计“十四五”期间，城镇燃气消费向重点镇延伸，尚未通达管道气的南阳淅川、西峡、社旗，洛阳嵩县等11个县城将成为重点发展对象。

2. 工业燃料。

2018年，河南省煤炭消费量占一次能源消费总量的90%以上，其中制造业用煤占比70%，因此天然气替代煤炭仍有巨大的发展空间。2019年，河南省制定了《河南省2019年度锅炉综合整治方案》和《河南省2019年工业炉窑污染治理方案》，为推动“十四五”期间及今后较长时期工业燃料替代指明了方向。这就是全面拆除每小时35蒸吨及以下燃煤锅炉，完成每小时35蒸吨及以上燃煤锅炉清洁能源改造；实施工业炉窑深度治理，加快淘汰炉膛直径3米以下燃料类煤气发生炉，基本淘汰热电联产供热覆盖范围内的燃煤加热烘干炉（窑）。

3. 天然气发电与化工。

近几年，河南省可再生能源发电发展较快。2019年，新增可再生能源发电装机413万千瓦，风电新增规模连续两年保持全国第一。与此同时，河南省重视外电入豫规模，多方协调跨省区电力通道引入省外清洁电力，加快“青电入豫”及配套交流特高压工程建设。在天然气发电方面，预计“十四五”及今后较长时期，天然气热电联产项目有一定的发展，地级以上城市天然气分布式能源有较大的发展空间。

“十三五”期间，河南省天然气化工消费大幅下降，2018年仅占天然气消费量的3.1%。预计“十四五”期间，化工领域的天然气消费量不会有较大增长。

（二）湖北省

预计2020年湖北省天然气消费量为73.3亿立方米。到2025年，湖北省天然气消费量达104.2亿立方米，“十四五”期间共计增长30.9亿立方米，年均增长率为7.3%。2025年天然气消费结构为：城镇燃气41%，工业燃料48%，天然气发电9%，天然气化工2%。

1. 城镇燃气。

截至2018年，湖北省除神农架林区外，其他16个地级行政区均已用上了管道气，城镇气化率为57.1%。预计“十四五”期间，湖北省仍将继续实施“县县通”“气化乡镇”工程，支持利用压缩天然气、液化天然气等非管道供气方式加快天然气空白区域覆盖，引导燃气企业培育开拓乡镇天然气市场。由于国际油价低迷，城市中公交车、出租车、部分重型载货汽车和大型载客汽车等“油改气”趋缓。

2. 工业燃料。

目前，湖北省以武汉、襄阳、宣昌、黄石等大中型城市和重点工业园区大气污染治理为重点，扩大城市高污染燃料禁燃区范围，加快燃煤设施天然气替代，2012—2018年工业燃料年均增长率为18.3%。预计“十四五”期间，上述工作仍将持续推进，但受宏观经济增速放缓影响，工业用户年用气量增长缓慢。

3. 天然气发电与化工。

2018年，湖北省天然气发电消费量为 7亿立方米，现有燃气电厂3座、燃机分布式能源项目2个。“十四五”期间，湖北省将继续支持发展带稳定负荷的天然气热电联产、天然气分布式能源等项目，适度发展天然气调峰电站，探索天然气发电与风力发电、太阳能发电等新能源发电的融合发展。

2018年，湖北省天然气化工消费量为 0.7 亿立方米，天然气化工用户为武汉石化、武汉乙烯、潮北化尼、潜江金澳科技。湖北省天然气不足，天然气价格相对较高。预计“十四五”期间，湖北省新增天然气化工用户的可能性不大，用气量保持目前的水平。

（三）湖南省

预计2020年湖南省天然气消费量为36.4亿立方米。到2025年，湖南省天然气消费量将达55.5亿立方米，“十四五”期间共计增长19.1亿立方米，年均增长率为8.8%。2025年天然气消费结构为：城镇燃气57%，工业燃料37%，天然气发电4%，天然气化工2%。

1. 城镇燃气。

湖南省天然气综合利用水平较低，远远落后于全国平均水平，与其经济规模不匹配，这也预示着湖南天然气利用发展空间较大。截至2018年，湖南省城镇气化率仅有43.6%。预计“十四五”及未来较长时期，湖南省将继续加快推进“气化湖南工程”建设，郴州、永州、怀化、吉首和张家界5个市中心城区、65个县市中心城镇有望实现管道气供应，继续推进船舶、公交车、出租车、长途客车和重载货车的“油改气”进程。

2. 工业燃料。

2018年，湖南省工业燃料消费量为 12.6 亿立方米，主要用于玻璃、陶瓷、钢铁等行业及大幅度“煤改气”工程，重点用户为宝石集团玻壳厂、嘉唐陶瓷公司、唐钢集团不锈钢公司等。预计“十四五”及未来较长时期，湖南省将重点开展35蒸吨/小时以下的燃煤、燃油工业锅炉的天然气替代，加速承接沿海地区新型建材、轻工、装备制造业、有色金属、汽车薄板、精细化工等产业转移，天然气在工业燃料领域的消费量将有较大增长。

3. 天然气发电与化工。

2018年，湖南省天然气发电消费量仅为1.2亿立方米。湖南省有计划大力发展天然气分布式能源等高效利用项目，在大中城市的大型商业区及新型产业园区加快发展天然气分布式能源，在具有冷、热、电需求的开发区、工业集聚区、产业园区、商业中心，以及交通枢纽、数据存储中心和医院推广建设天然气分布式能源项目。随着天然气管网建设推进，供气增长，湖南省的天然气发电将会有较大的增长空间。

2018年，湖南省天然气化工消费量为1亿立方米，主要用于制氢行业，重点用户为中石化巴陵石化和长岭炼化等。预计“十四五”期间湖南省天然气化工消费保持现状。

（四）江西省

预计2020年江西省天然气消费量为29.5亿立方米。2025年，江西省天然气消费量将达41.9亿立方米，“十四五”期间共计增长12.4亿立方米，年均增长率为7.3%。2025年天然气消费结构为：城镇燃气35%，工业燃料57%，天然气发电4%，天然气化工4%。

1. 城镇燃气。

江西省城镇燃气发展缓慢。2018年城镇燃气消费量为8.3亿立方米，主要用于居民、公服、天然气汽车和采暖。其中居民用气4.3亿立方米，气化人口910万人，城镇气化率仅为35%，尚有39个县（市、区）没有通达管道气。预计“十四五”期间，江西省将按照《江西省人民政府办公厅关于进一步加快天然气发展的若干意见》，积极培育城镇天然气利用市场。加快城镇居民、公共服务等领域燃煤、燃油的天然气替代，在城中村、城乡结合部、棚户区改造中推广“以气代煤”，支持有条件的地区利用天然气采暖。结合新农村建设，因地制宜采取管道天然气、LNG、CNG等多种供气方式，鼓励农村居民使用天然气。

2. 工业燃料。

2018年，江西省工业燃料消费量为14.6亿立方米，主要用于陶瓷、玻璃等行业，重点用户为景德镇陶瓷工业园区、景德镇陶瓷股份公司、巨石集团等。预计“十四五”及未来较长时期，江西省将重点开展35蒸吨/小时以下的燃煤、燃油工业锅炉的天然气替代，在陶瓷、建材、机电、轻纺、石化、冶金等重点工业领域，推进天然气替代水煤气、油、液化石油气等工业燃料。

3. 天然气发电与化工。

2018年，江西省天然气发电消费量仅为0.6亿立方米。“十四五”及未来较长时期，江西省有计划在具备条件的城镇、工业园区、大型公共服务设施发展天然气分布式能源项目，支持发展带稳定热负荷的天然气热电联产项目。

2018年，江西省天然气化工消费量为1.8亿立方米。预计“十四五”期间，江西省将适度发展产品附加值高、经济效益好、市场需求潜力大的天然气化工项目。鼓励工业天然气用户对管道气、CNG、LNG气源做市场化选择，依法推动重点工业企业、工业园区实现天然气专供。

五、西南地区（川渝黔滇藏）

西南地区天然气市场发展极不平衡。四川省、重庆市天然气资源丰富，城镇燃气、天然气化工得到了较快的发展，未来天然气利用的主要方向是工业燃料“煤改气”，同时发展天然气分布式能源。川渝地区交通用气发达，天然气汽车具有技术优势和较强的制造能力，中期仍有一定的天然气利用空间。云南省、贵州省天然气资源贫乏，经济发展水平不高，缅甸进口天然气量少价高，天然气市场发展还需要较长时间的培育。

（一）四川省

预计2020年四川省天然气消费量为267.3亿立方米。到2025年，四川省天然气消费量达345.7亿立方米，“十四五”期间共计增长78.4亿立方米，年均增长率为5.3%。2025年天然气消费结构为：城镇燃气30.5%，工业燃料40%，天然气发电5.5%，天然气化工24%。

1. 城镇燃气。

四川省城镇燃气发展较早，2018年城镇燃气消费量为69.9亿立方米，其中居民用气38.2亿立方米，气化户数850万户，气化人口2499万人，城镇气化率为57.2%。全省21个市（州）183县（区、市）中已有17个市130个县（区、市）使用管道天然气，仅三州（甘孜、凉山、阿坝）尚未使用管道天然气。未来5年，四川省城镇燃气发展仍然具有较大空间。一是2016年9月，国家能源局批复支持四川省创建国家清洁能源示范省，将刺激天然气持续发展；二是LNG交通能源领域，四川省LNG产能已达270万吨/年，但利用不足。伴随政府未来出台的LNG产业扶持政策，加快推进LNG终端站的建设，LNG车用市场发展空间将快速增长[①]。

2. 工业燃料。

根据西南油气田对四川省内潜在“煤改气”市场的分析，预计“十四五”期间，四川省将按照“搞准一年、滚动三年、规划五年、预测十年”的思路，结合“落实近期、对接中期、规划远期”的总体部署，企地联动，以锅炉改造为抓手，逐步推进“煤改气”市场发展。2020—2025年成都平原城市群、川南城市群、川东北城市群将完成全部燃煤锅炉“煤改气”改造，完成 1/3 燃煤电厂“煤改气”改造；2026—2030年将完成三大城市群

① 任治俊，蒋建文，张英俊，张雯莉．四川省天然气产供储销体系的完善策略［J］．西南石油大学学报（社会科学版），2019，21（6）：1–7.

以外地区的全部燃煤锅炉改造，力争达到一半燃煤电厂“煤改气”改造。因此，四川省工业燃料“煤改气”具有巨大的发展空间。

3. 天然气发电与化工。

川渝地区水电资源丰富，大规模发展天然气发电的经济性差。“十四五”期间，四川省有计划持续规范天然气分布式能源项目，因地制宜地在工业园区、大型楼宇等推进天然气分布式能源发展。在可再生资源富集、大电网未覆盖的偏远地区，建设分布式可再生能源项目。

2018年，四川省天然气化工消费量为53.7亿立方米。预计“十四五”期间，由于天然气化工价格市场化等国家政策影响，四川省天然气化工不会有较大发展。

（二）重庆市

预计2020年重庆市天然气消费量123.5亿立方米。到2025年年，重庆市天然气消费量达145.0亿立方米，“十四五”期间共计增长21.5亿立方米，年均增长率为3.3%。2025年天然气消费结构为：城镇燃气29%，工业燃料23%，天然气发电5%，天然气化工43%。

1. 城镇燃气。

经过多年发展，重庆市已建成大量城镇天然气供气管道，除渝东北城口县、巫溪县和渝东南的酉阳县、秀山县、彭水县外，管道天然气气源已经到达市域内的其他各个地区。截至2019年，重庆市城镇人口2160万人，居民总户数约675 万户，城镇气化率达到92%。综合来看，重庆市未来城镇燃气发展空间不大。

2. 工业燃料。

2018年，重庆市工业燃料消费量为20.6亿立方米。根据重庆市发改委《关于印发加快推进天然气利用的实施意见的通知》（渝发改油气〔2018〕772号），“十四五”期间，重庆市将在玻璃、陶瓷、建材、机电、轻纺、石化、冶金等行业，推进天然气替代水煤气、油、液化石油气等工业燃料。鼓励能源利用效率高、价格承受能力强、可中断工业用户采用天然气燃料，支持传统能耗企业采用清洁能源生产技术进行改造。在符合天然气发展规划下，支持工业天然气用户对管道气、CNG、LNG气源进行市场化选择。

3. 天然气发电。

根据“渝发改油气〔2018〕772号”，“十四五”期间，重庆市将因地制宜在工业园区、物流园区、旅游服务区、商业中心、交通枢纽、医院、学校等冷热电需求较为集中的能源负荷中心，推广天然气分布式能源项目的应用，新增用能区域和用户实施一体化集成供能工程，鼓励既有用能区域和用户加快能源综合梯级利用改造。

4. 天然气化工。

2018年，重庆市天然气化工消费量为44亿立方米。根据“渝发改油气〔2018〕772号”，“十四五”期间，重庆市将加快传统天然气化工产品结构优化调整，淘汰一批产能过剩的传统天然气化工企业，支持产品附加值高、经济效益好、市场需求潜力大的天然气化工企业发展，提高单位天然气增加值。

（三）贵州省

预计2020年贵州省天然气消费量为21.8亿立方米。到2025年，贵州省天然气消费量达33.2亿立方米，“十四五”期间共计增长11.4亿立方米，年均增长率为8.8%。2025年天然气消费结构为：城镇燃气55%，工业燃料43%，天然气发电0.5%，天然气化工1.5%。

1. 城镇燃气。

贵州省管道气2013年开始起步，截至2018年，贵州省城镇气化率仅有30.1%。贵州省城镇燃气发展缓慢的原因有二：一是天然气资源有限，川渝地区天然气外输资源主要供应东部地区，中缅管道天然气未达输量；二是贵州省经济发展水平不高，居民、工业天然气用户普遍承受力不高。但贵州省发展天然气的政策明确，2019年5月23日，贵州省人民政府办公厅发布《贵州省天然气“县县通”行动方案》，要求以管为主，管罐结合。坚持“管罐结合，宜管则管、宜罐则罐，以管为主、以罐为辅”的原则，管道铺设里程较长、经济性差，不在煤层气、页岩气资源开发区，不在管道网络关键节点上、没有重要工业用气的县域可采用LNG、CNG方式通天然气，其他县（市、区）以管道方式为主通天然气。预计“十四五”期间，贵州省将继续推行“贵州燃气+贵州管网”的“一张网”模式，城镇燃气市场潜力巨大。

2. 工业燃料。

贵州以煤为主的能源结构造成的环境污染，对贵州生态安全以及烟酒、茶叶、中草药加工等优势特色产业的发展存在一定影响，对生态贵州建设形成客观压力。目前贵州省内众多企业响应号召正在逐步谋求使用天然气，推广使用前景很好。天然气不仅可为烟酒、制药、食品等特色产业营造良好的可持续发展环境，同时还将激活陶瓷、玻璃、精细化工、深加工等产业的发展。预计“十四五”期间，贵州省将继续引导酒业、制药、铝及铝产品加工等重点工业领域天然气替代和利用，鼓励靠近干线管道、分输站的工业用户直接从上游接气，支持上游供气企业和用户就“煤改气”开展多种形式的合作。

3. 天然气发电与化工。

2018年，贵州省天然气发电消费量仅为0.2亿立方米。贵州省鼓励发展天然气分布式能源等高效利用项目，有望先期建成兴义市义龙实验区大数据产业园分布式能源站项目、国家电投集团贵州金元股份有限公司天然气分布式能源站项目，同时支持发展带稳定热负荷的天然气热电联产项目。预计“十四五”期间，贵州省将发展多个天然气分布式能源项目。

2018年，贵州省天然气化工消费量仅为0.1亿立方米。由于西南地区天然气价格高的问题短期难以缓解，贵州省的天然气化工发展前景有限。

（四）云南省

预计2020年云南省天然气消费量为13.2亿立方米。到2025年，云南省天然气消费量达20.6亿立方米，“十四五”期间共计增长7.4亿立方米，年均增长率为9.3%。2025年天然气消费结构为：城镇燃气30%，工业燃料48%，天然气发电2%，天然气化工20%。

1. 城镇燃气。

云南省天然气发展缓慢，截至2018年，云南省城镇燃气消费量仅为 3.8亿立方米，城镇气化率仅有19.8%。根据云南省发改委2019年发布的《云南省人民政府关于促进天然气协调稳定发展的实施意见（公开征求意见稿）》，“十四五”期间，政府计划提高城镇燃气利用水平。把天然气作为与水、电同等重要的民生工程对待，强化城镇燃气的公共服务职能。加强城中村、城乡结合部、棚户区燃气设施改造；因地制宜使用天然气替代传统采暖方式，在落实气源的情况下，鼓励迪庆、昭通等地区开展天然气壁挂炉、地暖等方式分户采暖；鼓励在宾馆酒店、商业中心、写字楼、医院、交通枢纽站等制冷供暖集中区推广燃气空调。开展天然气下乡，鼓励多种主体参与，宜管则管、宜罐则罐，对不具备通管道气的边远地区采用LNG、CNG、LPG储配站等方式供气。本书认为，由于中缅管道气增长有限，川渝地区天然气主要供应价格较高的发达地区，云南省发展城镇燃气的资源受限。

2. 工业燃料。

“十四五”期间，云南省将稳步实施工业“煤改气”，打赢蓝天保卫战，加快工业燃煤小锅炉淘汰改造步伐。新建、改扩建的工业锅炉、窑炉严格控制使用煤炭、重油、石油焦、人工煤气作为燃料。推进重点工业行业燃料升级。推进钢铁、玻璃、陶瓷、建材、机电、烟草、轻纺、石化、冶金等行业采用天然气替代煤炭、水煤气、油等工业燃料。

2020年5月，省人民政府办公厅印发了《关于推进全省煤炭行业整治工作的意见》（云政办发〔2020〕29号），指出在全省煤炭产业布局上，以曲靖、昭通、红河3个市（州）为重点，以楚雄市、南华县、富宁县、祥云县、华坪县5个县（市）为补充，玉溪、保山、临沧3个市的煤矿整体退出，其余州、市除被大型煤炭产业集团整合兼并的，一律直接关闭退出。这一政策的实施，将为天然气在工业燃料的替代腾出空间。

3. 天然气发电与化工。

云南省水电资源丰富，加之天然气价格较高，天然气发电处于空白。云南省鼓励发展天然气分布式能源等高效利用项目，支持发展带稳定热负荷的天然气热电联产项目。“十四五”期间，云南省将在具有冷热电需求的能源负荷中心、商业中心、旅游服务区、产业和物流园区等单位和企业发展天然气分布式能源。

2018年，云南省天然气化工消费量仅为3.7亿立方米，未来可能在天然气干支管线沿线适当布局高附加值的天然气化工项目。

（五）西藏自治区

预计2020年西藏天然气消费量为0.8亿立方米。到2025年，西藏天然气消费量将达1.8亿立方米，“十四五”期间共计增长1亿立方米，年均增长率为

17.6%。2025年天然气消费结构为：城镇燃气98%，工业燃料2%。

2018年，西藏天然气消费量为4300万立方米，城镇气化率为29.8%。2017年中石油青海油田联合西藏政府，对西藏70个县进行了气化规划，相继启动了那曲、林芝、山南、昌都等地的燃气市场开发工作，预计"十四五"及今后较长时期，仍将持续推进这些地区的天然气利用，但考虑到管道的建设难度和地区经济发展水平，西藏的天然气市场发展潜力依然有限。

六、西北地区（陕甘青宁新）

得益于资源、价格优势，西北地区天然气发展较快。展望"十四五"及未来较长时期，西北区域5省城镇燃气发展已经相对饱和，工业燃料"煤改气"空间大，但进展不会快，主要原因是地广人稀，环境承受力较强；西北地区是天然气主产地，价格相对较低，理应发展天然气发电，但当地太阳能、风能等资源丰富，可再生能源发电成本的优势比天然气发电逐步提高，未来天然气发电仅可能作为调峰；天然气制化肥是农业的基础，国家和相关企业仍然会支持其在西北的发展。

（一）陕西省

预计2020年陕西省天然气消费量为132.9亿立方米。到2025年，陕西省天然气消费量达176亿立方米，"十四五"期间共计增长43.1亿立方米，年均增长率为5.8%。2025年天然气消费结构为：城镇燃气36%，工业燃料32%，天然气发电4%，天然气化工28%。

1. 城镇燃气。

陕西省是产气大省，管网基础设施发达，直供用户较多。因此，城镇燃气市场发展相对成熟，2018年城镇燃气消费量为 45.4 亿立方米，城镇气化率为 72.1%。"十四五"及未来较长时期，陕西省应推动少数几个县接通管道天然气，适度推进"天然气下乡"工程。

2. 工业燃料。

陕西省大力实施"铁腕治霾、保卫蓝天"计划，2018年工业燃料消费量为35.9亿立方米。随着"煤改气"的推进，工业用气需求有一定的增长空间，主要是汽车制造、机床工具、石油制造、高铁装备、钛材加工、军工电子、烟酒食品、建材生产、叉车制造9大产业集群。

3. 天然气发电与化工。

陕西省煤电发达，天然气发电仅有靖边燃气电厂，2018年用气仅0.6亿立方米。陕西省有政策鼓励发展天然气分布式能源站等高效利用项目，支持发展带稳定热负荷的天然气热电联产项目。

（二）甘肃省

预计2020年甘肃省天然气消费量为38.4亿立方米。到2025年，甘肃省天然气消费量达53.3亿立方米，“十四五”期间共计增长14.9亿立方米，年均增长率为6.8%。2025年天然气消费结构为：城镇燃气50%，工业燃料36%，大然气发电2%，天然气化工12%。

1. 城镇燃气。

甘肃省天然气发展态势良好，依赖进口和过境的“西气东输”管道，绝大部分地级以上城市已经开通管道天然气。截至2018年，甘肃省城镇气化率达52.5%。预计“十四五”期间，甘肃省将进一步推动气化城市民生工程，提高天然气普及率，实现天然气管网覆盖所有县（市、区）及一半以上的乡镇，覆盖范围的城镇及近郊居民基本用上天然气。持续推动天然气“进乡入村”，以实现农村精准扶贫的要求。

2. 工业燃料。

2018年，甘肃省工业燃料消费量为12.3亿立方米。工业燃料是甘肃省天然气消费的第二大板块，占比超过了25%。预计“十四五”期间，依托甘肃较多的石化、金属、钢铁企业，该领域的天然气消费量仍将稳步提升。

3. 天然气发电与化工。

甘肃省经济发展较为落后，气价承受力较弱，目前天然气发电尚属空白。但甘肃省有政策鼓励发展天然气分布式能源站等高效利用项目，支持发展带稳定热负荷的天然气热电联产项目。预计“十四五”期间，甘肃省天然气分布式能源站、天然气热电联产项目有一定的增长空间。

2018年，甘肃省天然气化工消费量仅为4.7亿立方米，消费结构占比持续下降。受气价条件约束，“十四五”期间，预计甘肃省天然气化工发展前景有限，但目前的天然气化工项目将升级改造。

（三）青海省

预计2020年青海省天然气消费量为73.8亿立方米。到2025年，青海省天然气消费量将达86.7亿立方米，“十四五”期间共计增长12.9亿立方米，年均增长率为3.3%。2025年天然气消费结构为：城镇燃气24%，工业燃料46%，天然气发电1%，天然气化工29%。

1. 城镇燃气。

青海省有气源优势，城镇燃气发展较早，虽然城镇人口较少，但 2018 年消费量已达 9.5亿立方米，城镇气化率为 64.3%。中石油青海油气田是发展该省天然气市场的重要力量。近期落实化隆、循化两县气源，推进海北州海晏县天然气利用工程建设工作，筹划建设黄南州、海南州七县天然气利用工程，实现黄南州河南县、泽库县、同仁县、尖扎县，海南州贵南县、同德县、兴海县管道天然气供应；依托拉格天然气管线建设，论证不冻泉至三江源国家公园核心地区玉树市支线管道可行性等。“十四五”及未来较长时期，青海省城镇燃气消费量还有一定增长空间。

2. 工业燃料、天然气发电和化工。

2018 年工业燃料消费量为20.12 亿立方米，主要用户为青海云天化、桂鲁化工、中浩化工公司、中信国安盐湖集团、青海锂业、格尔木炼油厂等，其他工业用户用气较少。青海省仅有一座格尔木燃气电厂，2018 年消费量为1.2亿立方米。2018年青海省天然气化工消费量为9.9亿立方米。预计“十四五”及今后较长时期，青海省工业燃料、化工用气量仍有一定的增长空间，但天然气发电增长空间不大。

（四）宁夏回族自治区

预计2020年宁夏回族自治区天然气消费量为30.2亿立方米。到2025年，宁夏回族自治区天然气消费量将达38.1亿立方米，“十四五”期间共计增长7.9亿立方米，年均增长率为4.8%。2025年天然气消费结构为：城镇燃气32%，工业燃料31%，天然气发电25%，天然气化工12%。

1. 城镇燃气。

2018年，城镇燃气消费量为9.1亿立方米，其中居民用气2.4亿立方米，气化户数107.4万户，气化人口313万人，城镇气化率为77.2%。依据宁夏天然气发展规划，自治区将继续扩大天然气利用，实施“气化宁夏”工程，努力提高天然气在一次能源消费中的比重。

2. 工业燃料。

截至2018年，宁夏回族自治区工业燃料消费量为8.3亿立方米，主要用于冶金和陶瓷等行业。“十四五”期间，宁夏回族自治区将有序发展工业园区使用天然气，实施燃煤工业锅炉、工业窑炉“煤改气”工程。总体来看，宁夏地区地广人稀，环境承载力较强，加之自治区经济不发达，气价承受力较弱，工业燃料领域的“煤改气”进展较为缓慢。

3. 天然气发电与化工。

截至2018年，宁夏回族自治区天然气发电用气量为6.8亿立方米。相对当地丰富的煤炭和可再生能源的发电，天然气发电成本较高。“十四五”期间，宁夏可再生能源发电将持续发展，天然气发电仅可能作为调峰电源，同时宁夏有规划发展天然气分布式能源站，并支持发展带稳定热负荷的天然气热电联产项目。

2018年，宁夏回族自治区天然气化工消费量仅为2.8亿立方米，主要用于合成氨，重点用户为宁夏石化。考虑到国家有关政策和气价高企，“十四五”期间，预计宁夏回族自治区天然气化工发展前景有限。

（五）新疆维吾尔自治区

预计2020年新疆维吾尔自治区天然气消费量为133.5亿立方米。到2025年，新疆天然气消费量达153亿立方米，“十四五”期间共计增长19.5亿立方米，年均增长率为2.8%。2025年天然气消费结构为：城镇燃气38%，工业燃料40%，天然气发电1%，天然气化工21%。

1. 城镇燃气。

新疆维吾尔自治区利用天然气较早，城镇用气比较普及。2018年，城镇燃气消费量为59.5亿立方米。其中居民用气6.6亿立方米（包含矿区生活用气），用气户数378万户，用气人口达到1098.6万人，城镇气化率为86.8%。南疆地区各县市城区已实现气化率100%，天然气入户工程已向乡镇、农村延伸。而据住建部华经产业研究院数据，截至2018年底，新疆城镇燃气普及率已达98%。因此，未来新疆居民用气增长甚微。由于新疆天然气汽车保有量高（103.8万辆），且气价低，预计天然气汽车用气有一定增长空间。

2. 工业燃料。

2018年新疆工业燃料天然气消费量为55.5亿立方米，是新疆第二大消费结构，占比由2012年的32.5%增长到2018年的38.5%，工业燃料主要有油田自用气、炼油、选矿等行业。新疆工业多数为初级产品加工企业，对能源价格较为敏感，当地煤炭资源丰富且价格低，环境容量较大，天然气工业燃煤替代并不显著。预计“十四五”及未来较长时期，天然气对工业燃料的替代量增长缓慢。

3. 天然气发电。

新疆作为重要气源地，2018年发电用气量仅为1.9亿立方米，主要原因在于区内火电、风电、光伏发电等资源丰富，天然气发电不具经济优势。预计“十四五”及未来较长时期，新疆仅有少数天然气分布式能源站项目投运。

4. 天然气化工。

得益于气源优势，近几年新疆天然气化工用气量一直处于增长态势，2018年消费量为27.4亿立方米。从地域分布看，天然气化工企业主要聚集在北疆的乌鲁木齐、克拉玛依、吐鲁番等地区，以及南疆的巴州、阿克苏、喀什等地区。南疆地区天然气化工用气占地区用气总量的90%以上，主要用气企业有塔里木石化厂、湖北宜化天运化工、美克化工、瑞兴化工、巴州东辰集团，阿克苏境内主要用气企业有华锦化肥、胡杨化工、塔河炼化、美丰化工。预计“十四五”及未来较长时期，随着沿海LNG资源大规模引进，国家管网公司优化运营天然气资源，新疆天然气化工用气将保持增长态势。尤其是南疆地区，大型化工、化肥企业是该地区的主要经济支柱，从产品种类看，未来发展仍以合成氨占据主导。

七、东北两省（黑吉）

黑龙江、吉林两省天然气发展的基础条件不好。一方面当地资源有限，通过环渤海地区向东北地区输气管输费过高，加之环渤海地区多年来天然气供需关系较为紧张；另一方面是东北地区经济发展水平不高，各类用户天然气价格承受力有限。展望“十四五”及未来较长时期，黑吉两省天然气资源的供应条件将大为改善，随着两省经济发展，大气污染治理政策的落实，省级天然气支干线管网的发展，东北地区天然气利用趋势向好，天然气需求增长率高于全国平均水平。

（一）黑龙江省

预计2020年黑龙江省天然气消费量为52.8亿立方米。到2025年，黑龙江省天然气消费量达80.5亿立方米，“十四五”期间共计增长27.7亿立方米，年均增长率为8.8%。2025年天然气消费结构为：城镇燃气35%，工业燃料45%，天然气发电2%，天然气化工18%。

1. 城镇燃气。

2019年前，受天然气供应限制，黑龙江省城镇燃气发展缓慢，天然气消费主要集中在以大庆油田为中心的哈尔滨、大庆、齐齐哈尔三市。截至2018年，城镇燃气天然气消费量为12.9亿立方米，其中居民用气5.9亿立方米，气化人口1004.1万人，城镇气化率为44.3%。预计“十四五”时期，黑龙江将依据国务院发布的《关于深入推进实施新一轮东北振兴战略加快推动东北地区经济企稳向好若干重要举措的意见》，以及近几年发布的有关“大气污染防治”“煤改气”政策文件，加快推进新型城镇化试点、棚户区改造、老旧小区节能宜居综合改造。同时，依托中俄东线气源，以及可能的新的进口通道气源，加快城镇“煤改气”步伐，实现大部分县级城镇管道气供应。需要注意的是，黑龙江目前天然气季节性峰谷差已经较大，城镇燃气的发展将继续拉大这一差距，必须加快储气设施建设。

2. 工业燃料。

2018年，黑龙江省工业燃料用气量为19.9亿立方米，占总消费量的46.6%，主要用户为老工业基地的制造企业。黑龙江省有计划禁止新建额定蒸发量低于每小时20吨或者额定功率低于14兆瓦的燃煤锅炉；要求已经建成的额定蒸发量每小时10蒸吨以下或者额定功率7兆瓦以下的燃煤锅炉，应当在国家规定的期限内淘汰。黑龙江燃煤工业窑炉数量巨大，天然气替代工业用煤仍具有较大的空间。

3. 天然气发电与化工。

黑龙江省电力供应充足，主要为燃煤机组。2018年，黑龙江省天然气发电消费量仅为0.9亿立方米。根据黑龙江省相关规划，“十四五”期间及今后较长时期，哈尔滨、大庆等地区将布局天然气调峰发电或热电联产示范项目。在经济发达地区的产业集聚区、产业园区、旅游集中服务区、生态园区和城市综合体内，将建设天然气分布式能源示范项目。

2018年，黑龙江省天然气化工消费量为9亿立方米。黑龙江省有规划原则上不再新建天然气化工项目，未来化工用气量将可能萎缩。

（二）吉林省

预计2020年吉林省天然气消费量为33.4亿立方米。到2025年，吉林省天然气消费量达53.3亿立方米，“十四五”期间共计增长19.9亿立方米，年均增长率为9.8%。2025年天然气消费结构为：城镇燃气58%，工业燃料37%，天然气发电3%，天然气化工2%。

1. 城镇燃气。

2018年，吉林省城镇燃气天然气消费量为 16.9 亿立方米，其中居民用气 5.3 亿立方米，气化人口 919.5 万人，城镇气化率为 59.1%。受天然气资源所限，2019年前吉林省有4个地级市（辽源、白山、通化、延边）通过市内燃气管道分别使用CNG和LPG，1个地级市（白城）只有少部分居民使用管道LPG，多数居民使用瓶装LPG。随着中俄东线天然气管道贯通，省内天然气干支线发展，吉林省城镇燃气发展将有较大的提升空间。

2. 工业燃料。

2018年，吉林省工业燃料天然气消费量为9.2亿立方米。吉林省并非强制禁煤区，加之天然气供应不足，按照吉林省政府2016年5月发布的《吉林省清洁空气行动计划（2016—2020年）通知》，2020年前仅要求取缔省内部分地区10蒸吨以下锅炉。预计“十四五”及今后较长时期，借助中俄东线相对经济的天然气资源供应，吉林省将加快工业领域天然气替代煤炭工程。

3. 天然气发电与化工。

吉林省冬季供热期长，燃煤热电联产机组比例高，2018年天然气发电消费量仅为1.04亿立方米。吉林省支持发展带稳定热负荷的天然气热电联产项目，以保证冬季地方供热，并为燃煤热电联产机组提供调峰。但天然气资源少与价格高限制了天然气发电增长，以长春市为例，全市6家煤热电厂热电联产供热面积为 6200 万平方米，拟由燃煤改为燃气，一直没有完成。吉林省鼓励发展天然气分布式能源站等高效利用项目，有计划在具备条件的城市、工业园区、大型公共服务设施发展天然气分布式能源项目，努力提高天然气分布式能源项目比重，扩大天然气利用规模。随着未来天然气资源供应增长，天然气价格下降，吉林省天然气发电增长空间较大。

2018年吉林省天然气化工消费量为0.6亿立方米，重点用户为松原天新化工。考虑到吉林省正在加大环境治理力度，天然气价格波动较大，未来天然气化工发展受限。

第六章　完善天然气产供储销价格管理

中共中央、国务院2015年10月发布的《关于推进价格机制改革的若干意见》提出，按照“管住中间、放开两头”的总体思路推进天然气价格改革。近年来，我国按照这一总体思路推进天然气价格改革取得了不小的成绩，但与改革所要实现的最终目标相比还有很大差距。2019年12月，国家石油天然气管网集团有限公司（以下简称国家管网公司）挂牌成立，标志着我国油气管网运营机制改革进入实质性实施阶段。中共中央、国务院2020年5月发布的《关于新时代加快完善社会主义市场经济体制的意见》提出推进油气管网对市场主体公平开放，适时放开天然气气源和销售价格，按照“管住中间、放开两头”的原则推进天然气价格体系改革，为我国未来天然气价格体系改革指明了方向。本章围绕上述的总体思路，简要介绍国外推进天然气价格市场化的经验，全面阐述我国推进天然气价格改革面临的挑战，对如何完善我国天然气产、供、储、销价格管理进行建言。

第一节　全球天然气定价机制概述

欧美国家的经验表明，管网运营机制改革对天然气工业与市场的价格形成机制影响巨大，而所谓的管网运营机制改革也就是是否实现天然气管道独立运营并向第三方公平开放。北美、欧洲和亚太三个主要区域市场的天然气定价机制表现出不同的特点。全球天然气定价机制总的发展趋势是由管制定价转向市场定价，由与油价挂钩定价转向气—气竞争定价。

一、管网运营机制改革前的定价机制

欧美管网运营机制改革前的定价机制不同，美国的较为典型，管网运营机制改革也比较彻底。

（一）工业与市场的运行方式

在管网运营机制改革前，美国天然气工业的运行方式典型地表现为：

（1）生产商负责天然气勘探、开采、集输和净化，在生产地按照气源销售价格将天然气销售给管道公司（一次销售）；

（2）管道公司经营天然气长距离高压输气系统，以及靠近市场区的天然气储存设施，在市场区称为“城市门站”或“工厂门站”的地方按照门站销售价格将天然气销售给地方配送公司或管道直供大用户等下游买方（二次销售）；

（3）地方配送公司经营地方配气系统，按照终端零售价格将天然气销售给家庭用户、商业用户和中小工业用户（三次销售）。

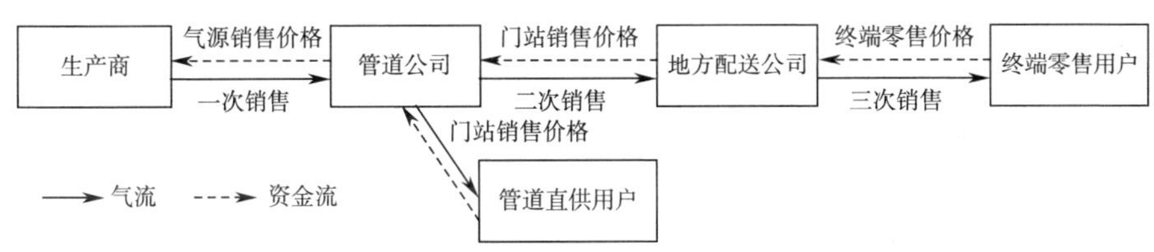

图 6-1 美国管网运营机制改革前天然气工业和市场价格

管网运营机制改革前，美国的天然气工业与市场具有以下明显特征：一是运销捆绑。管道公司和地方配送公司都只提供运输与销售捆绑式供气服务，很少单独提供运输服务，管道公司和地方配送公司通过运销捆绑实现对其所服务市场的垄断经营。二是依赖长期合同。生产商与管道公司之间，管道公司与下游买方之间，普遍采用包含有“照付不议”、保证供应等约束性条款的长期购销合同，合同期限可以长达10年、20年甚至更长。三是事先明确定价规则。价格不管是由政府按一定规则制定，还是买卖双方通过谈判在合同中约定价格公式，都必须在各方作出投资决策前明确定价规则。

（二）价格形成机制

1. 气源销售价格。

有两种机制用于形成生产商的气源销售价格：政府管制和买卖双方谈判。在北美地区，生产商的气源销售价格在很长一段时间里受到政府以成本加成为基础的价格管制。实践证明这种管制是不成功的，并最终导致20世纪70年代美国州际间天然气供应短缺，以及加拿大产气省与用气省政治关系的紧张。在欧洲地区，生产商的气源销售价格采取买卖双方谈判的办法，价格谈判的基础是天然气的市场净回值并与石油产品的价格建立指数化关系。这种定价方法自20世纪60年代初期开始采用，其后在很长的时间里是欧洲天然气工业链的定价基础。市场净回值定价对上游生产商和管道公司非常有利，它使上游生产商和管道公司能够迅速积累资金以加快天然气勘探开发和基础设施建设，从而使欧洲天然气工业迅速走向成熟并保证了供应上的可靠。然而随着欧洲天然气工业发展的不断成熟，市场净回值定价也受到了越来越多的批评，生产商和管道公司利用这种定价方法最大限度地获取天然气行业的经济剩余，使所有天然气用户所支付的价格远远超出了天然气在竞争市场中所能达到的水平。

2. 门站销售价格和终端零售价格。

管道公司的门站销售价格和地方配送公司的终端零售价格均为捆绑价格，一般由两部分构成：天然气采购成本和自身的运输、储存或配送成本（含合理的投资收益）。在北美地区，政府监管部门只允许从事运输和配送业务的天然气公司在运输和配送业务上赚取受到监管的投资收益，而不能在天然气买卖上赚取差价，管道公司的门站批发价格和地方配送公司的终端零售价格均受到政府严格的以成本加成为基础的价格管制，其中天然气采购成本按照“购气成本调整”条款直接转移给下游买方，自身的运输、储存或配送成本（含合理的投资收益）按照成本加成原则确定。在欧洲地区，管道公司的门站销售价格和地方配送公司的终端零售价格并没有受到政府严格的以成本加成为基础的价格管制，通常采用成本加成定价和市场净回值（或市场价值）定价相结合的定价方法，从事运输和配送业务的天然气公司不仅在运输和配送业务上可以赚取合理的投资收益，还可以在天然气买卖上赚取一定差价。

二、管网运营机制改革后的定价机制

（一）工业与市场的运行方式

在过去的30年里，许多国家在市场结构和监管方面对本国的天然气行业进行了改革，欧美国家是改革的先行者。不同国家启动改革的时间有先有后，但改革的目标是相同的，都是通过促进天然气竞争和增强市场流动性使终端用户受益。改革的基本思路也是相同的，都是通过改革管网运营机制促进天然气竞争和增强市场流动性。

在管网运营机制改革前，管道公司的运输系统不向第三方市场主体开放，上游生产商只能在生产地按照气源销售价格将生产的天然气卖给管道公司，城市燃气公司和工业大用户等下游买方只能在消费地从管道公司那里按照门站销售价格购买天然气，管道公司通过运输与销售的捆绑实现对市场的垄断经营。天然气可以像其他商品一样进行买卖，但它的运输具有自然垄断性质，要在天然气市场建立竞争，核心思想就是改革管网运营机制，分开运输和销售，实现管网向第三方市场主体公平开放。管网运营机制改革后，上游生产商可以自由地选择下游买方，下游买方也可以自由地选择上游生产商，从而就形成了上游生产商为争夺下游买方的竞争，这种竞争模式被称为“气与气竞争”。

管网运营机制改革前，管道公司扮演着运输商与供应商的双重角色，为地方配送公司或管道直供用户等下游买方提供“一揽子”的天然气及输送服务。管网运营机制改革后，管道公司在天然气供应方面只扮演非常有限的角色或不再作为供应商而存在，这样天然气供应的责任已转移给下游买方，在运销捆绑服务下那种管道公司直接将天然气从井口送到下游买方的非常简单的交易方式已被一种更复杂的形式所取代（见表6-1）。

表 6-1 美国管网运营机制改革前后天然气工业与市场运行方式的变化[①]

管网运营机制改革前	管网运营机制改革后
（1）在井口	（1）在井口
购买合同的签约方为生产商与管道公司	购买合同的签约方是生产商与 ——地方配送公司 ——大型终端用户 ——市场营销商
价格受到监管或生产商与管道公司通过长期合同约定	价格受市场驱动，金融管理工具用于规避价格风险
管道公司负责组织气源并为供应的可靠性负责	购买者自己负责组织气源并为供应的可靠性负责
（2）下游买方	（2）下游买方
下游买方从管道公司通过捆绑服务获得天然气供应	下游买方分别与供应商和管道公司签订购气合同与运输合同
运输典型地通过一条管线，通常只涉及一个管道公司	由下游买方决定最经济的运输路线及供应地
平衡的责任完全由管道公司承担	下游买方有义务为不平衡支付罚金
管道公司控制储气设施以满足季节性需求变化	下游买方有责任购买足够的储气容量满足高峰期需求
当容量不能完全利用时，管道公司提供可中断服务，收入属于管道公司	固定用户能够转让他们不需要的管道容量，其收入用以补偿他们的预约容量费

需要说明的是，管网运营机制改革后，市场营销商取代原先的管道公司，承担了销售职能，市场营销成为天然气工业继勘探生产、管道运输和城市配送后的第四大业务板块。管网运营机制改革后，下游买方有机会评价从不同气源地的购气成本以及沿不同运输线路的运输成本，然而评估这些选择以及与生产商、管道公司签订采购和运输合同直至合同的最终履行，对下游买方来讲都意味着增加管理成本。市场营销商能够将下游买方所要求的购买与运输服务重新捆绑起来，按照门站销售价格向下游买方销售天然气，管道开放后中小用户更愿意通过市场营销商获得他们所需要的服务。

① Energy Information Administration. Natural Gas 1994：Issues and Trends［R］. Energy Information Administration Office for Oil and Gas. U.S. Department of Energy Washington DC 20585. 1994，p60.

（二）价格形成机制

管网运营机制改革使天然气工业与市场的运行方式发生了根本性变化，从而使天然气工业与市场的价格形成机制发生了深刻变革，具体体现在以下几方面。

1. 对天然气、运输和储存服务分别定价。

管网运营机制改革后，下游买方需要就天然气商品、运输服务、储存服务分别购买，这样就可以使下游买方能够对他们所获得的每一种服务的成本看得更清楚，据此设计最优化的供应服务组合以满足他们的特定需求，从而就需要采取非捆绑定价方式，对天然气、运输和储存服务分别定价，其中上游生产商的气源销售价格和市场营销商的门站销售价格不再受政府管制而是通过市场竞争形成，中间环节的运输和储存服务的价格通常受到政府以成本加成为基础的价格管制，也就是通常所称的“管住中间、放开两头”（见图6–2）。

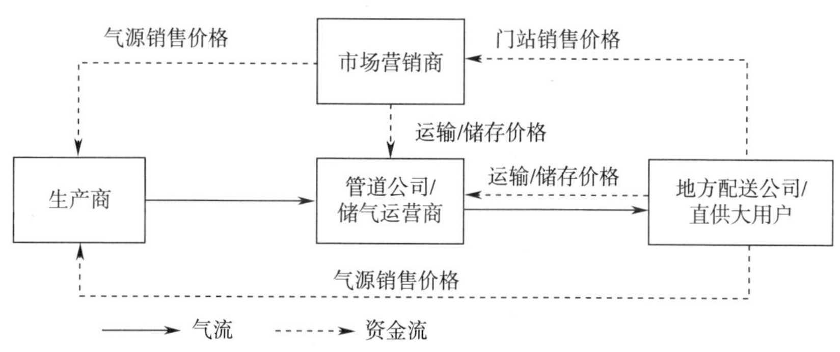

图 6–2　欧美管网运营机制改革后天然气工业的价格形成机制

2. 市场中心在形成天然气价格方面发挥了关键作用。

管网运营机制改革后，上游生产商可以自由地将他们生产的天然气出售给任何感兴趣的下游买方，下游买方也可以自由地选择他们最满意的上游供应商。市场环境的这种变化使过去那种事先约定价格的长期合同变得越来越不适应，大量的天然气是通过短期合同以现货方式实现交易的。天然气市场中心是天然气现货集中交易的场所，通常位于主要的天然气产区的长输管道入口处或多条输气干线管道的交汇处，故也称交易枢纽。天然气市场中心不仅具有撮合交易的功能，还具有发现价格的功能。位于美国路易斯安那州的亨利枢纽是北美最著名的天然气市场中心，由纽约商品交易所（NYMEX）形成的亨利中心价格成为北美天然气价格基准；由英国国家管网公司运营的全国平衡点（NBP）是欧洲最著名的天然气市场中心，由伦敦国际石油交易所（IPE）形成的NBP价格对英国乃至欧洲市场的天然气价格都具有重要影响。

3. 利用天然气金融市场管理价格风险。

现货市场流动性强，天然气现货价格更能准确反映天然气当前的市场价值，从而使天然气定价变得更有效率；同时，现货价格具有不稳定性，市场参与者暴露在价格风险中，为管理价格风险开展了天然气期货，天然气金融市场应运而生，并在管网运营机制改革后其重要性日益增长。1990年，北美第一份天然气期货合约在纽约商品交易所（NYMEX）推出，其实物交割地点是位于路易斯安那州的亨利枢纽。1995年，北美第二份期货合约在堪萨斯期货交易所（KCBT）推出，其实物交割地点是位于得克萨斯州西部的Waha枢纽。1997年，针对英国市场的天然气期货合约在伦敦的国际石油交易所（IPE）推出，其实物交割地是英国的全国平衡点（NBP）。

三、全球三大区域市场的定价机制

全球天然气市场在地理上被分割为3个主要区域市场：北美市场、欧洲市场和亚太市场。2019年，这3个区域市场的天然气消费量分别占全球天然气消费总量的26.9%、28.7%和22.1%。这个传统的地域分割主要是基于这样一个事实：在这3个贸易区块之间没有管输运力，同时LNG运输也不频繁。因此，每个贸易区块都有其各自的运输成本和条件、天然气需求模式和市场竞争方式，使这3个市场之间的联系没有那么紧密。但有统计表明，欧洲大陆和北美市场各自内部的区域市场已经形成高度的融合和统一。

北美、欧洲和亚太3个主要区域市场的天然气定价机制有着不同的特点。在亚太市场，天然气国际贸易以LNG为主，LNG贸易价格通常与日本进口原油综合价格（JCC）挂钩，即气价由油价决定。北美天然气市场采用的是竞争性的定价机制，也称枢纽定价，价格由管道气之间的气—气竞争决定，其基准价格为亨利枢纽（Henry Hub）形成的交易价格。在欧洲天然气市场，英国和西北欧地区采用枢纽定价，英国的国家平衡点价格（NBP）和荷兰的TTF是基准枢纽。在欧洲其他地区，天然气的主要定价机制和亚太市场类似，采取与油价挂钩机制。与亚太市场稍有不同的是，欧洲天然气定价参照物是终端消费市场上的石油制品，而不是原油，因此也称为净回值定价。由于市场定价机制的不同，全球3大市场的天然气价格差异明显，亚太市场的天然气价格明显高于北美和欧洲市场，这种价格差异被称为“亚洲溢价”。

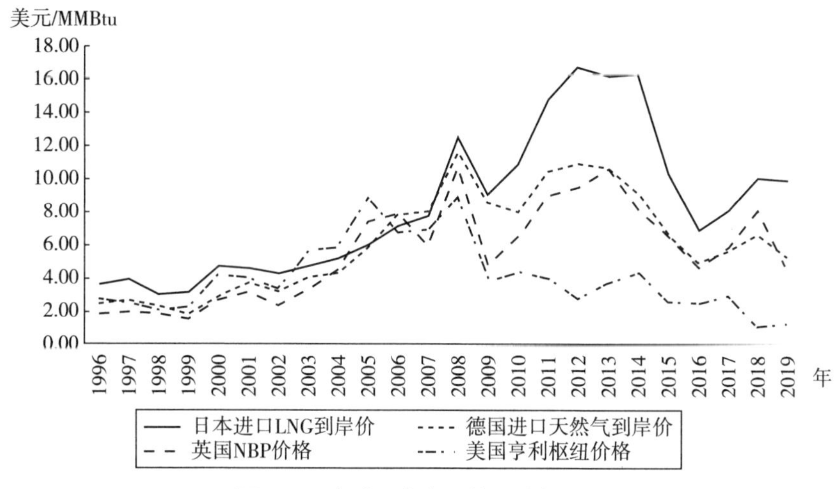

图 6-3　全球三大市场的天然气价格

美国亨利枢纽价格、英国NBP价格（反映欧洲市场现货交易价格）、德国进口天然气到岸价格（反映欧洲市场长期合同交易价格）及日本进口LNG到岸价格，是目前世界上最有影响力的天然气价格指标，它们是国际天然气价格水平的重要标尺和价格涨跌的风向标。

四、全球天然气定价机制的发展趋势

根据国际天然气联盟（IGU）对全球天然气定价机制的调查统计，全球天然气的气源销售价格有四种主要类型的定价机制。

一是气—气竞争。在开放式的自由市场贸易环境中，以现货交易方式或在长期合约（合同期一般不超过3年）下进行的天然气定价，在后一种情况下长期合同的价格与公布的现货价格指数挂钩。采用气—气竞争定价的天然气交易发生在北美、英国、澳大利亚和欧洲西北部等开放式自由化的天然气市场，通过天然气供需的相互作用形成天然气价格。

二是与油价挂钩。在长期合约（合同期为几年甚至几十年）下通过与约定的油价挂钩公式来确定天然气价格。在欧洲市场、亚太市场的天然气长期合约通常采取与油价挂钩的定价机制。

三是双边垄断协议。在前苏联、中欧及东欧及很多不成熟的天然气市场，一个垄断的供应商面对一个或两个垄断的购买商，通常采用双边垄断协议确定价格。

四是政府管制。又分为基于服务成本、低于成本和基于政治、社会原因等不同情形。基于服务成本，是政府监管部门根据确定的监管程序核准包含供应成本及合理的投资回报在内的价格；低于成本是指供应商以低于成本的价格将天然气供应给国内消费者，在这种情况下需要政府给予补贴，这是前苏联国家和一些中东天然气出口国供应国内市场的做法；基于政治、社会原因是指在一个不规则的基础上，由政府监管部门综合考虑卖方的供应成本、买方的支付能力以及其他政治、经济方面的因素设置和调整价格，这是一些亚洲、拉美、欧亚大陆国家的通常做法。

国际天然气联盟将前三种类型划为“市场”定价，第四种划为“管制”定价。天然气市场及适用的定价机制源自各个国家的特殊环境、资源状况和市场发育程度。北美及欧洲等天然气市场发育成熟国家的天然气价格形成机制只有气—气竞争和与油价挂钩定价两种；向市场化转型国家，如亚太地区以与油价挂钩为主；非洲和中东地区则主要采用管制定价。

全球天然气定价机制总的发展趋势是由管制定价转向市场定价，由与油价挂钩定价转向气—气竞争定价。从表6-2中可以看出，按天然气消费总量计，从2005年到2018年，气—气竞争定价的占比增加了17个百分点，相比之下，与油价挂钩、双边垄断和管制定价分别降低5个、3个和9个百分点。目前，北美地区消费的天然气全部通过气—气竞争机制定价。欧洲是气—气竞争定价机制发展最快的地区，其在天然气消费量中的占比从2005年的15%增至2018年的76%，与油价挂钩机制则从78%降至24%[①]。

① 周娟，魏微，胡奥林，杜春．深化中国天然气价格机制改革的思考［J］．天然气工业，2020，40（5）：134-141．

表 6-2　　　2005—2018 年全球天然气的定价机制变动

序号	定价方式	占全球天然气消费量的比重	
		2005年	2018年
1	气—气竞争	30%	47%
2	与油价挂钩	24%	19%
3	双边垄断协议	6%	3%
4	政府管制	40%	31%
	合计	100%	100%

第二节　我国天然气价格管理的现状与特点

近年来，我国按照“管住中间、放开两头”的总体思路推进天然气价格改革取得了不小的成绩。一方面加快“放开两头”，目前除居民用气要求严格执行政府定价外，其他用气的气源销售价格和门站销售价格均已执行政府指导价或实行市场调节价。另一方面完善“管住中间”，构建了从跨省管道到省内短途管道和城市配气管网的输配气价格监管框架。同时也要看到，我国现行的天然气价格形成机制与“放开两头、管住中间”目标还有很大差距，天然气产供储销的价格形成机制仍在完善中，天然气价格改革仍然在路上。

一、天然气价格管理体制

长期以来，我国天然气工业一直被认为是石油工业的组成部分，天然气工业现行的结构是石油工业结构长期演化的结果。在国家管网公司成立前，我国天然气工业在上游供气领域一直采取生产（进口）和运输一体化结构。历史上，中石油、中石化和中海油等大型石油公司是中国仅有的上游供气企业，2019年我国市场所消费的天然气96%仍然是由这三家企业供应的。

中石油、中石化是从事跨省天然气供应业务的上游供气企业，按照门站销售价格向城市燃气公司、直供大用户等下游买方供应天然气。门站销售价格受国务院价格主管部门国家发展改革委管辖。气源价格（包括国产天然气的出厂价格和进口天然气的到岸价格）、管输价格、地下储气库的储气费及进口LNG的气化费等，作为上游供气企业的内部结算价格，与下游买方不发生直接关系，其中管输价格、进口LNG的气化费实行政府定价，国产天然气的出厂价格、地下储气库的储气费由上游供气企业自己制定，进口天然气的到岸价格由天然气进口企业与境外出口商通过长期合同约定或执行国际天然气市场的现货价格。

中海油是从事省内天然气供应业务的上游供气企业，门站销售价格受省价格主管部门管辖。中海油的天然气门站销售价格由气源销售价格和天然气基础设施服务价格两部分组成，管输价格、进口LNG的气化费等天然气基础设施服务价格按照“准许成本加合理收益”原则制定，进口LNG的气源销售价格依据进口LNG的到岸价格采取顺价方式确定，海上国产天然气的气源销售价格由买卖双方协商确定。

由地方投资建设的省内短途管道的管输价格以及地方配送公司的配气价格和终端用户价格，由地方价格主管部门管理，一般按照“准许成本加合理收益”原则制定。

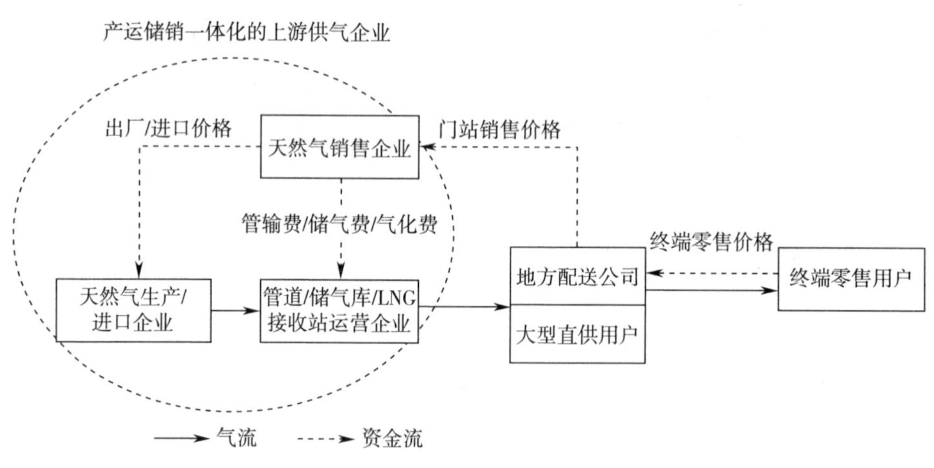

图 6-4　国家发展改革委管理的中国天然气行业价格机制

二、国家发展改革委的门站价格政策

国家发展改革委对门站销售价格采取“基准价+浮动幅度”的管理办法：

门站销售价格=基准门站价格×（1+浮动幅度）。执行政府指导价的天然气，上浮幅度最高不超过20%，下浮不限；执行市场调节价的天然气，上浮幅度理论上不受最高不超过20%的限制。

基准门站价格分省制定：各省基准门站价格=上海计价基准点价格−地区贴水。

上海计价基准点价格采取与油价挂钩并随油价的变动定期调整的方式定价，不过自2016年以来与油价挂钩的价格联动机制并没有严格执行。计价基准点价格的定价公式如下：

$$P=R(0.6P_{燃料油}\frac{H_{天然气}}{H_{燃料油}}+0.4P_{LPG}\frac{H_{天然气}}{H_{LPG}})\times(1+增值税税率) \quad (6\text{-}1)$$

式中：P为上海计价基准点的天然气价格，单位为元/立方米；R为折价系数，取0.85；$P_{燃料油}$为计价周期内中国海关统计进口燃料油的价格，单位为元/千克；P_{LPG}为计价周期内中国海关统计进口液化石油气（LPG）的价格，单位为元/千克；$H_{燃料油}$为燃料油的净热值（低位热值），取值10000千卡/千克；H_{LPG}为LPG的净热值（低位热值），取值为12000千卡/千克；$H_{天然气}$为天然气的净热值（低位热值），取值为8000千卡/立方米。

地区贴水是综合考虑各省份天然气运输成本差异、是否是“西部大开发”省份、是否是天然气主产区等因素制定的，实际上是国家发展改革委与地方政府、三大石油公司谈判的结果。在确定贴水时考虑非成本因素，主要是为了解决进口天然气的成本分担问题。我国天然气对外依存度较高，而且进口天然气的价格也较高，适当拉大东西部省份间的价格差，目的是让东部省份的用户不仅要承担正常的管输费，还要多承担一部分进口气成本。我国天然气的主产区集中在西部省份，进口天然气主要是满足东部地区的需求，同时东部地区经济比较发达，让东部省份的用户多承担一部分进口天然气的成本也是合理的。

目前，国家发展改革委将执行门站价格政策的天然气分为两类：

一是执行市场调节价的天然气。包括：供应给市场的页岩气、煤层气、煤制气等非常规天然气和海上国产天然气；通过进口LNG、2014年底以后投产的进口管道气项目供应给市场的进口天然气；通过储气库和上海、重庆石油天然气交易中心等交易平台供应给市场的天然气；供应给LNG生产企业、化肥生产企业和其他直供工业企业的天然气；通过"西气东输"管道系统供应给福建省的天然气等。

二是执行政府指导价的天然气。凡不符合以上条件的天然气执行政府指导价，以国家发展改革委规定的各省份门站基准价为基础，在规定的幅度范围内（最高可以上浮20%，下浮不限），由供需双方协商具体结算价格，目前居民用气价格暂不允许上浮。执行政府指导价的天然气主要是供应给城市燃气公司的陆上国产常规天然气，2014年底前投产的进口管道气项目进口的管道气。

在政策的实际执行过程中，无论是执行政府指导价的天然气，还是门站销售价格完全市场化的天然气，均按照国家发展改革委"基准价+浮动幅度"的管理办法操作，区别在于执行政府指导价的天然气，上浮的浮动幅度最高不超过20%；门站销售价格完全市场化的天然气，上浮的浮动幅度理论上可以不受最高不超过20%的限制。从近几年的实践情况看，除非特殊需要，国家发展改革委很少调整基准门站价格，而是主要通过对价格浮动幅度的临时干预来达到与现行市场条件相适应的政策目标。例如，2019年国内经济下行压力加大，为减轻实体经济负担，国家发展改革委要求上游供气企业将本年度夏季期间的价格上浮幅度控制在不超过上年度的水平；2020年受新冠肺炎疫情的影响，为支持用气企业复工复产、共渡难关，国家发展改革委要求上游供气企业提前执行淡季价格，并明确要求价格要适当下浮，对化肥等受疫情影响较大的行业，给予更大的价格优惠。

表 6-3　　　　现行的各省（区、市）天然气基准门站价格

单位：元 / 立方米

序号	省（区、市）	基准门站价格	序号	省（区、市）	基准门站价格	序号	省（区、市）	基准门站价格
1	上海	2.04	11	山东	1.84	21	四川	1.53
2	广东	2.04	12	辽宁	1.84	22	重庆	1.52
3	浙江	2.03	13	湖北	1.82	23	海南	1.52
4	江苏	2.02	14	江西	1.82	24	宁夏	1.39
5	安徽	1.95	15	湖南	1.82	25	甘肃	1.31
6	河南	1.87	16	山西	1.77	26	陕西	1.22

续表

序号	省（区、市）	基准门站价格	序号	省（区、市）	基准门站价格	序号	省（区、市）	基准门站价格
7	广西	1.87	17	黑龙江	1.64	27	内蒙古	1.22
8	北京	1.86	18	吉林	1.64	28	青海	1.15
9	天津	1.86	19	云南	1.59	29	新疆	1.03
10	河北	1.84	20	贵州	1.59			

注：含 9% 增值税。

三、对天然气基础设施的价格管理

（一）管输价格管理

2016年10月，国家发展改革委发布了《天然气管道运输价格管理办法（试行）》和《天然气管道运输定价成本监审办法（试行）》（以下称新办法）。新办法规定，按“准许成本加合理收益”原则以服务成本法为主制定管输价格，管输价格中不再包含储气费。采用服务成本法制定管输价格包含两个基本步骤：

第一，确定管道运输企业的年度最大准许收入。年度最大准许收入=运营维护支出+折旧摊销支出+所得税及其他纳税支出+投资收益。其中，投资收益=有效资产×准许收益率，有效资产=固定资产及无形资产原值–累计折旧摊销+营运资本；新办法规定准许收益率为8%。

第二，确定管道运输企业的运价率。管道运价率=年度最大准许收入/年度运输周转量。新办法规定如果管道平均负荷率低于75%，取75%负荷率时的周转量。

表 6-4 现行的跨省天然气管道的管输价格（含 9% 增值税）

企业名称	经营的主要管线	管输价格	
		元/千方公里	元/立方米
中石油管道有限责任公司北方分公司	陕京系统	0.2806	
中石油北京天然气管道有限公司	中俄东线北段	0.1825	
中石油管道联合有限公司	西一线和西二西段、涩宁兰管线	0.1416	

续表

企业名称	经营的主要管线	管输价格	
		元/千方公里	元/立方米
中石油西北联合管道有限责任公司	西三线	0.1202	
中石油东部管道有限公司	西一线和二线东段、忠武线、长宁线	0.2385	
中石油管道分公司	秦沈线、大沈线、哈沈线、中沧线	0.4594	
中石油西南管道分公司	中贵线、西二线广南支干线	0.389	
中石油西南管道有限公司	中缅管线中国境内段	0.4035	
中石油西南油气田分公司	西南油气田周边管网		0.14
中石化川气东送天然气管道有限公司	"川气东送"管道	0.3824	
中石化榆济管道有限责任公司	榆济线	0.4363	
内蒙古大唐国际克什克腾煤制气有限责任公司	内蒙古克什克腾旗至北京煤制气管道	0.9611	
山西通豫煤层气输配有限公司	山西沁水至河南博爱煤层气管道	3.4416	
张家口应张天然气有限公司	山西应县至河北张家口管线	1.9938	

（二）储气库的储气费

储气库的储气费最早是通过管输费向下游用户收取的，国家发展改革委核定的西气东输一线、陕京一线和二线、忠武线等天然气管道的管输价格中都包含储气库费用；2013年7月，门站价格管理在全国推广，储气库的储气费通过门站价格向下游用户收取；国家发展改革委2016年10月下发的《关于明确储气设施相关价格政策的通知》（发改价格规〔2016〕2176号）规定，储气服务价格由供需双方协商确定，储气设施天然气购销价格由市场竞争形成，自此储气库的储气费可以在国家发展改革委规定的门站价格外单独向下游用户收取，具体收费水平由上游供气企业与下游用户协商。

（三）LNG接收站的气化费

在2016年以前，中石油投资建设的LNG接收站气化费由国家发展改革委采用项目经营期评价法制定（财务基准收益率取8%），已投产的江苏如东、辽宁大连、河北唐山3个LNG接收站，气化费分别为0.345元/立方米、0.347元/

立方米和0.342元/立方米（以上价格均含17%的增值税）；中海油投资建设的LNG接收站气化费由LNG接收站所在地的省级价格主管部门制定。从2016年1月1日起，国家发展改革委将LNG接收站气化费的定价权全部下放给省级价格主管部门，但中石油已投产的3个LNG接收站气化费仍在执行国家发展改革委先前制定的价格。

（四）对地方输配气的价格管理

地方输配气价格管理的权限属于地方价格主管部门，但国家发展改革委仍然就如何加强和规范地方输配气价格管理提出了许多具体要求和指导意见。2017年6月，国家发展改革委下发《印发〈关于加强配气价格监管的指导意见〉的通知》（发改价格〔2017〕1171号），要求地方价格主管部门按照"准许成本加合理收益"的原则核定独立的配气价格，指导意见对准许成本的核定、准许收益的确定、配气价格的制定和校核、新通气城镇初始配气价格的制定、加强配气延伸服务收费监管、抓紧制定出台配气价格监管规则、及时开展成本监审和核定配气价格、推动信息公开强化社会监督等方面的内容，都提出了具体和明确的指导意见。

四、现行价格管理的特点

在国家管网公司成立前，我国天然气工业一直采取生产（进口）和运输一体化结构，天然气价格形成机制是在生产（进口）和运输一体化结构基础上形成的，是与天然气工业生产（进口）和运输一体化结构相适应的。概括起来，现行价格机制的特点主要体现在以下几方面：

第一，国家发展改革委管理的门站销售价格在我国天然气产供储销价格体系中居于中心地位，气源价格（包括国产天然气的出厂价格和进口天然气的到岸价格）、管输价格、地下储气库的储气价格以及进口LNG的接收、储存和气化价格等，通常都是作为产运储销一体化的上游供气企业的内部结算价格，与城市燃气公司、直供大用户等下游买方不发生直接关系。国家发展改革委管理的门站销售价格也是地方价格主管部门制定城市燃气公司终端销售价格的基础。城市燃气公司的终端销售价格由国家发展改革委管理的门站销售价格加上城市燃气公司的输配气价格构成，一般是按照成本加成原则制定。

第二，门站销售价格作为运销捆绑价格是不透明的，也很难形成明确的定调价规则。国家发展改革委根据各种成本和非成本因素，例如市场供求状况、用户对气价的承受能力、上游供气企业天然气业务的整体效益情况以及国家的环保政策、对实体经济的支持政策等，对上游供气企业的门站销售价格进行调控。在上游供气企业内部，各项天然气业务的效益状况差异很大，例如中石油作为中国最大的上游供气企业，天然气进口业务严重亏损，2019年亏损307.1亿元，进口业务亏损主要是通过管道运输业务的利润弥补。

第三，国家发展改革委调控门站价格要考虑诸多非成本因素，包括东西部地区间的经济发展水平，是否是天然气主产区以及其他一些因素，使门站销售价格不是以构成门站价格各项业务的成本及其合理收益为基础形成的，从而不可避免地导致以下问题：一方面，由于缺乏成本补偿机制，上游供气企业对开发难动用储量、冬季保供期间增加进口、投资建设储气库等推动供气成本上升的业务缺乏积极性，尽管开展这些业务符合市场发展需要；另一方面，整个天然气工业与市场的价格存在比较严重的扭曲现象：从纵向看，上游勘探开发和进口承担的投资和经营风险最大，但所获得的投资回报率很低，中游管道运输和下游城市配送承担的投资和经营风险较小，但获得的投资回报率较高；从横向看，不同地区、不同用户之间存在严重的价格交叉补贴现象，主要是东部地区对西部地区提供价格补贴，南方地区对北方地区提供价格补贴，工业用户对非工业用户特别是居民用户提供价格补贴。

第四，天然气价格的市场化程度比较低，中国天然气市场还无法摆脱政府定价。2019年中国天然气表观消费量已达到3067亿立方米，成为世界第三大天然气消费国。按照国家发展改革委目前的天然气价格政策，有近一半的天然气即1500亿立方米的天然气，价格已不受政府控制，可以由供需双方自主协商确定价格或通过国家发展改革委认可的天然气交易平台采取市场化的方式形成价格。然而中国的天然气市场还无法摆脱政府定价，无论是执行政府指导价的天然气，还是门站销售价格完全市场化的天然气，均按照国家发展改革委“基准价+浮动幅度”的管理办法操作。比较之下，整个英国天然气的年消费量也不过800亿立方米，但NBP价格已同美国的亨利枢纽价格、德国进口天然气到岸价格和日本的进口LNG到岸价格一样，成为全球天然气价格水平的重要标尺和价格涨跌的风向标。

第三节　推进我国天然气价格市场化面临的挑战

天然气价格市场化是天然气市场化改革的结果。通过改革管网运营机制推进天然气市场化改革需要具备一定的市场基础，我国与欧美国家启动改革时的市场基础存在重大差别，决定了推进天然气价格市场化面临与欧美国家不同的问题。

一、国外典型国家推进天然气市场化改革的基本条件

各国之间天然气市场的发展阶段都有一些相似之处，遵循着相同的发展规律，由最初的非竞争型市场逐步过渡到竞争型市场，反映了天然气市场发展的一般趋势。根据欧美国家的经验，竞争型天然气市场的建立既是政府监管改革的结果，也是天然气市场发展成熟的产物，通过改革管网运营机制推进天然气市场化改革需要具备一定条件，主要体现在以下几方面。

（一）自有资源的保障供给能力

推进天然气市场化改革，应以不影响天然气供应的安全可靠为前提，如果一个国家的天然气供应严重依赖进口，就需要采取一种谨慎的方式推进天然气市场化改革。在天然气严重依赖进口的情况下，为了保证供应的安全可靠，要求天然气进口以长期合同为主。而推进天然气市场化改革，目的是促进天然气竞争和增强市场流动性，要求大量的天然气通过短期合同以现货方式交易。很显然，在天然气严重依赖进口的情况下，推进天然气市场化改革与保证天然气供应的安全可靠，两者之间是有矛盾的。这就要采取一些特殊的措施，在增加市场的灵活性和保证供应安全之间取得平衡。

（二）上游供应领域的竞争状态

国际能源署的研究表明，通过改革管网运营机制推进天然气市场化改革有利有弊，如果能够形成有效竞争则利大于弊，竞争导致终端用户价格降低或价格保持平稳，但天然气的供应量增加了。如果不能形成有效竞争则弊大于利，主要表现在：（1）以前运销捆绑所形成的范围经济不复存在，导致整个天然气产业链交易成本增加。（2）提供公平准入服务的管道运输系统操作

复杂，需要建立极其复杂的计量体系、容量分配机制和管网调度制度，运营管理成本高。此外，运销分离后管道公司失去了对市场的控制能力，建设管道的投资风险增大，对建设新管线积极性不足。（3）用户拥有了选择供应商的权利，但也需要用户自己对供应的安全可靠负责并承担价格波动风险，从而增加了用户参与市场的难度。（4）政府是推动天然气市场化改革的主导力量，改革能否取得预期效果，监管机构发挥的作用至关重要，从而对政府监管提出了更高要求，政府的监管成本提高。

（三）天然气市场所处发展阶段

欧美天然气市场的发展历程表明，天然气市场要经历初始增长阶段和快速增长阶段后才能进入发展成熟阶段，在这一过程中天然气市场结构由非竞争型市场逐步过渡到竞争型市场，天然气的交易方式由长期合同向短期合同、现货和期货交易转变，天然气的定价机制将经历成本加成定价、与油价挂钩以及气—气竞争三个阶段[①]。通过改革管网运营机制促进天然气竞争，增强市场流动性，更适合天然气市场的发展已进入发展成熟阶段，这时供应与需求都处于相对稳定状态，买卖双方通过短期合同自由地选择对方不至于影响供应的安全可靠。当天然气市场仍处于快速增长阶段时，上游供气方和下游买方都希望通过长期合同形成稳定的供用气关系，尤其是下游买方更希望通过长期合同来保证供应的安全可靠。

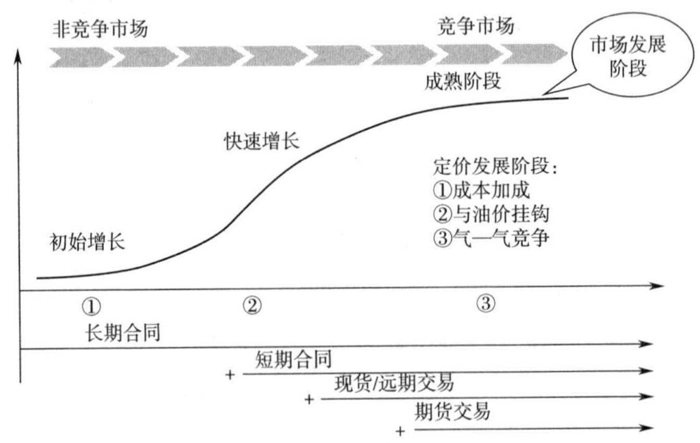

图 6-5　天然气市场及其定价机制发展的三个阶段

① Energy Charter Secretariat. Putting a price on energy: International Pricing Mechanisms for oil and gas［R］. Energy Charter Secretariat， Belgium， 2007.pp. 60.

（四）天然气基础设施建设的完善程度

天然气市场化改革的目的是为了促进竞争，而促进竞争的前提是要有足够数量的市场参与者，进而扩展市场流动性，避免价格扭曲。这反过来要求管道、地下储气库等基础设施已经建设完善，在市场需要的时候能够提供足够的管道和储气库容量，以确保充分的流动性。如果没有足够的管道和储气库容量，就难以形成天然气市场中心，从而也就无法通过市场中心的发现价格功能形成市场价格。

二、我国与国外典型国家启动天然气市场化改革时的市场基础比较

如前所述，推进天然气市场化改革需要具备一定条件，这些条件构成了一国天然气工业的市场基础，启动市场化改革时的市场基础不同，改革的难度和效果往往大不相同。下文将我国目前启动天然气市场化改革的基础条件与国外典型国家进行对比。

（一）自有资源保障供给能力的比较

作为世界上最早通过改革管网运营机制对本国的天然气市场进行改革的3个国家，美国、加拿大和英国在推进改革时天然气供应都是依赖丰富的本土资源。1992年美国联邦能源监管委员会（FERC）发布636号令，强制要求州际管道公司开放其运输系统。这一年美国和加拿大作为一个整体，天然气对外依存度为2.1%。1997年英国天然气公司（BG）被拆分，其运输业务组成独立的管道公司，这一年英国还是天然气净出口国。

按照欧盟天然气指令，欧盟成员国从20世纪末开始在欧盟范围内推进天然气市场化改革。2001年，欧盟作为一个整体，天然气对外依存度高达48.3%，天然气供应严重依赖进口，供应的安全问题就成为欧盟天然气市场化改革必须慎重考虑的问题，从而也导致其各国的天然气市场化改革直到今天仍在推进过程中。与欧盟的情况比较类似，我国自2006年成为天然气净进口国以来，天然气对外依存度不断提高，2019年为43%，成为世界第一大天然气净进口国，未来还存在进一步提高的可能。更为严重的是，我国不仅天然气对外依存度较高，进口天然气的价格也比较高。

（二）上游供应领域竞争状态的比较

各国由于天然气工业的起源不同，上游供应领域的竞争状态也有所不同。美国、加拿大和英国在天然气工业与市场发展的早期阶段，生产环节就与该行业的其他环节相分离，并在生产环节引入竞争机制，上游供应领域的集中度比较低。管网运营机制改革后很快就在供应侧形成了有效竞争，气与气竞争的天然气市场也很快地建立起来。例如，1992年美国强制要求州际管道公司开放其运输系统时，有超过1万家的生产商从事天然气生产，7家最大生产商的产量只占美国天然气产量的28%，而当时加拿大有1000多家生产商从事天然气生产，10家最大生产商的产量只占加拿大天然气产量的1/3。1997年英国天然气公司（BG）的运输业务被分离时，英国天然气批发市场有41家供应商参与市场竞争，4家最大供应商的市场份额不超过50%。BG是最大的供应商，占28%的市场份额，其他供应商的市场份额均低于10%[①]。

我国特殊的油气工业体制导致上游一直集中度高，而且采取产运储销纵向一体化结构，中石油、中石化、中海油等产运储销一体化的大型国有石油公司负责上游资源供应。

（三）市场所处发展阶段的比较

在通过改革管网运营机制推进天然气市场化改革时，美国、加拿大和英国本身的天然气市场都已越过快速增长阶段进入稳定增长阶段。从1992年美国强制要求州际管道公司开放运输系统算起，到2019年美国和加拿大作为一个整体，天然气消费年均增长率只有1.46%；从1997年英国天然气公司（BG）的运输业务被分离时算起，至2019年，英国天然气消费年均增长率是-0.32%。

业界一般观点认为，我国天然气市场仍然处于快速增长阶段。从2005年到2019年天然气消费的年均增长率为14.2%，根据本书和大部分专家和机构预测，我国天然气市场的快速增长阶段要持续到2035年才能进入发展成熟阶段（见图6-6）。届时年天然气消费量将在2019年的基础上翻一番，超过6000亿立方米，这也意味着我国天然气消费的年均增长量仍然要保持在200亿立方米

① International Energy Agency. Natural gas transportation：organization and regulation［R］. Paris：International Energy Agency； Washington， D.C：OECD Washington Center， 1998. pp. 194，280.

的水平上[①]。

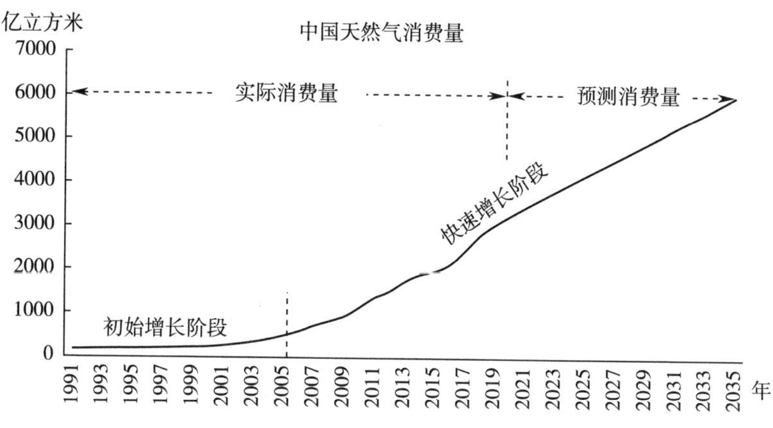

图 6-6　中国天然气消费量的发展趋势预测

（四）基础设施建设完善程度的比较

在通过改革管网运营机制推进天然气市场化改革时，美国、加拿大和英国自身的管道、地下储气库等天然气基础设施都已建设完善，有足够的运输能力及储存能力保证天然气在市场中具有流动性以及满足用户高峰期用气需求。1992年美国强制要求州际管道公司开放其运输系统时，美国和加拿大分别拥有天然气管道43万千米和7万千米，储气库调峰能力分别为1060亿立方米和103亿立方米，美国和加拿大作为一个整体储气库调峰能力占当年天然气消费量的18.0%；1997年英国天然气公司的运输业务被分离时，英国拥有1.79万千米的天然气管道，储气库和北海气田接收终端的整体调峰能力为141亿立方米，占当年天然气消费量的16.7%[②]。

我国的天然气基础设施建设还很不完善。根据国家发展改革委、国家能源局印发的《中长期油气管网规划》，到2025年中国天然气长输管道的总里程数将达到16.3万千米，但截至2019年底，我国天然气长输管道的总里程数仅为8.1万千米，两者相差8.2万千米，说明我国的管道基建规模已严重落后于市

① 高振宇，周颖．天然气市场发展阶段性认识及中国市场前瞻［J］．国际石油经济，2018，26（10）：69-76.

② International Energy Agency. The IEA natural gas security study ［M］. Paris：International Energy Agency； Washington， D.C：OECD Washington Center， 1998. pp. 263， 342， 352.

场需求[1]。储气调峰能力不足，更是成为制约我国天然气产业可持续发展的重要瓶颈。2017年冬季全国较大范围内出现的“气荒”，充分暴露了我国储气能力不足的短板。我国2019年储气库调峰能力（含沿海LNG储罐）仅为140亿立方米，占当年天然气消费量的4.6%，而按照IGU的经验，储气调峰能力必须达到消费量的12%才能保证供气安全。

三、我国推进天然气价格市场化面临的困难

通过上述比较，可以看出我国推进天然气价格市场化所面临的挑战。欧美国家运销分离后管道两端的气源销售价格和门站销售价格便完全由市场竞争形成，政府只管制中间环节的运输和储存价格，我国运销分离后却无法立即“放开两头”价格。

（一）对外依存度和进口价格较高对“放开两头”价格的影响

我国自2006年成为天然气净进口国以来，进口气在天然气供应中占有越来越重要的地位。2019年我国天然气净进口1325亿立方米，对外依存度达到43%。迄今为止，我国进口气主要是通过海上通道进口LNG和通过西北陆上通道从中亚国家进口管道气。从历史上看，从这两个通道进口的天然气价格都很高，前者主要是受石油亚洲溢价的影响，后者主要是管道运输成本高。目前进口气的销售亏损由天然气进口企业承担，例如中石油2019年进口天然气695亿立方米，进口气销售净亏损307.1亿元。

依照国际惯例，我国进口天然气主要采取长期“照付不议”合同形式，合同期最长达30年，进口天然气价格直接或者间接与国际市场油价挂钩，现货采购只是为了满足短期临时性需求。回顾我国天然气产业的发展历程，天然气进口资源是与相应的管道、LNG接收站等基础设施建设捆绑考虑的，成为我国天然气供需格局的重要组成部分。从目前国家管网公司成立方案看，实际上是将盈利的天然气基础设施运营业务交给了国家管网公司，将进口亏损业务留在天然气进口企业，这将导致国家管网公司组建时相关企业间的矛盾，目前也确实如此，其结果是天然气价格市场化改革面临阻力。

---

① 高鹏，高振宇，刘广仁. 2019 年中国油气管道建设新进展［J］. 国际石油经济，2020，28（3），52-58.

在进口天然气销售亏损的情况下，放开进口天然气的市场销售价格，意味着下游用气方支付的进口天然气价格要大幅上升。如果只放开进口气的市场销售价格，不放开国产气的市场销售价格，将会导致资源配置面临困难，也就是让谁使用价格低的国产气，让谁使用价格高的进口气；如果同时放开进口气和国产气的市场销售价格，国产气的市场销售价格就会向进口气看齐，这将导致下游用气方使用的所有天然气价格都将大幅上升。这既不符合国家管网公司成立的初衷，也增大了天然气销售的困难。因此，比较现实的做法是既不放开进口气的市场销售价格，也不放开国产气的市场销售价格，而是对价格较高的进口气和价格较低的国产气实行综合定价，这也是国家发展改革委现阶段控制门站销售价格的基本思路和做法。这与“放开两头”完全不符。

（二）上游供应领域集中度较高对“放开两头”价格的影响

与欧美国家不同，我国在天然气工业与市场发展的早期阶段并没有在上游供应领域实行多元化政策，而是随着石油工业体制的演化形成了目前由中石油、中石化和中海油三大石油公司集中供应的局面，这将导致管网运营机制改革后需要很长时间才能在供应侧形成有效竞争，即使满足价格上“放开两头”的最低要求也需要很长时间。

经营者拥有市场支配地位，是导致政府管制价格的重要原因。依据中国反垄断法，3个经营者在相关市场的市场份额合计达到3/4，就可以推定经营者具有市场支配地位。2019年中国天然气表观消费量为3067亿立方米，3大石油公司供应2950亿立方米，占96%的市场份额。依据反垄断法，如果它们不被推定为具有市场支配地位，其市场份额合计必须降到75%以下，也就是说，当2035年中国的天然气年消费量达到6000亿立方米时，3大石油公司在当年最多只能供应4500亿立方米，其余1500亿立方米要由其他供应商负责，留给3大石油公司的增长空间是4500−2950=1550亿立方米。这也就意味着，只有当未来新增供应量由3大石油公司与其他供应商平分，到2035年3大石油公司的市场份额合计才有可能下降到75%以下。但这种情况发生的可能性非常小。尽管我国正在全面放开油气勘查、开采市场，但考虑到3大石油公司在天然气上游供应领域所拥有的特殊地位，只要是有利勘探开发区块，未来新增供应量主要还是要依赖它们。

小贴士

中国《反垄断法》的有关规定

中国《反垄断法》第十九条规定：有下列情形之一的，可以推定经营者具有市场支配地位：

（一）一个经营者在相关市场的市场份额达到二分之一的；

（二）两个经营者在相关市场的市场份额合计达到三分之二的；

（三）三个经营者在相关市场的市场份额合计达到四分之三的。

有前款第二项、第三项规定的情形，其中有的经营者市场份额不足十分之一的，不应当推定该经营者具有市场支配地位。被推定具有市场支配地位的经营者，有证据证明不具有市场支配地位的，不应当认定其具有市场支配地位。

（三）市场化的定价办法都不完全适合我国现阶段的情况

我国长期以来一直对天然气价格实行政府管制，无论是上游供气方还是下游用气方，都已形成对政府定价的依赖，如果政府不定价，就必须找到能够替代政府定价的办法。通过市场方式形成价格有两种办法：由买卖双方采取谈判方式通过长期合同约定价格，以及由众多买方和卖方在市场中心通过竞买和竞卖形成价格，但这两种办法都不完全适合我国现阶段的情况。

由买卖双方谈判通过长期合同约定价格存在一个严重缺点，由于上游供气方与下游用气方已形成了事实上的供用气关系，如果双方无法就价格达成一致意见，势必还要通过政府价格主管部门仲裁来解决，这样问题就又回到了原来的出发点，还是要由政府价格主管部门定价。

由众多买方和卖方在市场中心通过竞买和竞卖形成价格，最主要的问题是现阶段天然气市场缺乏足够数量的市场参与者以及基础设施建设不完善等，具体包括以下3个方面：

首先，如前所述，我国天然气市场的快速增长阶段至少要持续到2035年，当天然气市场仍处于快速增长阶段时，买卖双方仍然要依赖长期合同，而天然气市场中心是天然气现货集中交易的场所。

其次，与欧美国家不同，我国在天然气工业与市场发展的早期阶段并没有在上游供应领域实行多元化政策，三大石油公司集中供应占有绝对主导地位。在供应侧缺乏足够数量的市场参与者，将会制约天然气市场中心的发展。为推进上游市场形成竞争局面，我国出台了多项开放上游油气勘探开发的政策，尤其是非常规天然气勘探开发领域已全部放开。新疆作为油气勘探开发市场化改革的试点正在稳步推进，已有几十家三大石油公司以外的企业在国内或者国外拿到了油气开发区块。此外，新奥、广汇LNG接收站已经投入运营，粤电、佛山燃气等下游企业也通过接收站第三方开放进口海外资源。总体来看，我国上游天然气多元供应局面正在形成，但要具备一定实力的企业与三大石油公司形成一个竞争型的天然气市场，还有很长的路要走。

最后，发展天然气市场中心需要足够数量的市场参与者，进而扩展市场流动性避免价格扭曲，这反过来要有足够的管网容量，在市场需要的时候能够提供额外的容量以确保充分的流动性。我国不仅储气基础设施建设滞后，储气调峰能力严重不足，管道基建规模也严重落后于市场需求。成立国家管网公司，由其负责天然气干线管道的建设、运营并向所有符合条件的用户公平开放，一个重要目的就是加快我国天然气管网建设，但面临的挑战也是显而易见的。管道建设不仅需要巨额投资，而且形成的资产具有极强的专用性，因此只有在风险可控的情况下才能进行。管道建设的风险主要来自两方面：资源风险和市场风险。在原有天然气生产运输垂直一体化结构体制下，管道建设的资源风险和市场风险相对较小。管道独立、运销分离后，国家管网公司既不拥有资源，也不控制市场，管道建设的风险很大。国际能源署的研究表明，在管网独立运营的条件下，管道公司建设新管道动力来自激励和约束机制，仅仅为增加天然气在市场中的流动性而加强天然气基础设施建设是一厢情愿。

（四）天然气保供责任落实问题对放开两头价格的影响

欧美国家在管网运营机制改革前，管道公司负责资源采购、运输、储存，然后销售给下游买方，管道公司还要负责保供。管网运营机制改革后，下游买方可以自由地选择上游生产商，可以对天然气商品、运输服务、储气服务分别购买，下游买方有了更多的选择，可获得的服务范围扩大了，但要由下游买方自己对供应的可靠性负责。反观我国的情况，在原有体制下，由中石油、中石化、中海油等大型国有石油公司负责保供，这是完全合理的。管网运营机制改革后，考虑到我国天然气市场发育不成熟，由下游买方自己对供应的可靠性负责显然不现实；由于不参与天然气销售业务，由国家管网公司负责保供不现实；由于不再拥有天然气干线管网，继续由中石油、中石化、中海油等上游供气企业对保供负责也不现实；由上游供气企业与国家管网公司共同负责保供，又容易形成责任不清、相互推诿、效率低下、政府协调成本高等问题；如果保供责任不明确，在价格上“放开两头”显然也不现实。

欧美国家管网运营机制改革采取渐进方式，在运销完全分离之前管道公司一直承担保供责任。例如在美国，1985年FERC发布第436号令，鼓励州际管道公司开放其运输系统，直到1992年FERC发布第636号令，解决了地方配送公司关心的高峰期供气可靠性问题，才强制要求州际管道公司分离运输和销售业务；英国1986年的《天然气法》要求英国天然气公司（BG）的管道网络向第三方开放，但BG的管道网络是从1989年开始向第三方开放的，直到1997年5月BG被拆分，才实现运输业务与销售业务的彻底分离；欧盟由于天然气供应严重依赖进口，天然气市场改革更需采取分步推进方式，欧盟天然气指令只对每隔5年各成员国开放其市场的最低水平提出要求。我国采取运销分离一步完成的方式，这既反映了中国政府推进天然气市场化改革的决心和信心，同时也对运销分离后如何高效地落实保供责任提出了更高要求，相信通过相关各方协商，能够创新一种合理的方式落实保供责任。

第四节　重建天然气产供储销价格形成机制的关键因素

虽然推进天然气价格市场化改革在我国面临着许多挑战，但箭在弦上，不得不发，同时也应该看到我国强大的政治和制度优势。在此过程中，欧美国家的经验我们可以借鉴，而且仅仅是手段，而通过市场化配置资源、提高我国天然气消费比重、实现能源转型才是目的。因此，我国应从以下几个关键因素着手重建天然气产供储销的价格形成机制：由捆绑定价改为非捆绑定价，由体积计价改为能量计价，理顺天然气产业链价格，加快天然气交易枢纽建设。

一、由捆绑定价改为非捆绑定价

欧美国家的经验表明，天然气工业与市场的价格形成机制必须与管网运营机制相适应，提供捆绑供气服务时必须制定捆绑价格，运销分离后必须采取非捆绑定价。采取非捆绑定价，就是分别制定气源销售价格和管道、地下储气库、LNG接收站等天然气基础设施的服务收费价格，政府价格主管部门不再直接规定门站销售价格。

由捆绑定价改为非捆绑定价，是管网运营机制改革的客观要求。我国现行的门站捆绑定价是与天然气工业产运储销一体化结构相适应的，改革管网运营机制，打破产运储销一体化结构，推动形成上游油气资源多主体多渠道供应、中间统一管网高效集输、下游销售市场充分竞争的“X+1+X”的油气市场体系，客观上要求采取非捆绑定价方式。因为只有采取非捆绑定价方式，下游用气方才有机会选择从不同的气源地、不同的上游资源主体采购天然气，从而在天然气供应商之间形成竞争，建立竞争型天然气市场。

由捆绑定价改为非捆绑定价，也是消除价格补贴、全面理顺天然气价格的需要。稳妥处理和逐步减少交叉补贴，尽快全面理顺天然气价格，是我国天然气价格改革的重要内容。制定非捆绑价格，就是要求上游供气方提供什么产品或服务，就收取什么产品或服务的价格，下游用气方接受什么产品或服务，就支付什么产品或服务的价格。因此在非捆绑定价方式下，价格是完全透明的，从而可以最大限度地消除由于价格补贴引起的价格扭曲，尽快全面理顺天然气价格。

此外，完善管输定价机制和储气调峰定价机制，使管道容量和储气价值显性化，以及加快发展天然气市场中心，都要求取消门站价格管制，由捆绑定价改为非捆绑定价。事实上，由捆绑定价改为非捆绑定价，是实现“管住中间、放开两头”价格改革目标非常关键的一步，这一步迈不出去，“管住中间”的许多目标无法实现，“放开两头”更是无从谈起。因此按照“管住中间、放开两头”的总体思路推进天然气价格改革，必然要求由捆绑定价改为非捆绑定价。

二、由体积计价改为能量计价

（一）能量计量计价已势在必行

天然气作为普遍用于燃烧的能源，其价值大部分在于提供的热量，因此从科学公平计量的角度看，天然气采用能量计量比体积计量更能反映商品的真实价值。管网运营机制改革后，对天然气实行能量计价可有效解决不同来源、不同品质天然气入网难的问题，因而客观上要求在整个天然气产业链实行能量计量计价。

目前，除俄罗斯、东欧国家和中国外，北美、南美、西欧、中东和亚洲的大多数国家均已实行天然气按能量计价，且能量计价基本覆盖了天然气产业的全部价格领域，包括上、中、下游各环节以及天然气（管道气和LNG）国际贸易。

我国对天然气实行能量计量计价在技术上并无障碍，主要还是一个时机选择问题。在管网运营机制改革前，作为产运储销一体化的上游供气企业，中石油、中石化和中海油的天然气供应系统基本上都是各自独立运行的，互联互通性较差，加之政府价格管理部门根据市场供求状况、国家整体经济形势和上游供气企业天然气业务的整体效益情况调控门站销售价格，使其对天然气实行能量计量计价不是很迫切。

我国管网运营机制改革后，上游资源供应、中游运输储存和下游城市配送分属不同的市场主体，上游资源多主体多渠道供应，中游管道运输互联互通，下游销售市场充分竞争，以及加快发展天然气市场中心并通过天然气市场中心形成价格，使在整个天然气产业链实行能量计量计价变得比以往更加迫切。国家发展改革委等部门联合印发的自2019年5月24日起施行的《油气管网设施公平开放监管办法》规定，国家推行天然气能量计量计价，于本办法施行之日起24个月内建立天然气能量计量计价体系，表明我国对天然气实行能量计量计价不仅势在必行，而且从时间上看已经非常紧迫了。

（二）能量计量计价仍存在待解问题

对天然气实行能量计量计价，需要具备技术、基础设施和政策制度等基础条件。需要构建完善的天然气能量计量计价技术体系，包括发热量测定、流量测量器具与设备、量值溯源和技术标准体系等；需要满足天然气能量计量的软硬件基础设施条件，包括天然气能量计量设施（如流量计、在线气相色谱仪等）、参数的可获取性、计算软件系统辅助设施等；需要良好的政策制度条件满足天然气能量计量监管和确保市场公平。经过多年努力，我国已具备实施天然气能量计量计价的现实基础，各项技术条件已较为成熟，发热量赋值方法研究已获得成功；长输管道基础设施基本满足要求，各站点的流量计量设备配置齐全，实施天然气能量计量不需要大的改造，市场和社会对能量计价的接受程度较高①。

同时也要看到，我国实行能量计量计价仍存在待解的问题。国外的实践表明，对天然气实行能量计量计价，需要规定进入天然气长输管网的热值范围并将其限定在一个较小的区间范围内。这样一来，许多不符合要求的天然气就无法入网，如果想进网，就要对热值进行调整，例如通过掺混LPG提高热值，掺混氮气降低热值等，但这会增加天然气的供应成本，要通过技术创新、加强管理消化成本上升因素。

三、理顺天然气产业链价格

（一）亟须改革现行天然气产业链价格形成机制

天然气工业由上游的勘探开发、中游的管道运输和下游的城市配送三个基本业务板块组成，上游的出厂价格、中游的管道运输价格和下游的城市配送价格，构成天然气产业链的价格。在天然气行业，就投资风险而言，上游勘探开发最大，中游管道运输居中，下游城市配送最低。按照投资应遵循收益与风险相匹配原则，上游勘探开发的收益应该最大，中游管道运输居中，下游城市配送最低。而我国的实际情况是，中游管道运输收益最高，下游城市配送居中（个别地区城市配送的收益高于管道运输），上游勘探生产（含进口）最低，天然气产业链价格很不合理。造成上述问题既有历史的原因，也有平衡企业、地方利益的原因，是多种因素共同作用的结果②。

从历史上看，问题的原因有：第一，东西部地区间的经济发展水平差距

① 谭琦，周建，林萍．天然气能量计价实施方案关键问题研究［J］．天然气技术与经济，2018，12（6）：32-36.

② 张颙，何春蕾．以管网改革为契机理顺天然气产业链价格［J］．天然气技术与经济，2019，13（5）：1-6.

较大，天然气主产区位于经济欠发达的西部地区；第二，天然气工业采取生产运输纵向一体化经营模式，上游供气企业既负责天然气生产，又负责管道运输；第三，国家发展改革委对上游供气企业生产的天然气采取出厂价和管输价格分别定价的管理方式。在上述因素的共同作用下，导致国家发展改革委在制定天然气产业链价格政策时倾向于让出厂价低一些，长输管道的管输价格高一些，这有利于平衡上游供气方、东西部用户的利益关系。

在20世纪，中国生产的天然气主要是在经济欠发达的西部生产地消费，其中化肥生产用气又占相当大的比重，这使天然气的出厂价一直维持在较低水平。2004年前后，“西气东输”一线、陕京二线、忠武线等干线天然气管道相继投产，西部地区生产的天然气开始通过长输管道向东部地区外输，在制定外输气的价格政策时，国家发展改革委倾向于让出厂价低一些，让长输管道的管输价格高一些。在出厂价和管输价格分别定价的管理方式下，西部地区生产的天然气无论是在当地消费还是外输，都要执行相同的出厂价，让出厂价低一些，主要是为了照顾西部天然气生产地用户的利益。考虑到东部地区经济发展水平较高，气价承受能力较强，在天然气工业采取生产运输一体化的经营模式下，将长输管道的管输价格定得高一些，有利于调动上游供气企业的积极性，也是对上游供气企业出厂价较低的一种补偿。

（二）亟须调整进口气价格亏损补偿机制

我国发展天然气所面临的一个突出问题是：天然气供应越来越依赖进口，而且进口天然气的价格远高于国产气。例如，2010年从中亚进口的管道天然气在新疆霍尔果斯口岸的到岸完税价平均达到了2.41元/立方米，而国家发展改革委规定的新疆塔里木油田供“西气东输”管道的出厂基准价非工业用气为0.56元/立方米，工业用气为0.96元/立方米。在进口气价格远高于国产气价格的情况下，国家发展改革委下发了《关于调整陆上天然气出厂基准价格的通知》（发改电〔2010〕211号），规定从2010年6月1日起将陆上国产天然气出厂基准价上调0.23元/立方米，并规定进口中亚天然气的销售价格（包括出厂价格和管输价格）暂按国产天然气供同类用户价格执行。《国家发展改革委关于调整天然气价格的通知》（发改价格〔2013〕1246号）规定，自2013年7月10日起在全国推广门站价格管理，无论是国产气还是进口气，均按照国家发展改革委规定的门站价格销售，解决了国产气价格偏低而进口气价格偏高的矛盾。由于上游供气方既负责国产气生产，又负责进口气引进，实行门站价格管理后，上游供气企业国产气生产和销售所实现的利润均被进口气销售亏损所抵消，天然气工业上、中、下游各环节所获得的投资回报与它们所承担的投资风险就更加不匹配。中石油是中国最大的国产气生产商和最大的天然气进口商，从2010年开始大规模进口天然气。有资料显示，从2010年到2019年的10年间，该公司国产气生产和销售所实现的利润尚不足以弥补进口气销售亏损，公司天然气业务的利润全部来自管道运输业务，在生产（进口）和运输一体化的天然气工业结构下，天然气产业链价格尽管不合理，但矛盾不是很大。油气管网运营机制改革使天然气产业链价格不合理的矛盾显现出来，考虑到在国产气勘探开发上每年要发生大量投资，如果不尽快理顺天然气产业链价格，中石油失去了管道运输业务的利润后，天然气生产和进口业务的可持续发展能力将受到极大影响。

（三）管网运营机制改革要求理顺天然气产业链价格

在生产（进口）和运输一体化的天然气工业结构下，国家发展改革委是根据上游供气企业的整体效益情况对门站销售价格进行调控的。天然气产业链价格尽管不合理，但矛盾不是很大，如果说有矛盾，也只是上游供气企业内部各业务板块之间的矛盾。管网运营机制改革使中国天然气工业结构发生重大调整，原先的生产（进口）和运输一体化的上游供气企业只负责天然气生产和进口，管道运输将由国家管网公司负责。天然气工业结构发生变化了，就要相应地调整天然气产业链价格，否则将影响天然气工业与市场的健康、可持续发展。因此有必要以管网运营机制改革为契机，理顺天然气产业链价格，其基本原则是尊重天然气工业与市场的发展规律，重新制定天然气产业链各环节的价格，使天然气工业上、中、下游各环节所获得的投资回报与它们所承担的投资风险相匹配。

四、加快天然气交易枢纽的建设

我国于2016年11月和2017年1月先后成立了上海和重庆两家石油天然气交易中心。国家发展改革委的有关文件规定，通过这两个交易平台公开交易的天然气，价格由市场形成。从实施效果看，通过这两个交易平台交易的天然气不仅交易量很小，在发现价格方面所起的作用也非常有限，无法形成市场基准价格。由于上游供气方数量较少且拥有市场支配地位，同时上游供气方承担保供的社会和政治责任，使通过这两个交易平台交易的天然气，与我国的土地拍卖很相似，只有竞买，没有竞卖。具体做法是：上游供气方不定期地拿出一定量的天然气投放到指定的区域市场（通常以省级行政区为单位），交易价格通常是以国家发展改革委规定的各省门站基准价为基础，价高者得。

通过市场中心形成基准价格，只有在天然气市场发展成熟的情况下才有可能，目前仅在欧美少数国家和地区有成功案例。在这方面我国还有相当长的路要走，我国目前所做的工作还仅限于在上海、重庆建立了两家现货交易平台，更为重要的交易枢纽建立工作还没有提上议事日程，不具备交易枢纽和交割地的交易中心是无法形成基准价格的[①]。交易枢纽是天然气产权交割的地方，而交易中心是天然气合同交易的平台，两者之间的关系通俗地说，交易枢纽是农贸市场，是商品集散地，而交易中心是淘宝这样的电商平台，也可以说交易枢纽是硬件，交易中心是软件。在欧美国家说起天然气市场中心一般指的是交易枢纽，因此严格说来现阶段我国还没有真正意义上的天然气市场中心。

国务院发展研究中心的研究结果认为，未来中国天然气管网将逐步形成5大枢纽中心（上海、广东、宁夏中卫、湖北和河北永清），以及8大区域市场（环渤海、长三角、川渝、珠三角、中西部、中南部、东北和西北地区）。从技术上说，这5大枢纽都可能发展成为类似于美国亨利枢纽的实体枢纽，而这8大区域性市场则可以发展成为英国NBP那样的虚拟枢纽。这13个枢纽里的每一个都有可能成为基准枢纽。

比较之下，目前长三角地区的条件最好，在这一地区建设英国NBP那样的虚拟枢纽的条件已基本具备。首先，这一地区多主体、多渠道的供气格局已经形成：既有管道气供应（"西气东输"管道气、"川气东送"管道气以及未来的俄气东线管道气），又有进口LNG供应（已建LNG接收站6座，在建2座，拟建4座）；既有传统的三大石油公司供气主体，又有申能、广汇、新奥等其他新加入的供气主体。其次，这一地区管道、地下储气库、LNG接收站等天然气基础设施的建设比较完善。第三，该地区经济比较发达，用户市

① 施训鹏.中国天然气基准价格形成中的若干问题［J］.天然气工业，2017，37（4）：113-148.

场经济意识比较强，天然气市场发展相对成熟，已形成的天然气消费规模较大，未来的消费增长潜力仍然很大。

加快长三角交易枢纽的建设，通过竞争方式形成我国市场的基准价格，可以将我国天然气价格市场化水平提高到一个新层次，实现由与油价挂钩向气与气竞争转变。在天然气市场中心，通过竞争方式形成基准价格因具有完全的价格透明度而容易被国际市场认可。我国天然气对外依存度较大，长三角地处东部沿海地区，加快长三角交易枢纽建设，有利于我国融入国际天然气贸易体系，增强我国在天然气国际贸易中的定价话语权。

同时也要看到，天然气市场中心的建设是一项非常复杂的工作，需要由国家有关部门牵头，众多机构、企业共同参与。这里要特别强调，加快发展天然气市场中心，要充分调动和发挥国家管网公司的积极性，因为天然气交易枢纽是天然气市场中心的核心，天然气基础设施运营企业负责枢纽的建设、运营和提供枢纽服务。由于交易枢纽需要大量的基础设施和有力的运行作为支撑，其建设过程比交易平台的建设更具挑战性。交易枢纽往往不止一个，北美地区有20多个天然气枢纽，西北欧每个国家至少有1个枢纽，我国随着天然气市场发展的不断成熟，未来也需要建设多个交易枢纽。

第五节　完善气源销售价格管理

本节重点讨论如下内容：气源销售价格形成机制演变的一般规律；完善我国气源销售价格管理面临的难点问题；我国气源销售价格管理的演变；我国气源销售价格管理的经验；完善气源销售价格管理的有关建议。总体来看，我国放开气源销售价格的条件不成熟，但是目前通过管制门站销售价格来控制气源销售价格的方式已经不适应油气体制改革和管网运营机制改革的需要，需要找到解决问题的办法。

一、气源销售价格形成机制演变的一般规律

欧美成熟天然气市场国家的经验表明，天然气市场要经历初始增长、快

速增长阶段后才能进入发展成熟阶段，在这一过程中，天然气市场逐步过渡到竞争型市场，天然气的交易方式由长期合同向短期合同、现货和期货交易转变，气源销售价格将经历成本加成定价、与油价挂钩以及气—气竞争三个阶段。

（一）初始增长阶段

天然气的气源销售价格（如美国的井口价格、我国的出厂价格等）有两种基本的定价方法：成本加成法和市场净回值法。采用成本加成法，气源销售价格由生产商的生产成本加合理利润构成；采用市场净回值法，气源销售价格等于天然气在终端市场的市场价值减去按成本加成原则确定的中游运输储存价格和下游地方配送价格后的差额。天然气的市场价值是指最终用户在用天然气取代其他燃料时产生同一成本的气价。天然气的市场价值是确定天然气终端销售价格的基础，只要终端销售价格不超过天然气的市场价值，用户使用天然气就不会增加支出。

采用成本加成法确定的气源销售价格，是气源销售价格的下限，气源销售价格不能长时间地低于按成本加成法确定的价格，否则上游生产商就不能取得合理利润，就要离开这个行业，这个行业就要萎缩；采用市场净回值法确定的气源销售价格，是气源销售价格的上限，气源销售价格不能长时间地高于按市场净回值法确定的价格，否则天然气在终端用户市场就缺乏价格竞争力，天然气行业同样要萎缩。

天然气的市场价值减去按成本加成原则确定的上游气源销售价格、中游运输储存价格和下游地方配送价格后的差额，称为天然气行业的经济剩余。天然气行业的经济剩余不能是负数，否则这个行业无法发展。在天然气市场处于初始增长阶段时，政府的天然气价格政策是鼓励天然气消费，培育市场，气源销售价格由政府监管部门采用成本加成法制定，同时对中游运输储存价格和下游地方配送价格均实行以成本加成为基础的价格管制，天然气行业的经济剩余将全部流向天然气消费者，从而可以最大限度地鼓励天然气消费。

（二）快速增长阶段

在快速增长阶段，生产商的气源销售价格不再受政府管制，由生产商与管道公司通过谈判确定。具体做法是：首先要谈判确定基期价格。谈判确定的基期价格不能低于按成本加成法确定的气源销售价格，也不能高于按市场净回值法确定的气源销售价格，最终所达成的价格将落在这两者之间。其次要谈判确定指数化公式。通常的做法是将气源销售价格与天然气替代燃料（一般是石油或石油产品）的价格挂钩，因此也称为与油价挂钩。建立指数化公式的目的是为了使天然气价格随可替代能源价格的变化而变化，这样天然气在终端消费市场就可以保持持久的价格竞争力。

在天然气市场处于快速增长阶段时，政府的天然气价格政策是既要鼓励天然气消费，又要鼓励天然气生产，气源销售价格由生产商与管道公司通过谈判确定，谈判的结果是气源销售价格高于按成本加成法确定的气源销售价格，低于按市场净回值法确定的气源销售价格。在政府对中游运输储存价格和下游地方配送价格实行以成本加成为基础的价格管制的情况下，天然气行业的经济剩余将由上游生产商和天然气消费者共同分享，从而达到既鼓励生产又鼓励消费的目的。

（三）发展成熟阶段

当天然气市场进入发展成熟阶段，政府的天然气价格政策是鼓励竞争，通过竞争降低天然气价格。具体做法是改革管网运营机制，不再允许管道公司从事天然气买卖业务，管道公司成为专门为他人提供公平准入运输和储存服务的公用事业公司，对管道公司运输和储存服务的收费价格实行以成本加成为基础的价格管制。管网运营机制改革后，地方配送公司和管道直供大用户等下游买方可以自由地选择上游生产商，上游生产商也可以自由地选择下游买方，生产商的气源销售价格通过市场竞争形成，称为气—气竞争。美国、加拿大和英国是世界上最早在天然气市场引入气—气竞争机制的3个国家。1998年国际能源署对这3个国家的情况进行了评估，认为气—气竞争导致终端用户价格降低了，但市场供应量保持稳定甚至增加了，这表明竞争促进了天然气行业效率的提高，天然气市场化改革带来的益处正流向天然气消费者[①]。

二、我国完善气源销售价格面临的难点问题

对政府价格管理部门而言，气源销售价格无论是采用成本加成法，还

① International Energy Agency. Natural gas pricing in competitive markets［R］. Paris：International Energy Agency； Washington， D.C：OECD Washington Center， 1998. pp. 17–18.

是采用市场净回值法制定，都面临不小的困难。采用成本加成法制定气源销售价格，需要对生产商生产支出的合理性进行审查，由于天然气的开发与生产过程是十分复杂的，不同生产商的生产条件差别很大，因此很难用一个统一的标准去衡量生产商的成本支出是否合理。如果涉及的气田数目很多，对生产商生产支出合理性的审查就成为一件十分困难和耗时的工作。采用市场净回值法制定气源销售价格，需要评估天然气的市场价值，天然气在不同地区、不同用户部门的市场价值很难用一个统一的标准去衡量，也使对天然气市场价值的评估成为一件十分困难和耗时的工作。此外，采用市场净回值法制定气源销售价格还需建立指数化公式，对政府价格管理部门而言，需要考量的因素很多。

由于无论采用哪种方法制定气源销售价格对政府价格管理部门而言都很困难，所以天然气工业在发展的早期阶段就采取生产与运输分离就显得非常重要，欧美国家早期也是这样做的。在生产与运输分离的情况下，气源销售价格可以由上游生产商与管道公司通过谈判形成，谈判形成的基期价格将不低于按成本加成法确定的价格，也不高于按市场净回值法确定的价格。双方还要通过谈判确定一个或一组指数化公式，以便使市场信号在价格上得到适当反映。没有一种指数化公式是完美无缺和普遍适用的，买卖双方要在合同中约定对已建立的指数化公式进行定期或不定期的修正，以便更确切地反映外部市场环境的变化。

对我国而言，天然气工业从一开始就采取生产运输纵向一体化结构，气源销售价格无法由上游生产商与管道公司通过谈判形成。成立国家管网公司后，由于国家管网公司只从事运输业务，不从事销售业务，气源销售价格仍无法由上游生产商与管道公司通过谈判形成。目前，我国天然气工业上游集中度较高，拥有市场支配地位，这种状况在国家管网公司成立后的很长一段时间里不会改变。在这样的市场结构下，气源销售价格由上游供气企业与下游买方通过谈判形成并不公平，一定会引起众多矛盾。因此无论是过去还是今后很长的一段时间里，气源销售价格都需要由政府价格管理部门来制定。如前所述，无论采用哪种方法制定气源销售价格，对政府价格管理部门而言都很困难。

三、我国气源销售价格管理的演变

（一）直接规定气源销售价格

在2013年7月对天然气实行门站价格管理前，国家发展改革委直接规定陆上国产天然气的出厂价格。2005年12月国家发展改革委下发《关于改革天然气出厂价格形成机制及近期适当提高天然气出厂价格的通知》（发改价格〔2005〕2756号），决定改革天然气出厂价格形成机制，主要内容：一是对天然气出厂价格统一实行政府指导价。实行政府指导价后，供需双方可在国家发展改革委规定的出厂基准价基础上，在上下10%的浮动范围内协商确定具体结算价格。二是建立天然气出厂基准价格与可替代能源价格挂钩的动态调整机制，将“西气东输”出厂基准价的价格公式在全国推广。依据“西气东输”工程出厂基准价的价格公式，天然气出厂基准价格每年调整一次，调整系数根据原油、LPG（液化石油气）和煤炭价格5年移动平均变化情况，分别按40%、20%和40%加权平均确定，相邻年度的价格调整幅度最大不超过8%。其中，原油价格根据普氏报价WTI、布伦特和米纳斯算术平均离岸价确定，LPG价格为新加坡市场离岸价，煤炭价格为秦皇岛车站山西优混、大同优混和山西大混煤的简单平均价格。

由于天然气价格改革的艰巨性、复杂性，天然气出厂基准价格与可替代能源价格挂钩的动态调整机制并没有执行，导致天然气价格不能随可替代能源价格的变化动态调整，当这种矛盾积累到一定程度时，就会导致天然气供需的失衡。2005年12月，国际市场布伦特原油价格为56.86美元/桶，到2007年10月已上升至82.34美元/桶，上升了45%。可替代能源价格上升而天然气价格不调整，必然导致对天然气需求的上升，加剧天然气供求关系的失衡。在普调价格条件不成熟的情况下，国家发展改革委决定通过较大幅度上调工业用气价格，以抑制工业用气过快增长势头，国家发展改革委《关于调整天然气价格有关问题的通知》（发改电〔2007〕30号）规定，从2007年11月10日起，将工业用气出厂基准价格上调0.4元/立方米，包括上游供气企业直供的工业用户和通过省天然气公司、城市燃气公司转供的工业用户，同时放开供LNG生产企业的天然气出厂价格。

2009年底，进口中亚管道天然气项目投产，进口气价格远高于国产气。

2010年，进口中亚管道天然气在新疆霍尔果斯口岸的到岸完税价平均达到了2.41元/立方米，而国家发展改革委规定的新疆塔里木油田供“西气东输”管道的出厂基准价非工业用气为0.56元/立方米，工业用气为0.96元/立方米。在进口气价格远高于国产气价格的情况下，进口气按照什么价格在国内市场销售，各方面的意见并不统一。在这种情况下，为了通过提高陆上国产天然气的出厂基准价弥补进口中亚天然气的销售亏损，并为新的天然气价格改革方案出台赢得时间，国家发展改革委《关于调整陆上天然气出厂基准价格的通知》（发改电〔2010〕211号）规定，从2010年6月1日起，将陆上国产天然气出厂基准价上调0.23元/立方米，进口中亚天然气的销售价格（包括出厂价格和管输价格）暂按国产天然气供同类用户价格执行。

（二）通过规定门站销售价格和管输价格控制气源销售价格

随着天然气供应方式向气源多元化、运输管网化方向发展，特别是较高价格的境外天然气的大规模引进，为了解决气源多元化、供气网络化所带来的价格确认和结算困难，以及国产气价格偏低给资源配置带来的困难，国家发展改革委决定从2013年7月起，由从前的分别制定出厂价格和管输价格，改为制定门站销售价格和管输价格，上游供气企业与下游买方直接按门站销售价格结算，管输价格作为上游供气企业的内部结算价格不与下游买方发生直接联系。如果说在2013年7月以前国家发展改革委是通过制定出厂价格和管输价格来控制门站销售价格，那么从2013年7月以后是通过制定门站销售价格和管输价格来控制气源销售价格。

我国门站价格按照分省制定。最初门站价格采取最高限价政策并与天然气可替代能源的价格挂钩，实践证明与油价挂钩的动态调整机制并不符合国情，为此，国家发展改革委《关于降低非居民用天然气门站价格并进一步推进价格市场化改革的通知》（发改价格〔2015〕2688号）规定，自2016年11月20日起由最高门站价格管理改为基准门站价格管理，供需双方可以基准门站价格为基础，在上浮20%、下浮不限的范围内协商确定具体门站价格。采取浮动价格政策后，与油价挂钩的动态调整机制不再执行。

对门站销售价格实行“基准价+浮动幅度”的管理办法后，国家发展改革委根据各种成本和非成本因素，包括市场供求状况、用户对气价的承受能力、上游供气企业天然气业务的整体效益情况以及国家的环保政策、对实体经济的支持政策等，对上游供气企业的门站销售价格进行调控。在实际执行过程中，除非市场供求关系出现严重失衡，否则国家发展改革委很少调整基准门站价格，而是主要通过对价格浮动幅度的临时干预来达到与现行市场条件相适应的政策目标。

四、我国天然气价格管理的经验

世界天然气工业发展的历史表明，天然气价格管理是一个不断试错和重新调整的长期探索过程。例如，美国自1954年开始对天然气井口价格实行以成本加成为基础的价格管制，井口价格管制一方面抑制了生产商的积极性，另一方面又刺激了市场需求，这种双重作用最终造成了美国20世纪70年代的天然气“短缺”。天然气短缺曾造成数千个工厂停产，有些州的学校因无气供暖而被迫停课，直到付出了巨大的代价之后才在20世纪90年代初找到了克服这种经济损害的措施。

我国也为适应天然气工业与市场的发展不断调整天然气的价格形成机制。如前所述，气源销售价格有一个合理范围，不能长时间地低于按成本加成法确定的价格，也不能长时间地高于按市场净回值法确定的价格，在非竞争性的天然气市场中，气源销售价格无论是采用成本加成法制定，还是采用市场净回值法制定，对政府价格管理部门而言都非常困难，而我国的天然气工业结构和市场所处的发展阶段又要求由政府价格管理部门制定气源销售价格，如何解决上述矛盾？经过多年不懈的探索，政府找到了解决这一问题的答案，形成了适合国情的天然气价格形成机制，具体做法就是采用“基准价+浮动幅度”的价格管理办法。这种办法的核心思想就是政府调控与市场调节相结合，是“使市场在资源配置中起决定性作用和更好发挥政府作用”在天然气价格管理中的具体运用，通过政府调控与市场调节相结合，使气源销售价格始终保持在合理范围内，达到既鼓励生产又鼓励消费的目的。

五、完善气源销售价格管理的有关建议

我国按照“管住中间、放开两头”的总体思路推进天然气价格改革，“放开两头”是指放开管道两头的气源销售价格和门站销售价格。目前中国市场消费的天然气，95%以上是由中石油、中石化和中海油三大石油公司供

应的，国家发展改革委和省级价格主管部门对它们供应的天然气实行门站价格管制。中石油和中石化是从事跨省天然气供应业务的上游供气企业，既供应陆上国产和进口管道气，又供应海上进口LNG，门站销售价格受国家发展改革委管辖；中海油是从事省内天然气供应业务的上游供气企业，以供应海上国产气和进口LNG为主，门站销售价格受省价格主管部门管辖。实践中的共同特点是，凡是门站销售价格没有放开的天然气，气源销售价格也没有放开；门站销售价格已经放开的天然气，气源销售价格同时放开。

近年来，中国在放开气源和销售等竞争环节的价格方面取得了不小成绩。中海油供应的海上国产气，门站销售价格由市场形成；供应的进口LNG，地方政府采取顺价销售原则制定门站销售价格。中石油和中石化供应的页岩气、煤层气、煤制气、进口LNG、直供用户用气、储气设施购销气、交易平台公开交易气、2015年以后投产的进口管道天然气，门站销售价格由市场形成。存在的问题是：现行的《中央定价目录》规定任何省份只要具备竞争条件，门站销售价格就执行市场调节价，但在什么情况下算作具备竞争条件，并没有明确。此外，现行的《中央定价目录》规定，不具备放开条件的国产陆上管道天然气和2014年底前投产的进口管道天然气门站价格，暂按现行价格机制管理，视天然气市场化改革进程适时放开，由市场形成，但何时放开、需要具备什么条件才能放开，也没有明确。

已经放开价格的天然气，在实际执行过程中也面临不小困难，特别是对从事跨省天然气供应业务的中石油和中石化，挑战要更大一些。我国推进天然气价格市场化改革采取边际上寻求突破、渐进式推进、针对性调整等方式，使中石油和中石化已放开价格的天然气具有如下特点：第一，已放开价格的天然气在它们向市场供应的天然气总量中所占比例较小。第二，已放开价格的天然气通常都是供应成本较高的天然气，如非常规天然气、进口LNG以及通过储气设施供应的天然气等。国家发展改革委要求向市场供应的天然气如果执行市场化价格，就必须与用户单独签订供气合同，明确供应的是什么气源、供应量是多少；如果不通过合同明确约定而执行市场化价格，就属于违反国家的天然气价格政策，将受到监管部门的严厉查处。这种要求使执行国家的天然气价格市场化政策面临巨大挑战：把供气成本较高、可以执行市场化价格的天然气分配给谁？对供气成本较高、可以执行市场化价格的天然气单独签订合同，没有用户愿意签订这样的合同，即使用户不签订这样的合同，供气方也不能拒绝供气。如果每个用户都按比例分摊一点，又属于搭售商品的销售行为，我国《反垄断法》第17条第5款规定，禁止具有市场支配地位的经营者没有正当理由搭售商品，或者在交易时附加其他不合理的交易条件。

经营者拥有市场支配地位，是导致政府管制价格的重要原因。建议依据中国《反垄断法》进一步明确“放开两头”的条件，任何上游供气企业只要根据《反垄断法》不能推定它拥有市场支配地位，该供气企业的气源销售价格和门站销售价格就应完全放开。根据这一建议，三大石油公司以外的其他上游供气商的气源销售价格和门站销售价格都可以放开。对于三大石油公司，它们拥有市场支配地位，价格不能完全放开，但也不能采用政府直接规定气源销售价格或门站销售价格的做法。如果由政府直接规定气源销售价格或门站销售价格，就等于强制要求上游供气方与下游买方在气源地或城市（工厂）门站实现交易。管网运营机制改革后，天然气是在气源地、城市（工厂）门站还是位于两者之间的某个交易枢纽实现交易，应该由作为市场参与主体的上游供应方与下游买方来决定。

对于从事省内天然气供应业务的中海油，可继续采用现行的价格管理方式：供应的海上国产气，交易价格由供需双方协商确定；供应的进口LNG，继续按照顺价销售原则确定交易价格。对于从事跨省天然气供应业务的中石油和中石化，具体的交易价格由它们与用户通过合同约定或通过天然气市场中心形成，国家发展改革委对它们的总体价格水平进行必要的控制，其国产气生产和销售所实现的利润扣除进口气亏损后，不能使国产气勘探开发投资所获得的投资回报率超过政府的准许收益率，中石油和中石化按照这一原则对它们的天然气销售价格总体水平进行控制。

天然气工业上游勘探开发的投资风险最大，其所要求的投资回报也最高，从国际上的经验看，上游勘探开发要求的投资回报率通常为中游管道运输和下游城市配送的政府准许收益率的2~3倍。在我国现阶段，国产气勘探开发投资扣除进口气亏损后所获得的投资回报率不能低于管道运输的准许收益率，但也不宜过高。对于中石油和中石化国产气勘探开发投资扣除进口气亏损后的准许收益率，可以每3年核定一次。它们要按照政府监管部门的要求定期上报国产气的勘探开发投资、国产气生产和销售实现的利润、进口气的销售亏损、国产气勘探开发投资扣除进口亏损后的投资回报率等数据，接受政府监管。政府监管部门也可以根据需要通过约谈等方式对上游供气方的销售价格政策提出指导意见，必要时也可以对上游供气方实行临时价格干预措施。

第六节　完善天然气管输价格管理

改革管网运营机制，实现天然气管输和销售分开，是我国天然气工业的一次重大结构调整，对天然气管输定价提出了几近全新的要求，客观上要求对现行的天然气管输价格管理进行完善。

一、天然气管输定价的基本原理

天然气管道运输由于具有比较明显的自然垄断属性，其收费价格往往受到政府监管。政府监管部门通过天然气管输定价的两个基本步骤来实现其价格监管的目标。

（一）确定管输企业的年度服务总成本

这一步骤所要实现的监管目标是：一方面要使管输企业以一种合理的成本提供管道用户所要求的服务，另一方面要使管输企业有机会回收它所有合理的、谨慎发生的成本，并使管道投资者获得合理的投资回报。

确定管输企业年度服务总成本的基本方法是服务成本法，计算公式为：

年度服务总成本=运营维护支出+折旧摊销支出+所得税及其他税费支出+准许收益

其中，准许收益=有效资产×准许收益率；

有效资产=固定资产和无形资产原值−累计折旧摊销+运营资本。

由于将管道收费直接与服务成本和规定的投资回报率挂钩，以服务成本法为基础的监管模式也称服务成本监管或规定回报率监管。其内在经济逻辑性是：允许被监管企业从服务收费中收回它的服务成本，并获取由政府监管部门所规定的投资回报。当收费价格不能使被监管企业获得所规定的投资回报时，被监管企业就可以申请新的收费价格；如果被监管企业获得了超过政府监管部门所规定的投资回报，由政府监管部门下调收费价格。这种价格监管方法消除了被监管企业对超额利润的所有期望。此外，该方法也具有要求被监管企业保持合理的资本结构和降低资本成本的优点。

服务成本监管模式可以有效地兼顾管道投资者与管道用户双方的利益，然而它不具备竞争性市场中动态定价机制的优点。与按规定的回报率确定收费标准的企业不一样，处于竞争性行业中的企业不可能按价格与其成本相等的原则来收费。在竞争性市场中，价格的趋势是等于平均成本，无论价格是多少，它们都必须接受，这就极大地鼓励了竞争性市场中的企业尽可能地提高效率，降低成本。在垄断领域，由于没有竞争，政府通过规定回报率的方法旨在通过收入和实际成本的平衡来消除垄断企业对超额利润的索取，这势必不能激励被监管企业提高效率，降低成本。

因此，采用服务成本监管模式对政府监管部门提出了很高的要求。它要求政府监管部门科学、合理地确定或认定影响管输服务收费价格的各种参数或因素，包括管道运输企业合理的资本结构、各种资金来源的合理资本成本、各种耐用资产合理的折旧摊销年限、各种运营维护支出的合理取费标准等；它要求管输服务收费定价必须是公开透明的，接受社会监督；它要求管道运输企业一切重大资本性支出必须纳入政府监管；等等。

（二）确定不同地区不同用户的收费价格

在管输企业年度服务总成本已确定的情况下，如何通过一定的成本分类和分配程序，将其分配给不同地区、不同种类的用户，以便形成适用于不同地区、不同用户的具体收费价格，这是该步骤所要解决的问题，因此这一步骤也称收费价格设计。

对于天然气长输管道，由于输送距离是决定输气成本的重要因素，管输价格通常分区域制定；在同一区域内，收费价格可以设计成一部、两部甚至三部结构，天然气管输服务的收费价格通常采取两部结构。管道运输属于资本密集型产业，管道公司为提供运输服务而发生的服务成本，90%以上是为形成管道运输能力而发生的固定成本，随输气量变化而变动的成本只占很小一部分。在两部制收费方式下，容量费用于回收固定成本，只要地方配送公司、管道直供用户等下游用气方预订了管道容量，不管是否实际使用，都要支付容量费，计算公式为：每日容量费=合同约定的日最大输气量×容量费率；气量费用于回收变动成本，根据实际输气量大小来确定，计算公式为：每日气量费=每日实际输气量×气量费率。

在两部制收费方式下，下游用气方为每立方米天然气所支付的平均管输费可按如下公式计算：平均管输费=容量费率/负荷系数+气量费率。负荷系数等于下游用气方的每日平均输气量与合同约定的日最大输气量之比。很显然，在两部制收费方式下，下游用气方的负荷系数越高，它购买的管道容量利用效率越高，为每立方米天然气所支付的管输费越低。这种定价机制促使下游用气方努力提高季节用气均衡性，进而提高负荷系数，这反过来有利于提高管道利用效率。如果下游用气方无法提高季节用气均衡性（如为北方地区冬季采暖供气的城市燃气企业），为减少管输费支出就必须购买相应的储气调峰容量，承担相应的储气调峰成本，这有利于促进储气设施的投资建设。

二、我国采取两部制收费模式面临的难点问题

管网运营机制改革产生了专门为他人运输天然气的国家管网公司，这是真正意义上的管道运输企业，从而需要为管道输送容量制定价格，也就是要采取国际通行的“容量费+气量费”两部制收费价格模式。采取两部制收费模式，使管道容量的价值显性化，有利于提高管道利用效率，促进储气设施建设，也是制定和实施管道容量分配规则、交易规则的基础。同时也要看到我国采取两部制收费机制面临的难点问题，管网运营机制改革后，在实行门站价格管制的情况下，管输费并不是向下游用气方直接收取，两部制收费机制在提高管道利用效率、促进储气设施建设等方面所发挥的作用不仅无法实现，还会产生一些新问题。

一是在实行门站价格管制的情况下，管输费由天然气生产或进口企业（以下统称上游资源企业）向国家管网公司支付。管输费采取两部制，但门站价格没有采取两部制，上游资源企业为降低管道容量费支出，就会通过合同限制下游用气方的最大日量倍数（最大日量倍数等于合同约定的日最大提气量与日平均提气量之比），使其尽可能接近于1。但有些用户本身用气就体

现为季节不均衡，最大日量倍数难以下降。管输收费采取两部制，将引发上游资源企业与下游用气方关系的紧张。

二是在两部制收费模式下，如果实际输气量超过了合同约定的日最大运输量，超出部分如何收费也是一个问题。为确保两部制收费价格机制执行的严肃性，国外通常的做法是实行严厉的经济处罚制度，但在我国现阶段就成了一个难点问题：如果处罚上游资源企业，上游资源企业不会认罚。因为在实行门站价格管制的情况下，管输费虽然是由上游资源企业向国家管网公司支付，但国家管网公司本质上是为下游用气方输送天然气，实际运输量超过了合同约定的日最大运输量，责任不在上游资源企业而在下游用气方。如果处罚下游用气方则违反了国家的价格政策，在实行门站价格管制的情况下，国家管网公司无权向下游用气方收取任何费用。

三、我国天然气管输价格管理的演变

我国天然气管输定价先后经历了直接向下游买方收取管输费以及为“管住中间、放开两头”奠定基础两个不同阶段。

（一）直接向下游买方收取管输费

在2013年7月国家对天然气实行门站价格管理前，国务院价格主管部门（国家发展改革委）规定上游供气方的陆上国产天然气的出厂价格和管输价格，上游供气方就这两个价格与下游买方分别结算，管输价格水平的高低直接影响下游买方负担的购气成本。

这一时期，国家发展改革委对天然气管输价格采取“老线老价、新线新价”的管理办法。“老线”是指1984年国家实行“利改税”“拨改贷”政策前由国家投资建设的管线，主要是油气田周边管线，按照保本微利原则定价，执行国家统一运价率。“新线”是指1984年国家实行“利改税”“拨改贷”政策后由企业投资建设的管线，主要是跨省长输管线，实行“一线一价”政策，由国家发展改革委按照补偿成本、合理盈利的原则单独核定价格。

对于实行“新线新价”“一线一价”政策的管线，国家发展改革委采用“项目经营期评价法”制定管输价格。项目经营期评价法也是一种规定回报率方法，与服务成本法相比，如果所选取的投资、成本、输量等定价参数相同，不管采用哪种方法，管道投资者在整个项目经营期内所获得的投资回报率是相同的，都等于政府准许收益率。但两者采用的定价模型不同，项目经营期评价法采用的是折现现金流量模型，因此这种方法更适合于制定单个管道项目的收费价格。对于制定管道运输网络的收费价格，由于构成管道运输网络的各条管线是不同时期建设的，这种方法并不适用。

（二）为“管住中间、放开两头”奠定基础

从2013年7月起，国家发展改革委对天然气实行门站价格管理，上游供气方与下游买方直接按门站价格结算，管输价格作为上游供气方的内部结算价格不与下游买方发生直接联系。因此在这一阶段，国家发展改革委直接管理天然气管输价格，主要是为下一步“管住中间、放开两头”奠定基础。

为规范天然气管输定价，国家发展改革委在2016年10月发布了《天然气管道运输价格管理办法（试行）》和《天然气管道运输定价成本监审办法（试行）》（以下称新办法），按新办法重新核定的跨省管输价格从2017年9月1日开始执行。新办法不再区分“新线”“老线”，均按“准许成本加合理收益”原则以服务成本法为主制定管输价格，项目经营期评价法仅适用于新成立企业建设的新管线；新办法规定以区域管输企业为单位制定该企业的管道运价率，以“一企一价”代替“一线一价”，该企业所有的管线都执行该企业统一的运价率，以适应管道联网、管网向第三方公平开放的需要。考虑到管输价格仅作为上游供气方的内部结算价格，采取两部制管输价格没有实质意义，为简化上游供气方的内部价格结算，新办法规定管输价格采取一部制。

与传统做法相比，新办法的最大变化是规范了管输定价程序，具体表现在：制定出台价格管理办法和定价成本监审办法；根据上述办法设计反映管输企业生产经营状况、财务状况、管输价格形成过程的价格成本信息表；管输企业在每年的6月1日前上报并公布上年度的价格成本信息表并承诺所提供信息是真实、准确的；管输价格每3年校核、调整一次，价格校核、调整时对前3年的价格成本信息进行实地监审，并将监审结果向社会公布；根据实地监审结果制定下一个监管周期的管输价格。

四、完善管输价格管理的立足点

现阶段，我国完善天然气管输定价机制的立足点应主要体现在两方面：

一是要有利于化解进口气价格高、进口企业亏损问题；二是要适应油气管网运营机制改革的需要[①]。

（一）有利于化解进口气价格高、进口企业亏损问题

自2006年开始成为天然气净进口国以来，我国天然气对外依存度逐年提高，到2019年已上升至43%，未来还存在进一步上升的可能；其次是进口天然气的成本较高；三是市场对进口天然气价格承受能力相对不足。人均GDP和单位GDP能耗是衡量一个国家对能源价格承受能力的两个重要指标。中国从海上进口LNG是与日本、韩国采购同一资源地的天然气，参与亚太市场的天然气国际贸易，从中亚国家进口管道天然气，是与欧洲国家采购同一资源地的天然气，参与欧洲市场的天然气国际贸易，但中国的人均GDP远低于日本、韩国和有关欧洲国家，单位GDP能耗则远高于它们。

由于进口气的成本较高以及市场对进口气价格承受能力相对不足，导致天然气进口企业不得不承担进口气的销售亏损。完善天然气管输定价，要以有利于解决上述突出问题为立足点。

（二）适应油气管网运营机制改革的需要

改革油气管网运营机制对天然气管输定价提出了几近全新的要求，主要表现在以下几个方面：

第一，更加公正合理地确定管输企业的年度服务总成本。在管网运营机制改革前，我国天然气工业只有上游供气方与下游买方，管输价格作为上游供气方的内部结算价格不与下游买方发生直接联系；管网运营机制改革后，天然气工业将出现作为管道运输方的承运方，管输费无论是由上游供气方向承运方支付（在这种情况下上游供气方作为托运方在城市门站或工厂门站将天然气销售给下游买方），还是由下游买方向承运方支付（在这种情况下下游买方作为托运方在气源地向上游供气方购买天然气），管输价格都将作为托运方与承运方的一种外部结算价格，这必然要求政府价格管理部门在制定管输价格时更加公正合理地确定管输企业的年度服务总成本，以确保管输企业以一种合理的成本提供管道用户所要求的输气服务。

① 张颙，徐博．对完善中国天然气管输定价机制的思考［J］．国际石油经济，2019，27（6）：11-17.

第二，更加公正合理地确定不同地区、不同用户的具体收费价格。管网运营机制改革后，管输企业作为独立于上游供气方与下游买方的第三方，在管输定价中必然要把提高管道利用效率、降低管道投资风险作为重要考虑因素，不仅要求采取两部制收费模式，而且要求更多的固定成本通过容量费回收，以鼓励管道用户有效地利用已经占用的管道容量。但这会加重季节用气不均衡用户的价格负担，季节用气不均衡的用户通常又是居民、冬季集中采暖等重点民生用户，这要求政府价格管理部门在设计收费价格时要兼顾公平与效率，在公平与效率之间寻求平衡。

第三，管输定价更加公开透明。包括政府制定价格管理办法要广泛听取各方面意见，制定价格时向社会公布更详尽的信息，管输企业定期公布反映其生产经营状况、财务状况及定价成本的详尽信息等。

五、对完善管输价格管理的建议

（一）合理确定管道的准许收益率

管道的准许收益率应控制在一个合理范围内。中国天然气对外依存度较高而且进口价格也较高，如果管道的准许收益率也规定得很高，会给整个天然气行业与市场的发展带来压力。国家发展改革委2016年10月发布的《天然气管道运输价格管理办法（试行）》核定管输价格时全投资税后准许收益率取8%有些偏高，核定价格时将管道的全投资税后准许收益率控制在不超过6%的水平比较符合中国的实际情况。

税后全投资准许收益率可按如下公式计算得出：税后全投资准许收益率＝权益资本收益率×资本金比例＋债务资本收益率×（1-资本金比例）。国务院2015年9月下发的《关于调整和完善固定资产投资项目资本金制度的通知》（国发〔2015〕51号）规定，管道项目的最低资本金比例为20%。如果债务资本收益率取中国5年以上银行长期贷款基准年利率下浮10%（中国目前5年以上银行长期贷款基准年利率为4.9%，下浮10%后为4.41%）则：

（1）当全投资税后准许收益率为8%时，在最低资本金比例的情况下，权益资本收益率可以达到（8%-80%×4.41%）/20%=22.36%，这是一个非常高的收益水平。如果资本金比例取40%的正常水平，权益资本收益率可以达到（8%-60%×4.41%）/40%=13.39%，这仍然是一个很高的收益水平。

（2）当全投资税后准许收益率为6%时，在最低资本金比例的情况下，权益资本收益率可以达到（6%−80%×4.41%）/20%=12.36%，这是一个较高的收益水平。如果资本金比例取40%的正常水平，权益资本收益率可以达到（6%−60%×4.41%）/40%=8.39%，这仍然是一个很不错的收益水平。

天然气管道运输与输配电都属于网络型自然垄断行业，目前国家发展改革委核定区域电网输电价格时权益资本收益率取5%，管网运营机制改革后中国的油气管网由国家管网公司统一经营，管网的投资和经营风险与电网相似，但中国管网的建设相对滞后，为促进管网建设，现阶段核定价格时管网的权益资本收益率可以比电网高2~3个百分点，即现阶段管网的权益资本收益率可以按7%~8%确定。这表明，税后全投资准许收益率按6%确定，在40%正常资本金比例的情况下，完全可以满足权益资本收益率达到7%~8%的要求。

（二）合理确定管道资产的折旧年限

国家发展改革委规定，核定管输价格时管道资产的折旧年限不低于30年，相对于欧美天然气市场发育成熟国家，上述规定的折旧年限有些偏低。欧美天然气市场发育成熟国家一般是取40年，除非有充分的证据表明需要加速折旧，在制定价格时管道资产的折旧年限不能低于其物理使用寿命，中国规定管道资产折旧年限为30年，明显低于管道资产的物理使用寿命。

管道的物理使用寿命一般要超过40年，从全球范围看天然气储采比大于50年，因此，无论是从管道的物理使用寿命，还是从天然气资源的保证情况看，将管道资产的折旧年限延长至40年都是可行的。单纯从定价本身的角度看，在采用服务成本法制定管输价格时，管道折旧年限取40年要更好一些，原因在于：管道运输属于资本密集型行业，如果管道折旧年限取30年，这相当于是加速折旧，会导致一个管输项目的有效资产随着投入使用年限的延长迅速下降，从而导致管道投入使用的早期管输价格过高，而在使用后期管输价格过低；延长折旧年限，就使管道整个寿命期内的各个阶段管输价格水平相对平稳。

（三）两部制收费机制的设计

国家发展改革委在2004年和2005年制定陕京管道系统、忠武线的管输价格时，曾尝试采取国际通行的“容量费+气量费”的两部制收费机制，但没有取得成功。为避免这种不成功的经历再次发生，管网运营机制改革后制定两部制收费机制。可借鉴美国的做法，在起步阶段通过容量费回收固定成本的比例可以低一些，例如，固定成本的50%通过容量费回收，另外50%的固定成本和全部变动成本通过气量费回收，随着天然气市场的发育不断成熟，逐渐提高通过容量费回收固定成本的比例。在起步阶段通过容量费回收固定成本的比例低一些，也可以减少由捆绑定价改为非捆绑定价对不同地区、不同用户利益的影响。

天然气管道运输是资本密集型产业，在输气总成本中不随输气量变化而变化的固定成本通常要占90%~95%，随输气量变化而变化的变动成本只占很小一部分。如果全部固定成本都通过容量费回收，只有变动成本通过气量费回收，这种收费价格设计方法被称为直接的固定变动（SFV）法。在SFV法下，季节用气不均衡的用户由于占用的管道容量较多，它要为输送每立方米天然气负担更高的管输费，SFV法能够最大限度地鼓励用户有效地利用已经占用的管道容量，提高管道利用效率，但这种方法也加重了季节用气不均衡用户的价格负担；如果所有输气成本都通过气量费回收，这种收费设计方法被称为完全气量法，也就是一部制收费机制。在这种情况下，不管是季节用气均衡用户还是不均衡用户，它们为输送每立方米天然气负担的管输费完全相同。一部制收费减轻了季节用气不均衡用户的管输价格负担，但它不鼓励用户有效地利用已经占用的管道容量。在一部制收费机制与SFV法之间存在一些折中做法，就是一部分固定成本通过容量费回收，其余固定成本和全部变动成本通过气量费回收。多大比例的固定成本通过容量费回收？如何在公平与效率之间寻找平衡？是收费价格设计的核心问题。

美国FERC的做法是，通过影响管输价格制定过程来达到与现行市场条件相适应的政策目标。FERC在1952年规定，制定管输价格时固定成本的50%通过容量费回收，另外50%的固定成本和全部变动成本通过气量费回收；为应对20世纪70年代出现的州际间天然气供应短缺，抑制工业用气，FERC在1973年规定，固定成本的25%通过容量费回收，其余75%的固定成本和全部变动成本通过气量费回收；20世纪80年代州际间天然气供应出现过剩时，FERC在1983年规定，除全部变动成本及固定成本中的权益资本收益及其所得税通过气量费回收，其余固定成本均通过容量费回收；为促进管道开放和气与气竞争，FERC在1992年规定，全部固定成本都通过容量费回收，只有变动成本通过气量费回收。

（四）网络运输价格设计

中国对天然气长输管道的管输价格以前采取“一线一价”方式制定，后来为了适应管道联网、管网向第三方公平开放的需要，以区域管输企业为单位制定管道运价率，以“一企一价”代替“一线一价”。国家管网公司成立后，是采取全网统一运价率方式，还是继续采取“一企一价”方式？在中国将每千方气输送1公里的平均运输成本，东部地区要远远高于西部地区，例如国家发展改革委按现行办法核定中石油东部管道有限公司的运价率为0.2386元/（千立方米·公里），中石油西北联合管道有限责任公司的运价率为0.1202元/（千立方米·公里），就充分说明了这一点。因此采取全网统一运价率方式，会导致经济欠发达的西部地区的管道用户为经济较发达的东部地区的管道用户提供价格补贴，这显然很不合理。合理的做法是以国家管网公司成立后所管辖的地区管道公司为单位核定管道运价率，然后根据天然气经过不同地区公司的管道运输里程制定全网统一的收费价格表，也就是运价率分区核定，价目表全网统一制定。

第七节　完善储气调峰价格管理

按照“管住中间、放开两头”的总体思路推进天然气价格改革，完善储气调峰定价机制也属于“管住中间”范畴。储气基础设施建设滞后、储气调峰能力不足，已成为制约中国天然气安全稳定供应和行业健康发展的突出短板。完善储气调峰定价机制，利用价格杠杆促进储气设施建设，成为必要选择。

一、储气调峰定价的基本要求和具体做法

储气调峰设施“谁投资谁受益”，储气调峰成本“谁受益谁负担”，这是对储气调峰定价的基本要求。具体做法就是对上游供气方实行以“准许成本+合理收益”为基础的价格监管以及采取“容量费+气量费”的两部制收费

方式。以美国为例，在管网运营机制改革前，州际管道公司向下游用气方提供包括天然气买卖、运输和储存服务在内的“一揽子”供气服务，FERC对州际管道公司的门站收费价格实行以“准许成本+合理收益”为基础的价格监管以及采取“容量费+气量费”的两部制收费方式，其中容量费用于回收管道公司天然气供应系统的固定成本（含管道、储气库等天然气基础设施投资应获得的合理收益），气量费则用于回收管道公司的天然气采购成本、为提供运输和储存服务而发生的变动成本。

美国管网运营机制改革后，州际管道公司不再从事天然气买卖服务，市场参与者需要对天然气、运输服务、储存服务分别购买，天然气、运输服务、储存服务需要分别定价。FERC对州际管道公司的运输服务和储存服务一般实行以“准许成本+合理收益”为基础的价格监管以及采取“容量费+气量费”的两部制收费方式。运输和储存服务分别定价、分别提供，季节用气不均衡的下游用气方通过购买储气容量解决季节调峰问题，要比通过购买管输容量解决季节调峰问题更节约支出。

在美国，储气服务收费价格的设计方法与管输服务收费价格的设计相似，也包括5个步骤：第一步是确定管道公司的服务总成本，包括提供储气服务的成本。第二步是将管道公司的服务成本功能化，把储气服务成本同运输服务成本分离开来。第三步是将储气服务成本划分为固定的和变动的两个部分，这一步被称为成本分类。第四步是成本分配。通常的做法是全部固定成本都通过容量费回收，只有变动成本通过使用费回收。第五步是形成适用于不同服务的收费价格。

二、我国储气调峰定价的演变①

（一）通过管输费收取储气调峰费

2013年7月门站价格管理在全国推广前，国家发展改革委制定中石油、中石化等生产运输一体化上游供气企业的天然气出厂价格和管输价格，上游供气企业就这两个价格分别与城市燃气公司、直供用户等下游买方结算，是一

① 张颙，杜波．关于完善储气调峰定价机制的探讨［J］．国际石油经济，2018，26（7）：38-43.

种通过制定出厂价格和管输价格来控制门站价格的管理方式。

国家发展改革委核定的管输价格包含储气库费用，例如国家发展改革委核定的“西气东输”一线、陕京一线和二线、忠武线等天然气管道的管输价格中都包含储气库费用，因此在这一时期，为长输管道配套建设的地下储气库的储气调峰成本是通过管输费回收的。

依据管输费两部制定价原理，季节用气不均衡但又需要接受固定供气服务的城市燃气企业，负担高于平均水平的管输费；季节用气比较均衡但又需要接受固定供气服务的工业用气企业，负担平均水平的管输费；可以接受可中断供气服务的燃气发电企业，负担低于平均水平的管输费。“西气东输”一线的管输费就是依据上述原理，采取分用户类型制定的。

国家发展改革委在2004年和2005年制定陕京一线和二线、忠武线的管输价格时，曾尝试采取国际通行的“容量费+使用费”的两部制收费方式，以便更精准地实现储气调峰成本“谁受益谁负担”，但这项尝试没有取得成功，为此国家发展改革委取消了在其他管线推行两部制收费方式的打算，从而带来了一个普遍性问题：储气调峰成本没有做到“谁受益谁负担”，导致用户之间存在比较严重的交叉补贴现象，其突出表现是季节用气比较均衡的、可中断的工业用户，为季节用气不均衡、不可中断的非工业用户提供价格补贴。

（二）通过最高门站价格收取储气调峰费

2013年7月门站价格管理在全国推广，门站价格为政府指导价，实行最高上限价格管理，供需双方可在国家发展改革委规定的最高上限价格范围内协商确定具体价格。根据国家发展改革委《关于在广东省、广西壮族自治区开展天然气价格形成机制改革试点的通知》（发改价格〔2011〕3033号），各省份门站价格采用市场净回值法确定：各省份门站价格=上海计价基准点价格–各省贴水值。其中，上海计价基准点价格按照略低于等热值可替代能源价格的原则确定，可替代能源品种选择中国进口燃料油和液化石油气（权重分别为60%和40%），各省贴水值主要考虑管道运输成本的差异以及是否属于“西部大开发”省份和天然气主产区等因素。可见，实行门站价格管理后，各省份门站价格形成的基础发生了根本性变化，门站价格不再由构成门站价格各项业务的成本及其合理收益为基础形成，而是以天然气在计价基准点上海市的市场价值为基础采用回推方法形成。各省份门站价格形成的基础发生变化后，上游供气企业负责季节调峰的责任没有改变，因此可以认为门站价格中仍包含储气调峰费，上游供气企业发生的储气调峰成本通过最高门站价格回收。

相比通过管输费回收储气调峰成本，通过最高门站价回收储气调峰成本是个进步，因为即使不是为长输管道配套建设的地下储气库，例如由油气田企业建设的地下储气库，也可以通过最高门站价回收储气调峰成本，而以前，只有为长输管道配套建设的地下储气库才能通过管输费回收储气调峰成本。中石油最近几年投产的新疆油田呼图壁储气库、辽河油田双6储气库、西南油气田相国寺储气库、大港油田板南储气库、华北油田苏桥储气库以及长庆油田陕224储气库等，都是由油气田企业建设的地下储气库。

由于各省份门站价格不是由构成门站价格各项业务的成本及其合理收益为基础形成的，因而也不可能采取“容量费+气量费”的两部制收费方式，因此通过最高门站价回收储气调峰成本，老问题仍然存在，仍然没有做到储气调峰成本“谁受益谁负担”，用户之间交叉补贴问题仍然没有解决。

（三）储气调峰费市场化

自2016年10月以来，国家发展改革委出台了一系列天然气价格政策，这些政策极大地影响了储气调峰费的收取方式。

一是改革门站价格的管理方式。从2016年11月20日起对非居民用气的门站价格实行“基准价+浮动幅度”的管理方式，其中对浮动幅度的规定是上浮最高不超过20%，下浮不限。

二是改革管输价格的管理方式。从2017年1月1日起实施的《天然气管道运输价格管理办法（试行）》和《天然气管道运输定价成本监审办法（试行）》规定，管输价格不再包含储气调峰成本，按照新办法核定的管输价格从2017年9月1日开始执行并同步下调天然气门站基准价。

三是改革储气设施价格的管理方式。国家发展改革委2016年10月下发的《关于明确储气设施相关价格政策的通知》（发改价格规〔2016〕2176号）规定，储气服务价格由供需双方协商确定，储气设施天然气购销价格由市场竞争形成。

这样在中国现阶段就有了两套机制扮演储气调峰定价机制的角色，除了国家发展改革委《关于明确储气设施相关价格政策的通知》（发改价格规〔2016〕2176号）所规定的储气服务价格和储气设施购销价格市场化机制，对非居民用气的门站价格采取“基准价+浮动幅度”管理所赋予的弹性价格机制，也发挥储气调峰定价机制的作用。国家发展改革委《关于理顺居民用气门站价格的通知》（发改价格规〔2018〕794号）明确要求：供需双方要充分利用“基准价+浮动幅度”管理所赋予的弹性价格机制，在全国特别是北方地区形成灵敏反映供求变化的季节性差价体系，消费旺季可在基准门站价格基础上适当上浮，消费淡季适当下浮，利用价格杠杆促进削峰填谷，鼓励引导供气企业增加储气和淡旺季调节能力。

三、对完善储气调峰价格管理的建议

尽管有两套机制扮演储气调峰定价机制的角色，但储气调峰定价机制在促进储气设施建设方面所发挥的作用并不理想。为此，国家发展改革委、国家能源局于2018年4月下发了《印发〈关于加快储气设施建设和完善储气调峰辅助服务市场机制的意见〉的通知》（发改能源规〔2018〕637号），规定到2020年底，供气企业、燃气企业和地方政府要分别形成年销售或消费气量10%、5%和3天的储气能力建设目标，希望通过规定任务指标，对履责不力采取问责、惩戒等方式，补足储气调峰能力短板；2020年4月，国家发展改革委、财政部、自然资源部、住房城乡建设部、国家能源局等5部门联合下发了《关于加快推进天然气储备能力建设的实施意见》（发改价格〔2020〕567号），进一步提出推行储气设施独立运营模式，实现储气价值显性化。

现有的储气调峰定价机制之所以在促进储气设施建设方面无法发挥有效作用，原因在于在实行门站价格管制的情况下，没有对门站价格实行以“准许成本+合理收益”为基础的价格监管以及采取“容量费+气量费”的两部制收费方式，从而也就无法精准地实现储气调峰设施“谁投资谁受益”，储气调峰成本“谁受益谁负担”。同时也要看到，推行储气设施独立运营模式，确实也反映了中国储气库运营模式的发展方向，实现储气价值显性化，这也是完善储气调峰定价机制的必然选择。但前提条件是要取消门站价格管制，由捆绑定价改为非捆绑定价。只有采取非捆绑定价方式，上游供气方提供什么服务就收取什么费用，下游用气方接受什么服务就支付什么费用，才能推行储气设施独立运营模式，实现储气价值显性化。

地下储气库与管道、LNG接收站、城市配气管网等天然气基础设施相似，也具有比较明显的自然垄断特征，其服务收费价格应由国家发展改革委按照"准许成本加合理收益"原则统一制定，或者由国家发展改革委按照"准许成本加合理收益"原则制定指导意见，各级价格主管部门或运营企业按指导意见制定价格并对外公布，接受社会监督。

地下储气库的准许收益率也应控制在一个合理范围内，核定价格时将地下储气库的全投资税后准许收益率控制在不超过6%的水平，比较符合中国的实际情况。地下储气库的收费价格，也应采取国际通行的"容量费+气量费"的两部制收费方式确定。

第八节　完善地方输配气价格管理

按照"管住中间、放开两头"的总体思路推进天然气价格改革，地方输配气价格属于"管住中间"范畴。地方输配气价格管理的权限属于地方价格主管部门，地方输配气价格管理面临的主要问题是如何解决一些地方存在天然气供气环节过多、加价水平过高等问题，管网运营机制改革也为完善地方输配气价格管理提出了一些新要求。

一、地方输配气定价的基本原理

配送业务是天然气工业的一个基本业务板块，一般认为，地方配气业务更符合自然垄断特征，因此从世界范围看，地方配气业务一般采取政府经营或政府特许经营的办法，供气价格也往往受到政府以成本加成为基础的价格管制。

对地方配送公司的供气价格实行以成本加成为基础的价格管制，也称服务成本监管，这是一种通过限制被监管企业投资回报率来达到价格监管目的的传统监管方法，被广泛地应用于公用事业企业费率的监管。采取这种监管方式，政府只允许地方配送公司在配送业务上赚取受到监管的收益，而不允许在天然气买卖上赚取差价或利润。

在管网运营机制改革前，地方配送公司向它的用户提供的是一种配送与销售捆绑式供气服务，终端用户价格是一种包括地方配送公司天然气采购成本和自身发生的配送成本在内的捆绑式价格。所谓配送与销售捆绑式供气服务，是指地方配送公司实际上向用户提供的是两种服务，一种是天然气买卖服务，另一种是天然气配送服务，但这两种服务是捆绑在一起向用户提供的，用户不能只购买其中的一种，例如，用户不能直接从上游的管道公司采购天然气，然后委托地方配送公司配送并向地方燃气公司支付配送费。

终端用户价格是一种捆绑式价格，是指尽管从构成上看，终端用户价格是由地方配送公司的天然气采购成本和自身发生的城市配送成本两部分构成，但并不单独向用户收取，用户也无法区分它们支付的价格哪一部分是地方配送公司的采购成本，哪一部分是地方配送公司自身发生的城市配送成本。

但是，在对地方配送公司进行价格监管时，政府监管部门会对构成终端用户价格的不同部分采取不同的监管原则。由于不允许地方配送公司在天然气买卖上赚取差价或利润，地方配送公司的天然气采购成本只能“简单地”传递给用户，即采取直接顺转的办法，根据地方配送公司采购成本的变化，采取一定程序（如备案制）定期调整终端用户价格；由于只允许地方配送公司在配送业务上赚取受到监管的收益，如果终端用户价格的调整是由地方配送公司自身发生的配送成本变化引起的，则往往要采取一种复杂的审核和批准程序，如果是重大调整，在很多国家还要举行听证。

与管道公司的门站价格监管相似，对地方配送公司实行服务成本监管也包含两个基本步骤：一是确定地方配送公司的年度服务总成本。地方配送公司的年度服务总成本是基于它谨慎发生的各项成本支出及在资本投资上所获得的公正合理收益。这一步骤所要达到的目标是：既要使城市配气设施的投资者有机会回收成本及赚取合理的投资收益，又要使用户以一种合理的成本得到它所要求的服务；二是将地方配送公司的年度服务总成本通过一定的成本分类、分配程序分配给各类用户，形成对各类用户的收费价格，这一步骤也称费率设计。费率设计的基本要求是使每一类用户向地方配送公司支付的价格与地方配送公司向它们提供服务发生的成本相配，尽量减少用户之间的交叉补贴。

二、我国地方输配气价格管理的现状

地方输配气价格管理的权限属于地方价格主管部门，但国家发展改革委仍然就如何加强地方输配价格监管、如何规范地方输配价格管理，提出了许多具体要求和指导意见。

针对一些地方存在天然气供气环节过多、加价水平过高等问题，为加强地方输配价格监管，降低下游企业用气成本，国家发展改革委于2016年8月下发了《关于加强地方天然气输配价格监管降低企业用气成本的通知》（发改价格〔2016〕1859号），要求地方价格主管部门全面梳理天然气各环节价格，降低过高的省内管道运输价格和配气价格，减少供气中间环节，整顿规范收费行为，通过制定省内管道运输价格、城镇燃气配气价格等具体管理办法建立健全监管长效机制。

2017年6月国家发展改革委下发《印发〈关于加强配气价格监管的指导意见〉的通知》（发改价格〔2017〕1171号），对加强配气价格监管提出了指导意见，要求地方价格主管部门核定独立的配气价格，配气价格要按照"准许成本加合理收益"的原则制定，指导意见对准许成本的核定、准许收益的确定、配气价格的制定和校核、新通气城镇初始配气价格的制定、加强配气延伸服务收费监管、抓紧制定出台配气价格监管规则、及时开展成本监审和核定配气价格、推动信息公开强化社会监督等方面的内容，都提出了具体和明确的指导意见。

三、完善地方输配气价格管理的建议

对于省内短途管道，应按照中共中央、国务院《关于深化石油天然气体制改革的若干意见》的要求，分开管输和销售，实现管输服务向第三方市场主体公平开放，管输价格比照跨省管道的定价办法核定。如前所述，国家发展改革委2016年10月下发的《天然气管道运输价格管理办法（试行》规定，核定跨省管道的管输价格时税后全投资准许收益率为8%有些偏高，核定价格时将税后全投资准许收益控制在不超过6%的水平比较符合中国的实际情况，管道资产的折旧年限应从30年延长至40年。

对于城市配气管网，应借鉴欧美国家的经验，提供两种服务供用户选择：一是单纯的输气服务，满足具有自主从上游采购能力的大工业用户的运输服务需要；二是运输与销售捆绑供气服务，满足不具有自主从上游采购能力的家庭用户、商业用户和中小工业用户的供气服务需求。无论提供哪种服务，均应严格按照“准许成本加合理收益”原则核定价格。国家发展改革委2017年6月下发的《关于加强配气价格监管的指导意见》规定，核定地方配气价格时全投资税后准许收益率不超过7%有些偏高，考虑到地方输配气管网的投资风险通常低于长输管道的投资风险，核定价格时应将地方配气管网的全投资税后准许收益率控制在6%以下，管道资产的折旧年限应从30年延长至40年。